Just Happy

Peter Stenot

Copyright © 2014 Peter Stenot (I)
Cover design: Copyright © Formatbook.net
Cover picture: © Denisoudmitry – Fotolia.com
All rights reserved.
ISBN: 978-1500731618

Préface

Il n'est jamais facile d'écrire l'histoire de personnes que nous avons croisées dans notre existence. Nous sommes mitigés entre dire la vérité, toute la vérité,... et aussi préserver leur vie, leur mémoire, et leur intimité. L'écriture de ce livre a débuté en 2011 et a duré trois longues années. Je voulais qu'il soit le plus authentique possible, sans pour autant exposer la vie privée d'être chers au grand jour. Il se peut que vous ayez l'impression de connaître les personnages de cet ouvrage, ou que soudain vous ayez envie de les rencontrer. Ceci est tout à fait normal.

Je voudrais dédier ce livre à Laura avec qui j'ai partagé les premières ébauches, elle m'a fortement aidé à garder une neutralité dans mes propos,... mais aussi à mon amie Bea qui m'a apporté tant d'amour au moment de la correction, vous sentirez certainement sa présence au moment de la lecture.

En parlant de corrections, j'ai réalisé que ma manière d'écrire changeait avec les états d'âme. J'aurais pu « aseptiser » le contenu du livre et

« l'uniformiser », mais très vite je me suis rendu compte que c'était justement cette manière changeante qui faisait le mieux transmettre mon ressenti, étant non seulement l'écrivain, mais aussi un des acteurs. J'ai remarqué certaines répétitions. J'en ai conservé quelques-unes quand elles me semblaient nécessaires.

Le contenu étant pour moi plus important que la forme, tout comme l'intérieur d'une personne l'est par rapport à son physique, je vous livre ce bouquin brut, juste démoulé. Il se peut que vous vous sentiez parfois visés en tant que lecteurs, mais il y a des messages qui doivent faire mal pour être compris. L'histoire de Larry peut nous arriver à tous, encore faut-il savoir de quelle partie de l'histoire suis-je en train de vous parler ? Celle qui se voit, que tout le monde connaît, secrète pour personne,... ou de l'autre ?

Certains événements de la vie nous poussent à la regarder et la considérer d'une autre manière. Un message subliminal peut fonctionner pour un lecteur, et pas pour un autre. Il y a des personnes qui se sentiront grandies suite à la lecture d'un bouquin, en ayant découvert quelques messages essentiels de la vie, tandis que d'autres auront simplement passé un bon moment en dévorant le roman en trois heures. Je ne critiquerai ni une manière, ni l'autre.

Il faut de tout pour faire un monde.

Ce livre est destiné à tout public, et l'interprétation de ses messages ne dépendra que du lecteur, personne unique. Aussi, si rien ne vous choque ou ne fait d'effet lors de la lecture de ce roman, il se peut que ce ne soit pas le bon moment pour vous. Rangez-le, oubliez-le,... et puis ressortez-le dans quelques années. Peut-être qu'alors, à ce moment précis de votre vie, les messages vous percuteront !

Je vous souhaite une bonne lecture.

Peter Stenot

Peter Stenot

1

Larry Éduard Louis Margaret Moore Bexton est né dans une banlieue de Londres, il y a juste 56 ans. Bien heureusement, lors sa première journée d'école, son professeur lui demanda de se lever et de se nommer comme l'avaient fait ses camarades de classe. Devant le fou rire général, ce nouvel enseignant fraîchement sorti du moule le rebaptisa Larry Moore, pour le bonheur de tous, inclus les lecteurs de ce livre. Larry avait un grand frère, William Herbert Louis Melany Moore Bexton qui, lors de son premier jour de fréquentation de l'école privée « Wisdom Privilege », huit ans auparavant, avait été sagement rebaptisé William Moore, et appelé par tous Will.

Will avait fréquenté les meilleures écoles et collèges, la meilleure université de la ville, tandis que son frère dut se contenter de l'enseignement publique,… allez savoir pourquoi ! Comme tout a une explication et que parfois il faut remonter loin, nous allons donc fixer notre attention sur la naissance de Will, premier de deux.

De père employé des postes et de mère au foyer, le gynécologue-accoucheur, ami de la famille, fît un commentaire au premier cri du petit Will *celui-ci fera de grandes études, une belle carrière, cela se voit sur son front.* Les paroles d'un médecin spécialisé, en blouse blanche, et dans l'exercice de ses fonctions, ne peuvent être mises en doute. Will allait devenir une personne brillante, son avenir était déjà tracé.

Quand le médecin accoucha pour la seconde fois Marie, il était entouré de ses jolies assistantes, comme toujours. Et du haut de sa blouse blanche, de ses diplômes, de sa réputation, ne fît aucun commentaire sur la naissance de Larry. Marie, inquiétée par le long silence, osa demander *et celui-ci ?* Le docteur lui répondit qu'il serait un grand garçon, plein d'amour et de tendresse.

Le maigre salaire du postier ne permettait pas d'offrir le meilleur enseignement aux deux fils, c'est pourquoi Larry dut se résigner à l'enseignement publique, alors que son frère était déjà rentré à la prestigieuse « *Regent High School* ». Will allait vêtu de l'uniforme complet : souliers noirs cirés, chaussettes bleues à lignes blanches, short bleu marine, polo blanc à col bleu, et veste écussonnée.

C'est qu'à la « *Regent* » on ne faisait pas les choses à moitié. Et en parlant de moitié, c'est la partie du salaire que le postier dédiait à la parfaite éducation de l'aîné.

Quant à Larry, il devait se contenter des vêtements de jeux usés de son frère, et de loin démodés, d'un cartable décousu, et d'une boite *Tupperware* pour y flanquer ses deux tartines à la confiture pour le midi. Le salaire ne permettait aucune folie qui ne soit pleinement justifiée. Mais Larry ne se plaignait jamais, il était bon garçon, plein d'amour, juste comme l'accoucheur l'avait prédit. Le jour de son baptême par ce frais instituteur, et pendant les semaines qui ont suivi, il dut se faire une place respectée par ses camarades. Parfois même à coups de poings, il fallait se défendre. C'est que l'école de la rue impose vite ses lois. C'est soit s'intégrer, soit vivre un cauchemar pendant de longues années. Il y en a de ceux qui par faiblesse s'orientent vers cette deuxième voie, et malheureusement il leur faudra de longues années, voire la vie entière pour se sortir de la soumission. Ce n'était heureusement pas le cas de Larry qui pendant sa jeune enfance avait déjà été obligé se défendre des agressions répétées de son grand frère. L'école publique ne représentait pas une marche plus haute que les autres, sinon qu'un simple changement d'acteurs.

Ses exploits dans chaque échelon scolaire passaient inaperçus, alors que ceux de son frère appelaient l'adoration universelle. Il faut quand même reconnaître que Will travaillait d'interminables heures à son succès scolaire obligé. Il était né travailleur assidu, acharné, obstiné. Un temps incalculable pour assimiler des cours dont Larry n'avait que faire. Du Latin, des sciences, de la chimie, physique, biologie, maths, équations complexes, dissection de grenouilles, histoire,… ceci était le pain quotidien du « plus chanceux ».

Larry, quant à lui, s'affairait à garder la moyenne, ni plus ni moins,…passer sans briller. Les cours qui ne l'intéressaient pas étaient simplement assimilés pour obtenir un minimum acceptable,… et les autres cours enthousiasmants venaient galvaniser la moyenne. Une stratégie somme toute gagnante. Que verra-t-on dans le futur ? Untel a réussi avec une grande distinction, untel a réussi juste sur le fil ? Un diplôme est un diplôme, qu'il ait été obtenu avec brio ou oisiveté, il reste le même diplôme. Larry avait la grande faculté d'assimiler un cours à l'écoute, concentré ou non. Il n'avait donc aucun besoin d'étudier pour réussir. Ce qu'il avait perçu était classé logiquement et pouvait être resservi à n'importe quel moment. Son frère par contre avait besoin de réviser, repasser, réétudier toutes ses leçons. Il prenait des notes, recopiait ses notes, condensait ses notes, les apprenait, il étudiait le soir jusque tard, le matin avant de partir, dans le bus, et dans la cour de récréation. Sa mallette pesait une tonne, pleine de livres, cahiers, bloc-notes,…

Larry qui passait la plupart de son temps libre à jouer se demandait comment pouvait faire son frère pour survivre sans amis, sans temps libre, sans divertissements, et mener une vie aussi sérieuse. Il ne comprenait pas l'acharnement à l'assimilation de matières qui probablement ne serviraient que de connaissances générales lors d'un repas entre médecins ou notables. Mais à quoi bon, l'enfant prodige de la famille devait porter la gloire et la fierté, et à cela, il fallait bien en payer un prix.

Quand William entra à l'université d'ingénierie et architecture, il semblait déjà une autre personne, un peu fatigué par la vie, et clairsemé du cuir avant l'heure. Il fît la connaissance de nouveaux professeurs, nouvelles matières, nouveaux horaires, nouveaux syllabus. La première année se passa sans encombre,… mais il décrocha à la deuxième. Larry se souvient d'une très longue conversation entre son père et son frère, jusqu'à très tard dans la nuit. Il s'en souvient car il était resté curieux derrière la porte toutes ces heures. Will ne trouvait plus aucun sens à tant d'études, tant de travail.

Harry, simple postier qui avait porté son fils jusqu'à l'université ne comprenait pas non plus.

- Mais enfin, fiston, tu y es presque, c'est la dernière ligne droite.

- Ligne droite pour quoi ? T'es-tu jamais demandé si je voulais, moi, de ces études ?

- Mais nous avons toujours voulu le meilleur pour toi, ta maman et moi.

- Et le meilleur pour moi, ça a été de me priver de jeunesse, d'adolescence ? C'est cela que vous appelez le meilleur ?

- Tu ne voudrais quand même pas faire postier comme moi ou devenir comme ton frère, William, ressaisis-toi.

- Mais je suis enfin ressaisi, père. Je viens de trouver la lumière, *ma* lumière.

- Et quelle est-elle cette lumière, si on peut savoir ?

- J'arrête mes études, je trouve un boulot, je vis la vie de monsieur tout le monde.

- Et c'est cela ta lumière ? Des années d'études enviables pour en arriver à une conclusion aussi stupide ? Si ceci sortait de la bouche de ton frère, je ne serais pas étonné,... mais de la tienne ! Enfin, fiston, finis au moins cette année.

- Père, je ne l'ai même pas commencée, je ne me suis pas inscrit.

- Alors comme cela tu as décidé de devenir un moins que rien, çà y est, c'est fait. Tout cet investissement de notre part, nous priver de nos loisirs pour t'offrir le meilleur. Et maintenant on va dire quoi à la famille, à nos amis, tu y as pensé ? Pour qui on va passer ?

- Mais tous ces collèges privés, ces études, ces investissements comme tu dis, ce n'était pas vraiment pour moi, c'était pour votre fierté personnelle, pour donner un sens à votre vie, vous acheter un statut.

- William, tu te rends compte que tu es en train de passer à côté de la plus belle opportunité de ta vie, celle de réussir, de devenir quelqu'un de respectable et de respecté ?

- Je me rends compte que je suis en train de passer à côté de *ma* vie. Je n'ai pas l'intention de continuer ce cirque, je commencerai à chercher du travail, n'importe quoi, n'importe où,…et n'essaye pas de revenir avec ces foutues études.

C'est étrange, mais à partir de cette nuit là, Will n'était plus le même. Il semblait tout faire, décider, agir, au contraire de ce qu'auraient aimé nos parents. Il était né en lui cette forme de rébellion automatique, catégorique, définitive. Son vocabulaire avait muté vers une déclivité jusqu'alors inconnue.

Will surprenait tout le monde. L'enfant modèle qu'il incarnait, le docteur Jeckyl, était tout simplement devenu Mr Hide. La honte de la famille. Dorénavant on évitait le sujet « William » et les parents évoquaient vaillamment la météo ou les nouvelles taxes afin de dévier les attentions.

2

C'est à l'âge de 32 ans que je fis la connaissance de Larry. C'était un homme un peu dodu mais pas trop, un peu dégarni, mais pas trop. Il aimait la bonne cuisine, le bon vin, la bonne compagnie. Il était marié à Laura depuis quatorze ans à cette époque, une femme douce et attentionnée, toujours aux petits soins pour sa famille. Elle avait étudié l'art et le graphisme mais n'avais jamais pratiqué. Son parcours ressemblait à celui de beaucoup de femmes. Elle rencontra Larry, se maria, mit en route la descendance et se dédia corps et âme à sa nouvelle famille. Laura était une belle femme mince et élégante, ses grossesses ne l'avaient marqué que par plus de sagesse dans le regard. Elle mit au monde d'abord Charlotte, puis deux ans plus tard, Henry.

Larry avait professionnellement réussi. Il travaillait dans l'immobilier de prestige, il vendait. La boite qui l'employait ne prenait pas propriétés en deçà du million de livres sterling. Larry ne vendait pas souvent, tout au plus une propriété par mois, mais au vu des prix et de la commission pourtant faible, il revenait à la maison avec une belle enveloppe. Sa dernière vente, une maison exclusive à 15 minutes du centre, 3.000 M^2 de terrain, s'était vendue à plus de 3 millions. Comptez 1% pour le vendeur, 3% pour la boite, et les calculs sont vite faits. Larry faisait partie des « nouveaux riches ». Il roulait en *Jaguar*, vivait dans 300 M^2 avec piscine, jardin et arbres centenaires. Certes il avait comme tout le monde des belles traites à payer, mais tout se passait dans le meilleur des mondes.

Pour rompre la monotonie de sa vie conjugale, il avait de temps à autres une maîtresse, la dernière en date n'étant ni plus ni moins la nouvelle secrétaire de « *Regent Estates* », sa boite. Je l'alertai sur le danger de harponner dans des eaux si adjacentes, mais le péché semblait tellement bon. Elle était jeune et fraîche, souriante et dynamique, impulsive était la grande qualité qui lui manquait dans son couple. Laura était la sagesse en personne, toujours la même constance, le même style. Il semblerait que Larry se soit laissé emporter par l'ennui. Comme beaucoup d'hommes dans son cas, il n'avait aucun désir de quitter sa femme, mais trouvait dans la jeune Kathleen ce qui lui faisait cruellement défaut en ménage,… l'improvisation quand l'heure de leurs moments intimes avait sonné.

Un mardi de novembre de cette bonne année 2004. Londres était froid et humide. Nous avions rendez-vous Larry et moi face à un restaurant de renommée non loin de Picadilly Circus. Je lui apportais les derniers documents dont il avait besoin pour finaliser ce qu'il appelait déjà « la vente du siècle ». C'était une autorisation de projet urbanistique tout droit sorti de la mairie. *Enfin, l'original* s'écria-t-il.

> - Tu sais qu'un original fait parfois toute la différence au moment de fermer une vente. C'est étrange mais un fax, un mail, ou une copie, même à ce niveau où il serait impensable de mentir, ne valent pas l'original avec le beau cachet bleu.
>
> - Alors c'est pour demain ?
>
> - A 10 heures tapantes, cela fait 2 ans que je travaille sur le coup.

- Il y a beaucoup en jeu ?

- Pour moi ? 750.000 livres sterling. Pour la boite, quatre fois plus. Alors tu imagines qu'on est tous affûtés.

Il rangea soigneusement le précieux document dans sa mallette en cuir, puis ferma le coffre de sa type S, et nous nous dirigeâmes à pas rapides vers le resto.

Charlotte est rentrée à l'unif cette année. Ses yeux brillaient. Il parlait de sa fille comme d'une « perle rare que l'on ne trouve que dans les océans de l'éden ». Elle est belle comme sa mère l'était. *Laura est toujours une belle femme, Larry, n'exagère pas,* ajoutais-je. Il acquiesça et ajouta.

- Ce n'est pas ce que je voulais dire. Laura est toujours une belle femme,... mais tu sais, avec le temps, on se lasse même des choses les plus magnifiques. Il faudrait maintenant qu'elle change sans arrêt, que de brune elle passe à blonde, de mince à enrobée, de grande à petite, de sage à tigresse. Faudrait qu'elle persiste à me surprendre comme quand on s'est rencontré. Mais tu sais, après vingt-deux ans de vie avec une personne, on en connaît tous les recoins, et plus rien ne surprend.

- A qui le dis-tu ?

- Oh, je l'aime toujours, et je n'ai pas envie de la quitter. Elle est fantastique, gentille, attentionnée, et prévisible. Très prévisible. Terriblement prévisible ! C'est ce qui se passe avec le temps.

- Et Kathleen ?

- Je ne la connais pour ainsi dire pas. Et justement pour cette raison elle me surprend toujours. Tu sais Laura c'est comme le champagne, mais sans les bulles. Et Kathleen, et bien ce sont les bulles. On ne se nourrit pas de perfection, nous les hommes, mais de piment, de fraîcheur, de changement. Laura est parfaite, mais elle est le long fleuve qui coule tranquillement, depuis toujours. Mais je ne veux pas comparer, elles ne sont pas comparables. Ce que je peux te dire, bien honnêtement, c'est que si Kathleen n'existait pas alors mon futur avec Laura serait compromis.

- A ce point là, Larry ?

- Vingt-deux ans, c'est un bail tu sais. Toi, combien c'est ton record ?

- Six !

- Et pourquoi pas plus ? Qu'est-ce qui s'est passé ?

- L'ennui, la routine. Tu as raison Larry, je ne peux que te comprendre. Mais à mon avis, avec Kathleen tu prends des risques, car géographiquement elle est trop proche.

- Mais ces choses là ne se décident pas, Peter, elles arrivent. Nous prendrons du Champagne dit-il en se dirigeant vers le garçon, un *Dom Pérignon 57* ! Non, je blague, donnez-moi une bonne bouteille et quelques fraises, on a un marché à arroser.

- Depuis quand célèbres-tu à l'avance ? Tu sais ces choses-là peuvent foirer au dernier moment.

- Non, tu sais, tout est fait. Le directeur des investissements vient en personne, et le PDG pourrait aussi l'accompagner.

- Et c'est quoi la boite, si on peut savoir ?

- Je ne te dirai pas le nom aujourd'hui, mais c'est le plus gros constructeur français, ils ont aussi un réseau de téléphonie mobile. Tu imagines !

Larry ne semblait pas trop stressé par les événements, même si une compagnie concurrente était aussi sur la vente de ce terrain. Dans les cinq millions d'acompte qu'apporteraient les acheteurs, Le vendeur verrait sa commission directement payée, même si le deal n'aboutissait pas dans son intégralité. Le boulot de Larry se terminait demain.

Alors nous trinquâmes à la future vente, et à l'entrée de Charlotte à l'université, et à la fraîcheur de Laura malheureusement disparue,… et aussi à l'apparition de Kathleen.

Larry vendait une ancienne friche industrielle divinement bien placée au sud de Londres, à 25 minutes du centre, 67 hectares. L'usine de pneus avait fermé pendant la grande crise pétrolière de 1974. Depuis, derrières les barrières, pourrissaient des hangars effondrés par le temps, et la nature avait repris ses droits depuis un bon quart de siècle, laissant une belle forêt de bouleaux de bonne taille. A 300 mètres d'un bord passait la ligne de train principale entre Londres et l'Europe, et à moins d'un kilomètre c'était l'autoroute A71. Les photos aériennes du site laissaient deviner le potentiel résidentiel de cette parcelle. On pouvait déjà facilement tracer les rues. C'était en résumé la toute dernière parcelle boisée urbanisable du grand Londres.

L'acheteur prévoyait d'y construire 82 maisons exclusives, chacune sur un terrain d'au moins 5.000 m^2, en plus de l'installation d'une clinique très sélecte de chirurgie esthétique. Le prix de vente de chacune des propriétés créées par le consortium français oscillerait entre trois et quinze millions de livres sterling. Mais l'enjeu de demain était double. Non seulement il y avait la vente avec ses commissions sonnantes et trébuchantes, mais aussi l'opportunité de présenter la *Regent Estates* comme vendeur exclusif des nouvelles propriétés une fois construites. L'assemblée de la compagnie avait déjà avancé à Larry que s'ils obtenaient l'exclusivité de la revente il passerait « associé ».

> - Tu te rends compte, Peter. Associé ! On ne parle plus de commissions à cinq ou six chiffres, mais à sept !

> - Et tu vas faire quoi de tout ton argent Larry ?

- ….. Bonne question ! Marmonna-t-il entre deux fraises. Tu sais Peter, quand on a vécu toute son enfance en se serrant la ceinture parce qu'il fallait payer les super études de ton doué de frère,… il y a des choses qui te marquent. Une d'entre-elles est que faire de l'argent est devenu pour moi une forme de bonheur.

- Tu parles du bonheur,… bonheur absolu ?

- En quelques sortes. On dit souvent que l'argent ne fait pas le bonheur, mais si tu n'en a pas, tu ne peux pas t'offrir une vie confortable. Hors le confort, qu'il soit d'acheter des choses ou encore de t'asseoir sur un bon fauteuil, cela contribue au bonheur, non ?

- Oui, je suppose que tu as raison. Mais de là à passer comme « associé » et prendre des tonnes de responsabilités, n'y a-t-il pas un pas de trop ? De l'argent, oui, mais plus d'argent, pourquoi ?

- Pour t'assurer le futur !

- Mais enfin, rien n'est moins sûr que le futur. Regarde, dans *Titanic* au bord du naufrage, ils disent : *ce n'est pas tout votre argent qui vous sauvera, ni vous, ni moi*. On voit bien que si une tuile inespérée te tombe dessus, l'argent ne pourra pas toujours te sauver.

- Je suppose qu'il me sauvera, la plupart du temps.

- Ah, j'aime cette philosophie,… la plupart du temps.

J'appris cette petite phrase lors d'un séminaire de développement personnel en 1996, qui mettait l'accent sur l'acceptation de notre imperfection en temps qu'être humain. « La plupart du temps » permettait de nous ranger dans la catégorie à laquelle nous appartenions sans pour cela laisser la petite erreur (humaine certes) enrayer ce classement et tacher nos caractéristiques marquantes.

- On ne peut pas se préparer pour l'imprévisible,… je sais,… mais l'argent peut me préparer pour beaucoup de situations.

- Ok, Larry, de toutes manières toi et moi ne savons absolument rien de ce que nous réserve ce futur. Allez, au futur, et à tes millions, « *cheers !* »

Le garçon attendait la commande avec impatience, il faut dire que pour un soir de semaine le restaurant était rempli. Mais pourquoi est-il impatient, ils ne feront quand même pas deux services ce soir ? Alors, que l'on dîne en une heure ou en trois, où est le problème ? Je me laissai conseiller par Larry, foie gras et chateaubriand béarnaise, d'autant plus que c'est lui qui invitait, à déduire sur ses prochaines commissions. Le salop allait empocher demain trois-quarts de million. Cela fait combien de *Jaguar* ? Ou combien de *Smart* comme la mienne ? Et moi qui paye mon petit jouet en trois ans !

Larry avait développé depuis sa plus tendre enfance ce besoin de satisfaire lui-même ses désirs, ne pouvant compter sur ses parents, bien trop occupés à la réussite de William. Depuis l'âge adulte, il voulait démontrer qu'il pouvait s'en sortir seul, mais aussi qu'il pouvait faire mieux que son frère, et l'argent était un moyen de le démontrer. Faire mieux que Will, ce cap a été dépassé il y a des années déjà.

Après l'épisode de la longue nuit de discutions, will s'était renfermé sur lui-même. Cette *tête de gagnant* qui avait travaillé dur pendant des millions d'heures pouvait enfin savourer son repos mérité, être lui. Il dégota un petit boulot de maçon dans une entreprise locale, mais fut vite remercié. Puis il acheta un peu d'outillage et voulut créer sa propre entreprise,…et cela faisait maintenant vingt ans qu'il essayait ! Will s'était mis à fumer de l'herbe lors de son entrée à l'université. La consommation s'amplifia et devint une seconde nature, presque une raison de vivre. Il habitait un petit appartement dans un HLM de banlieue et faisait pousser quelques plants dans son garage, au sous-sol de l'immeuble. Il appelait cela un « indoor ». Une grosse ampoule s'allumait 14 heures par jour, un arrosage automatique par aspersion, une terre savamment contrôlée et dopée, « *the best of the best* », il n'y avait rien de plus important que ses « *bébés* » comme il les appelait.

Des bébés, il n'en avait pas eu, même si par deux fois Lydie était tombée enceinte, l'herbe fumée en grandes quantités aurait-elle une influence négative sur la procréation ? Ils se connaissaient depuis cette fameuse deuxième année à laquelle il ne s'était jamais inscrit. Lydie était ce qu'il restait de l'époque hippie, toujours attifée à la dernière mode (hippie, bien entendu), adornée de tatouages multiples, piercings, les cheveux en baguettes ou en pétard suivant l'humeur, et très souvent l'élégant joint en bouche. Leur petit appartement était devenu un sanctuaire pour âmes décalées. Les musiques de *Marley*, *Santana* ou *Lennon* accompagnaient les longs débats philosophiques sur comment changer le monde, le tout dans une atmosphère assez nébuleuse, faut bien l'avouer.

Lydie et Will se levaient peu avant le coucher du soleil, allumaient leur premier pétard. Will descendait voir les bébés au garage, à leur vue il s'imaginait déjà les bons trips à venir. Du travail, des clients, il n'en avait pour ainsi dire jamais. Il fallait s'armer de patience pour travailler avec lui. Venir, il venait. Ce que le client ne savait jamais, c'était *quand* ! Parfois il apparaissait vers 18 heures pour disparaître à 19. Parfois quand il arrivait, il avait oublié l'essentiel, et repartait aussitôt. Bref, pas vraiment de clients heureux. Alors il travaillait principalement dans sa « communauté », pour ses amis. Ceux-là comprenaient les horaires car ils avaient les mêmes,… et savaient aussi que c'est l'intention qui compte. A la fin, ils payaient avec un peu de « shit » ou, plus rare, avec un peu de nourriture.

L'appartement dans lequel vivaient Will et Lydie provenait d'un héritage. Lydie avait perdu ses parents assez tôt dans un tragique accident d'avion. C'est un peu ce qui l'avait poussé dans ce monde marginal, entre autres raisons, je suppose.

Heureusement que le logement était payé car cela aurait été une grosse difficulté mensuelle à surmonter. Souvent on leur coupait l'électricité. Ils passaient alors une allonge depuis l'appartement d'un ami, deux étages plus haut. Quand on leur coupait l'eau, c'était beaucoup moins grave. Déjà qu'ils ne se lavaient pas souvent, le délai entre deux douches augmentait.

Will et Lydie avaient toujours le cœur grand ouvert. Très sympathiques, très accueillants, ils semblaient heureux à chaque visite. Ils ouvraient leurs armoires pour partager avec vous tout ce qu'ils possédaient, ce qui veut dire pas grand chose. Accepter leur invitation faisait appel à une certaine dose de préparation. Il fallait d'abord retirer un tas de linge, des bouquins, bouteilles, et frotter toute la nourriture laissée là pour pouvoir s'asseoir sur le divan. Pour vous offrir à boire Lydie devait retrouver un verre sous le tas permanent de vaisselle en attente. Elle lavait votre récipient sommairement à l'eau minérale quand le robinet ne coulait plus, et enfin pouvait servir. Les rideaux étaient toujours clos, et s'il vous prenait la folle idée d'entre-ouvrir pour laisser rentrer un peu de clarté, vous vous retrouviez face à deux zombies qui se cachaient le visage, les yeux rouges et meurtris.

Souvent il y avait d'autres occupants, des amis qui vivraient là un temps. On ne savait jamais quand ils partaient, mais cela semblait ne pas gêner, tout le contraire. Leur maison était grande ouverte à tout défendeur de l'idée d'un monde nouveau. Les nuits étaient longues et « plânantes », et aux premières lueurs du jour, la petite bande allait se coucher.

Je demandai un jour à Larry qui était vraiment son frère, il me répondit : *Je ne sais pas. Je suis confus. Je sais qu'il fait beaucoup de choses en rébellion, mais j'aurais aimé supposer qu'après quelques années il y aurait prescription. Là, cela fait trente ans qu'il est dans cet état, et cela ne s'arrange pas. J'ai déjà essayé de parler avec lui, mais pour moi il divague. De toutes manières il est toujours sous l'emprise de sa marijuana, à n'importe qu'elle heure du jour,....enfin, de ses jours à lui. Il faudrait que j'aie la chance de pouvoir parler avec lui à jeun, mais c'est impossible. On dirait qu'il fume son premier joint avant même de se réveiller. Si c'est encore de la rébellion, c'est bien dommage car il passerait totalement à côté de sa vie. Lydie n'arrange rien non plus. Ils vont bien ensemble ces deux là. Et le pis de tout, c'est qu'ils ne se lavent pas. Tu imagines ce que cela doit être de faire l'amour avec une femme qui ne s'est pas lavée depuis trois semaines ! Enfin, lui non plus ne se lave pas, ce qui ne doit pas être mieux. Je suppose qu'après un certain temps on s'habitue. Alors parfois, quand on leur a coupé la flotte, je paye les factures. C'est la seule aide que je puisse offrir, tout le reste ne sert à rien. Je le fais par mesure d'hygiène !!!* Larry souriait, mais un peu âprement, je suppose.

C'est vrai qu'il n'y a pas grande chose que nous puissions faire avec notre vision des choses. Bien souvent, ils nous répondront que si on veut les aider, on devrait se rallier à leur cause et boycotter les produits de globalisation. L'argent ne signifie rien pour eux, ils y sont même allergiques on dirait. Alors finalement, laissons-les vivre leur vie, et nous la nôtre.

Larry était assez affecté de la situation et témoin impuissant du désarroi de ses parents, maintenant vieux et affaiblis. On leur avait dit que celui-là ferait des grandes études, une belle carrière ! *Nous avons investi tout notre temps, toute notre énergie, tout notre amour et notre argent pour lui garantir un futur à la hauteur de ses capacités. Et regarde ce qu'il est devenu,… ingénieur en fumée, génie de l'« indoor », philosophe du monde…* dit un jour l'ex-facteur des postes à son meilleur ami, les larmes aux yeux. Leur monde s'était écroulé un soir de novembre 1968, leur fils ne voulait plus de la carrière désignée pour lui.

3

L'arrivée du Foie gras fut presque immédiatement accompagnée de l'irruption de qui j'appellerai Mr X car nous ne sûmes jamais son nom. Il était visiblement irrité. Un homme dans la quarantaine, habillé simplement, d'un physique un peu large qui ferait penser à un déménageur. Il se dirigea directement à Larry d'une voie imposante.

- Espèce de fumier, je t'ai vu rentrer ici il y a une demi-heure, et je ne vais pas te laisser sortir aussi facilement.

- Mais qui êtes-vous ? Répondit Larry, visiblement surpris.

- Qui je suis importe peu, de toutes manières. Tu as détruit ma vie, et si je pouvais foutre en l'air ne fusse qu'une de tes soirées je serais déjà bien content.

- Calmez-vous, asseyez-vous, on va parler. Expliquez-moi.

Larry avait déjà, dans le cadre de son travail, vendu des entreprises à la façon « Pretty Woman », qui allaient être démontées et revendues en petit morceaux, causant un inévitable drame social. Je suppose que Larry pensait que ce Mr X était un de ces préjudiciés. Larry était un fin négociateur et ne s'énervait que rarement, amener cette personne à s'asseoir assurerait une reprise de contrôle de la situation.

- Je n'ai aucune intention de m'asseoir avec toi, enfoiré.

- Alors je ne sais pas ce que vous attendez de moi.

- Ce que j'attends de toi, connard, c'est que tu te rendes compte de ce que tu fais.

- Je veux bien essayer de comprendre, mais il faudrait que vous m'expliquiez.

En Angleterre, j'ai toujours tendance à dire qu'il y a deux types de personnes. Les premières boivent le thé et jouent au golf, les deuxièmes boivent la bière et jouent au football. Ces deux genres se reconnaissent à première vue, ils utilisent des codes sociaux pour affirmer leur appartenance à une classe ou à l'autre. Ces codes sont vestimentaires, physiques, et peuvent aussi s'apprécier dans la mélodie de la voix et des paroles employées. Mr X appartenait à la deuxième famille !

Tous les yeux du restaurant étaient rivés sur nous. La conversation puisait toute son énergie dans ce grand énergumène énervé. Les mots résonnaient, la situation devenait embarrassante. Le garçon s'approcha de nous et marmonna entre ses dents…

> - Messieurs, je vais être obligé de vous demander de quitter l'établissement, vous gênez les autres clients.
>
> - Messieurs ? Vous allez nous virer, Peter et moi ? Virez-moi ce connard que vous avez laissé rentrer. Larry était visiblement énervé, lui aussi.
>
> - Connard ? Lève-toi si t'es un homme !
>
> - Messieurs, allez régler vos différents en d'autres lieux, maintenant, sinon je vais devoir faire appel à la police, ce manège a assez duré, vous importunez notre clientèle.

- Vous, appelez-moi Herbert, le maître de salle. Ordonna Larry d'un ton bref

- C'est son jour de congé aujourd'hui et c'est moi qui commande ici. Je vous ordonne de quitter l'établissement *illico presto*.

Larry se leva, visiblement énervé. J'accompagnai son geste, ne comprenant vraiment pas pourquoi nous étions nous aussi évincés. *Ne vous inquiétez pas, on s'en va, et vous ne me reverrez plus*, lança Larry au nouveau candidat au chômage. Nous descendîmes tous les trois, suivis du garçon au teint visiblement énervé lui aussi. Mr X continuait à parler voix forte, exprimant des reproches que Larry et moi n'écoutions même plus. Se faire expulser de ce restaurant renommé nous avait affecté bien plus que l'irruption inopinée de l'autre fou-furieux. Au moment d'arriver à la porte, le garçon nous interpella une fois de plus.

- Messieurs, la note.

- Quoi la note ? On n'a même pas eu le temps de manger.

- La bouteille de *Bollinger*, Monsieur, 67 livres.

Larry, qui reprenait son calme face à la dérive, sortit cette boutade.

> - Alors là mon petit, tu peux te la mettre où je pense, ta note. Et vous (s'adressant à Mr X en le désignant du doigt), juste pour savoir si par hasard vous ne vous êtes pas trompé de personne,... je m'appelle Larry Moore et je travaille pour *Regent Estates*. Je ne vous connais pas, je ne vous ai jamais vu de ma vie, je n'ai aucune idée de qui vous êtes. Êtes-vous sûr que c'est bien moi que vous cherchez ?

> - Euhhh,...

Je n'en croyais ni mes oreilles, ni mes yeux. Ce grand gaillard s'était trompé de personne, et en plus il partait maintenant comme si de rien n'était. On se faisait virer du resto manu-militari, et il fallait payer le Champagne qui célébrait une vente future.

> - Si vous ne me payez pas, je serai obligé de vous dénoncer à la police.

> - Vous pouvez dénoncer ce que vous voulez, je n'en ai rien à cirer, lança Larry pour terminer sur un ton désinvolte.

L'autre énergumène avait disparu dans l'obscurité de la soirée, bousillant la nôtre sans trop s'inquiéter, ni même s'excuser.

Nous ouvrâmes finalement la porte, après avoir récupéré nos vestes, et le garçon continuait à nous harceler pour le payement de sa facture qu'il brandissait en main.

Dans la vie de chacun, il y a des moments clefs, que l'on peut appeler malchance, destinée, ou karma, selon ce qu'ils nous apportent. Celui-ci, définitivement, en était un. Ce sont des moments qui semblent sans grande importance, mais qui desquels peuvent surgir des événements totalement inattendus. Pour Larry, le cauchemar à venir avait débuté juste à l'arrivée de notre foie gras, que nous n'avons même pas dégusté.

A dix mètres de la porte, dans la rue, alors que nous sortions tous deux énervés et poursuivis par ce garçon hors du commun, se trouvait une paire de policeman en uniforme.

> - Police ! Ces deux personnes veulent partir sans payer l'addition.

> - Mais çà va finir cette persécution ! Nous avons été viré comme des malpropres, et il voudrait en plus que l'on paye.

- Vous avez consommé, monsieur ? Lança le policeman.

- Oui, mais ils ne nous ont même pas laissé finir.

- Si vous avez consommé, vous devez payer.

- Il est aussi taré que les autres celui-là. Faudrait tous les mettre dans le même panier.

- Et à quel panier faites-vous allusion, monsieur ?

- Le panier des connards !

Le policier retourna Larry d'un geste décidé et le menotta, ni plus ni moins.

- Mais enfin c'est quoi ce délire ? Un connard débarque et nous monte un show, en plus en se trompant de personne, l'autre connard nous vire de son foutu restaurant, et le troisième me passe les menottes.

- Vous allez nous raconter tout cela au poste, monsieur. Et l'autre là, il est avec vous ? Le policier me désignait du doigt.

- Qu'est-ce que vous croyez ? On mangeait tranquillement sans déranger personne.

L'autre policier me retourna et me passa aussi les menottes, à moi, moi qui n'avais pas ouvert la bouche depuis dix minutes.

Arrivés au poste.

- Je connais mes droits, je veux mon appel, lança autoritairement Larry.

- Le téléphone est là, un appel, maximum trois minutes, se fit entendre d'un ton sec.

- Merci, très aimable à vous !

Larry devenait sarcastique avec le temps. On lui avait placé les menottes à l'avant pour pouvoir téléphoner. Une voix douce et sensuelle décrocha le combiné. « *Cabinet de Hartman et Coppen, nos horaires sont du lundi au vendredi, de 9 à 12 et de 13 à 18. Si vous le désirez, vous pouvez nous laisser un message après le bip sonore, nous y donnerons suite le plus promptement possible* ». Larry raccrocha visiblement énervé. *Bande de cons, avec tout ce que je leur paye par an, ils ne sont même pas foutu de répondre au téléphone.* J'essayai d'appeler une amie avec qui je devais passer la nuit après le restaurant, sans succès non plus, son GSM était visiblement éteint, et elle n'avait pas de messagerie.

> - Alors, combien de temps cela va-t-il durer, votre cinéma ? Demanda Larry aux officiers.

> - Et bien Monsieur, nous allons prendre toute cette histoire très calmement, et depuis le début.

> - Calmement ? Vous vous foutez de moi, vous verrez bien quand mon avocat va débarquer ce qui va vous tomber dessus.

Les deux policiers s'échangèrent un regard complice. Ils se levèrent, nous emmenèrent séparément, commencèrent toute la procédure pour nous mettre sous les verrous toute la nuit. Ceinture, lacets, téléphone portable, empruntes digitales, photos, et nous voici dans une cellule de deux mètres sur trois, avec un gros morceau de mousse en guise de matelas. Larry devait être assez loin de moi, car personne ne répondit à mes appels. Au bout d'une heure, on vint me demander ce que je voulais manger – la deuxième fois sur la même soirée – je répondis avec le sourire: *foie gras en entrée, et ensuite chateaubriand béarnaise*. Heureusement, le policier affecté à cette tâche avait le sens de l'humour. Nous parlâmes lui et moi une bonne demi-heure, je lui expliquai pourquoi nous étions là.

La déposition nous la fîmes le lendemain matin, après le sandwich du petit déjeuner et le café soluble. Je dis *nous* car je supposai que Larry subirait le même traitement. La vérité est que depuis nos coups de téléphones avortés je ne le vis plus pendant un temps.

4

- Kathleen ? C'est moi Larry.

- Larry, tu en as un de culot pour appeler ici. Tu comprendras qu'il y a eu un tsunami aujourd'hui. Kathleen chuchotais.

- Raconte-moi, qu'est-ce qui s'est passé ?

- Je t'ai appelé au moins deux-cents fois. Pourquoi tu ne répondais pas ?

- J'étais au cachot, je t'expliquerai. Raconte-moi.

- Tu sais, les français, ils sont venu avec le big boss en personne, c'était impressionnant.

- Continue Kathleen !

- On essayait tous de te joindre. Ta femme ne savait rien, elle était inquiète, et ton portable sonnait mais tu ne répondais pas.

- Et quoi, ils ont signé, non ?

- Tu rigoles ? On n'avait pas le dossier, rien de rien, même pas dans le serveur. Mr Strokman était furibard. Il m'a dit que si je n'arrivais pas à te joindre, il me virait.

- Merde le dossier, il est dans ma voiture. J'avais tout pris avec moi hier pour le réviser une dernière fois. Ils reviennent quand ?

- Qui ?

- Les français, pour signer, Kathleen !

- Ils ne reviennent pas, tu n'as pas compris. Cette vente est foutue. Ils sont repartis furieux, le big boss n'a pas apprécié la perte de temps. Ils signeront certainement chez Hertiz. Strokman a claqué sa porte tellement fort qu'il a cassé toute la séparation vitrée entre son bureau et le couloir.

- Quoi ?

- En ce moment ils sont en train de préparer une stratégie pour te faire payer les dommages.

- Quoi ???

- Ne vient pas, ils seraient capable de te descendre à coups de fusil de chasse.

- Mais enfin, on m'a mis au cachot une nuit, c'est quand même pas la fin du monde !

- Ici, oui. Ils m'en ont fait voir tu sais Larry. Je suis en train de passer la pire journée de ma vie.

Kathleen se mit à sangloter au téléphone, ses nerfs craquaient. Elle fut surprise par un de ses dirigeants qui, après s'être informé de l'interlocuteur, l'exigea de raccrocher sur le champ.

Kathleen était arrivée plus tôt, ce mercredi là. Pour que tout soit fin prêt. A neuf heures, on commença à s'inquiéter de l'absence de Larry. On la fit appeler, une fois, deux fois, dix fois, cent fois, partout où il pouvait être. On lui demanda de trouver le dossier, elle ne le put.

- Où il est ce Larry ?

- Je ne sais pas monsieur.

- Et le dossier vous me l'avez trouvé ?

- Non monsieur.

- Il est où ce foutu dossier ?

- Je ne sais pas monsieur, je suis désolée.

- Imprimez moi une copie.

- Il n'est pas dans mon ordinateur, monsieur, Larry ne me l'a pas copié.

- Et sa femme, elle sait où il est ?

- Non monsieur.

- Où allait-il hier ?

- Je ne sais pas monsieur.

- A quoi vous servez, vous, ici ? Vous ne m'apportez que des *je ne sais pas monsieur*, je suis gras avec çà, moi, et les « *frenchies* » qui arrivent dans dix minutes !

- Je suis désolée, mais je ne suis au courant de rien monsieur.

- Et bien trouvez-le moi, maintenant, sinon vous irez ne servir à rien au chômage, dès demain, vous m'avez compris ???

Larry fut libéré seulement vers 16h, les policiers avaient laissé son GSM allumé, mais il était tombé à court de batterie pendant la journée. Il prit un taxi pour récupérer sa voiture qui avait été emmenée à la fourrière. Ce n'est que peu avant 18 heures qu'il reprit partiellement possession de ses moyens et put appeler Kathleen à la *Regent*, d'une cabine. Après ce coup de fil percutant, et coupé net, il décida d'appeler ses avocats, sans succès. Ils étaient déjà partis. Larry mangea un bout vite fait au *Mc Donald's* du coin, il crevait de faim, puis se dirigea vers la maison.

En rentrant chez lui, il espérait à trouver une femme inquiète et contente de le voir en bonne santé. Au lieu de cela, Laura l'attendait de pied ferme. Elle fit usage d'un ton très incisif, menaçant.

- C'est qui cette Kathleen ?

- Chérie, j'ai pas vraiment l'énergie pour une dispute maintenant. Je dirais même que je ne suis pas dans un de mes meilleurs jours.

- Tu ne m'as pas répondu, c'est qui cette Kathleen ?

- C'est la nouvelle secrétaire du bureau, pourquoi ?

- Parce qu'elle a appelé ici, trois fois. D'abord gentille, puis inquiète, puis en larmes. Une simple secrétaire qui appelle en larme parce qu'elle ne te trouve pas, c'est un peu louche, non ? Et d'abord, où – ou avec qui – étais-tu cette nuit ?

- Bon, par déduction, je n'étais apparemment pas avec elle !

- Très marrant, tu me fais rire, Larry Moore ! En attendant, en fouillant tes affaires,…

- Parce que tu fouilles mes affaires, toi, maintenant ?

- En fouillant tes affaires, … j'ai trouvé,… ceci ! Tu peux m'expliquer ?

- Je n'ai pas envie de t'expliquer, j'ai d'autres choses à penser.

- Comme tu voudras, moi je m'en vais !

- Ok, Laura, calme-toi. C'est bien possible qu'elle soit attirée par moi, si c'est ce que tu veux savoir, mais on a des soucis beaucoup plus importants à s'occuper maintenant que de détails comme celui-là.

- Détails ? Je trouve une déclaration d'amour dans un tiroir et tu oses me parler de détails !

- Oui, détails ! Je n'ai pas fais la vente aujourd'hui, c'est 750.000 livres qui nous passent sous le nez. En plus on va probablement me virer, et je ne te parle pas des millions qui restaient à faire sur cette affaire. Et toi tu viens m'ennuyer juste maintenant avec tes histoires de bonne femme !

- Oh, mon cher,… désolée d'attacher de l'importance aux détails. Je ne savais pas qu'en plus de t'envoyer en l'air avec cette pétasse hystérique, tu ferais en sortes que cela retombe sur ton boulot. Pourquoi ? Elle baise aussi avec le boss ?

Laura, très énervée, prit le téléphone et composa un numéro de mémoire.

- Kriss ? C'est moi.

- ….

- Je vais bien. Tu te souviens de cette conversation importante qu'on a eu à propos d'un jour spécial ?

- ….

- Et bien ce jour est arrivé, c'est maintenant !

- ….

- Oui, c'est cela. Dans combien de temps ?

- ….

- Ok, je t'attends.

Larry était assez surpris de cet appel. C'est quoi ? C'est qui ? C'est dans combien de temps ? C'est pourquoi ? Et bien, contrairement à ses convictions, Laura pouvait être terriblement surprenante !

- C'est qui ce Kriss ?

- Cela ne te regarde pas !

- C'est qui ce Kriss ? Insista-t-il.

- Un ami de longue date.

- De longue date ? Que tu appelles à 21 heures et qui sera là dans,... ???

- 25 minutes !

- Ah, 25 minutes. Pas mal. Et c'est toi qui fais des crises de jalousie ?

- Ce n'est pas ce que tu crois !

- Je sais, ce n'est jamais ce que l'on croit !

Laura ne daigna même pas répondre. Larry n'insista pas. Ils s'en allèrent tous deux dans des directions opposées. Vingt-cinq minutes plus tard, on entendit la sonnette, puis la porte, Laura était partie, sans mots dire. Plus de vingt ans de mariage se terminaient sur le claquement d'une porte.

Et les enfants là-dedans ? Charlotte est à sa chambre d'étudiante, *je l'appellerai demain*, pensa Larry. Pour Henry, il est parti en stage de Basket Ball, il rentrera dimanche, cela nous laisse trois jours. *Merde, quel merdier !* Larry brancha son GSM au secteur, le connecta, et les messages commencèrent à rentrer. Il y avait 63 appels en absence, 18 SMS. Il ne savait pas par où commencer.

Il ne commença même pas. Il se rendit au salon, s'installa, et composa un numéro de mémoire.

- Kathleen, tu vas bien ?

- Oh, Larry, c'est toi ? Elle se mit à sangloter.

- Oui, comment vas-tu ?

- Je n'ai pas mangé, je tremble de partout, j'ai peur, je ne sais pas ce qui m'arrive,.... mais à part cela je vais bien !

- Je suis content que tu n'aies pas perdu ton sens de l'humour. Ils t'ont viré ?

- Jusque maintenant, non. Mais demain est un autre jour.

- Tu crois qu'ils pourraient le faire ?

- Je ne sais plus que croire. Tu sais aujourd'hui j'ai été témoin des choses que jamais je n'avais vu dans ma vie, que je ne pouvais même pas imaginer. Qu'est-ce qui s'est passé, Larry ? Explique-moi, cela me fera peut-être du bien de comprendre.

- A vrai dire, rien, une connerie. J'étais au resto avec Peter, tu sais le gars qui travaille au forfait pour m'obtenir des trucs, je t'en ai déjà parlé,... et bien un inconnu complètement perdu, qui m'a pris pour un autre, nous a fait virer du resto. A la sortie des flics s'en sont mêlés, et ils m'ont mis au trou pour la nuit, avec Peter. Le dossier est dans ma voiture car je voulais le réviser une dernière fois. Un malentendu incroyable avec des conséquences toutes aussi incroyables.

- Oh, je suis désolée.

- Merci Kathleen, mais tu n'as rien fait de mal, toi.

- Mais toi non plus tu n'as rien fait de mal.

- Attends, je continue, car ma petite histoire n'est pas terminée.

- Ah, non ?

- J'ai récupéré ma voiture à la fourrière et je suis rentré chez moi. Laura m'attendait couteau entre les dents. Elle m'a demandé qui était cette Kathleen hystérique qui avait appelé.

- Oh, non ! Je suis navrée Peter. Cela t'a causé des ennuis. Tu sais, j'étais vraiment inquiète, et ici ils mettaient la pression tellement fort. Elle se remit à pleurer.

- Ne pleures pas, Kathleen, mais ma femme est partie.

- Quoi ?

- Elle est partie, il y a une demi-heure, avec un autre je présume. En fait après tes appels elle a commencé à fouiller et elle est tombée sur le mot doux que tu m'avais laissé dans le train.

- Oh, non, merde ! Mais pourquoi tu l'avais gardé ?

- Parce qu'il me plaît ce mot. Enfin, il me plaisait. Il vient d'être détruit par une tornade. Au fait, ce que tu m'as dit à propos de me faire payer les dommages, ce n'est quand même pas vrai, n'est-ce pas ?

- Si, si, ils sont en train de le faire. J'ai vu des fax passer. A mon avis c'est déjà en route, ils en ont après toi.

- Et en plus, je n'ai rien fait. Un imbécile de garçon au restaurant, un flic ignorant comme ils le sont probablement tous,... et voilà. Rien d'autre.

Larry décida de se coucher immédiatement après l'appel. Pas d'alcool, pas de café, pas de quoi ruminer toute la soirée. La nuit porte conseil se dit-il. *Demain sera un autre jour, et je verrai un peu mieux où j'en suis. De plus, la nuit dernière je n'ai pas fermé l'œil.*

Larry eût une nuit réparatrice, de celles qui par miracle vous apportent sans vous en rendre compte cette sérénité dont vous allez avoir besoin pour traverser les tempêtes. Était-ce l'œuvre de Dieu, son karma, son destin,…nous ne le saurons pas.

Au petit matin, Larry reçu un appel de la banque. « Mr Moore, les privilèges que vous aviez sur certains comptes de la *Regent* ont été supprimés, ainsi que la carte de crédit en votre possession. Pouvez-vous passer à la banque ce matin pour régulariser votre situation ? ». C'est un bon début de journée, pensa Larry. *Encore des imbéciles qui opèrent aveuglément sans se demander ni comment ni pourquoi. Bon, le message est clair, Regent a déclaré la guerre, c'est confirmé. Ce que je dois faire maintenant c'est me concentrer sur les aspects positifs des choses. Les négatifs, je ne dois pas m'en inquiéter, on me les rappellera. Donc, la banque, rendre la carte de crédit. Une chose de moins sur moi, mais surtout plus aucun compte à rendre en fin de mois. Que du positif !*

J'espère sincèrement que cet état d'âme va continuer, car je m'attends à quelques surprises dans les jours qui viennent. Mais à quoi bon y penser. J'agirai en fonction de leur arrivée.

Ma première rencontre avec Larry, en 1996, survint dans un endroit assez surprenant. C'était un hôtel dans une espèce de grande ferme, dans un minuscule village de Belgique. D'ordinaire cet établissement hôtelier remplit ses cinquante-deux chambres facilement, quand la saison bat son plein. Nous y étions pour un autre motif que le tourisme, et bien en dehors de la saison, c'était mi-novembre. Notre hôtel était seulement occupé par les vingt-quatre personnes de notre groupe. Un petit bar enfumé, endroit de la première rencontre, était le seul endroit où il était permis d'en griller une. Il était adossé à une grande véranda de type Victorien où une table de fruits et jus nous souhaitait la bienvenue.

Toute l'assistance s'auto-scrutait. Vingt-quatre parfaits inconnus, rassemblés pour la même cause, enfermés pendant cinq jours et cinq nuits. Nous savions pourquoi nous étions là, mais le mystère quant au déroulement des événements restait absolu, ainsi que l'identité des participants. La plus jeune devait avoir juste dix-huit ans, tandis que le plus âgé dépassait allègrement les soixante. Cinq-cents Euros déboursées pour la participation, en dehors des frais d'hôtel et de restauration. Nous nous observions les uns les autres, tentant de déchiffrer le malaise dans les regards ou sourires maladroits. L'ambiance était tendue malgré que tous étions là dans un seul et unique but, progresser dans notre vie. Larry était accoudé au comptoir du bar, une bière à la main. Il ne savait pas que ce serait sa dernière. C'est au moment de commander la mienne que nous entamâmes la conversation. Il semblait un homme bon, agréable à écouter, une voix douce et posée,… mais il était manifestement nerveux. Nous l'étions tous.

Un membre de l'organisation, qui s'était intelligemment fondu dans la masse, nous remit à chacun quelques feuilles. C'était un engagement de confidentialité que nous devions respecter au terme de l'expérience. Nous commençâmes à le lire et échangeâmes Larry et moi un regard surpris et interrogatif. Tant lui que moi lisions toujours un document en entier avant de le signer,… mais cette lecture nous laissait perplexe. Sur certains points que nous discutâmes en toute discrétion, nous n'étions pas vraiment d'accord. Les autres participants étaient dispersés çà et là,… et nous supposâmes Larry et moi qu'ils avaient le même type de conversation que la nôtre. Soit, après deux heures d'attente, la double porte d'une salle adjacente à la véranda s'ouvrit. On put y entendre une musique assez puissante, c'était un Ave Maria joué à la guitare. Nous entrâmes tous, tels des mites attirées par la lumière. Quelques chaises bien alignées nous invitaient, et après trois minutes de silence, notre "gourou" commença son "speach".

Bienvenus à "Oxygen" ! Stage de développement personnel animé par un écrivain psychologue, Antoine Filissiadis. Le stage était présenté en langue française que Larry maîtrisait bien grâce à sa grand-mère française qui avait fait passer l'us de génération en génération. Moi j'étais né en Wallonie, région francophone de Belgique, mais je m'apprêtais à aller vivre à Londres. Après une présentation de ce qui nous attendait, nous dûmes nous dévoiler un à un. Larry était le seul qui provenait d'Angleterre, tous les autres provenaient de Belgique, France, et aussi une femme de Suisse. Ce stage était basé sur des techniques de PNL (Programmation Neuro Linguistique), et allait durer cinq jours, comme je vous l'ai dit avant. Il allait créer des liens forts entre les participants, tablés sur l'amour, le respect, la victoire sur nos peurs, l'abandon de l'importance du regard des autres, la réconciliation avec des personnes éloignées, etc…

De retour à notre petite histoire, la visite à la banque allait être la première surprise de la journée.

- Mr Moore, passez par ici. Bonjour. Asseyez-vous.

- Bonjour. La voici votre petite carte.

- Oui, merci,… mais on m'a fait part d'un autre souci.

- Ah oui, lequel ?

- La direction voudrait récupérer vos cartes personnelles en même temps, je suis désolé.

- Mes cartes personnelles, mais pourquoi ? Et si je ne veux pas les rendre, que se passera-t-il ?

- Je dois de toutes manières vous informer qu'elles ont déjà été bloquées.

- Mais enfin, que se passe-t-il ?

- Comment dire,… je ne suis pas la meilleure personne pour vous expliquer cela, mais la direction a pensé que votre solvabilité était devenue questionable.

- Questionable ?

- Et bien,… oui, par la perte de votre emploi, et des poursuites menées contre vous, il semblerait que votre position financière soit un peu compromise. De plus vous avez un important crédit en cours - dans cette banque – pour l'achat de votre maison.

- Poursuites contre moi ? de quoi parlez-vous ? Comment pourriez-vous être au courant ?

- Et bien, Hartman et Coppen sont aussi nos avocats.

- Et les miens !!! N'êtes-vous pas en train de m'avouer un délit d'initié ?

L'employé observa un moment de silence, visiblement crispé, il cherchait ses mots.

- Mr Moore, soyez sûr que cette banque agira toujours dans l'intérêt de ses clients, et que vous en êtes un.

- Les entreprises comme cette banque - et les personnes en général - agissent toujours dans leurs *propres* intérêts. Certains vous diront que leurs clients passent avant,… c'est de la connerie ! La banque pense d'abord à sa rentabilité, puis à celle de ses meilleurs clients. Moi je suis au fond de la liste,… et mes anciens employeurs sont en haut. Tenez, prenez-les ces petites cartes en plastique. Contentez-vous de faire votre boulot, et garder vos balivernes pour les petites vieilles qui croient encore en vous.

Un peu de nettoyage de fait dans son portefeuille. Pauvre Larry. Mais est-il vraiment en position pour discuter ? Avant de sortir de la banque, il prendra de l'argent, il doit dorénavant penser au cash. Et le GSM sonne. Comme quoi les « bonnes nouvelles » s'enchaînent les unes aux autres !

- Mr Moore ?

- Oui, c'est moi.

- Je me présente, je suis Melson Dantes de Dantes et Escribano, nous représentons les intérêts de votre ex-épouse Laura Smith.

- Monsieur... Dantes vous avez dit, avant toute chose je voudrais vous préciser que Laura Smith est toujours mon épouse.

- Oui, monsieur Moore, vous êtes libre de le voir comme vous le désirez. Mais venons-en au but de mon appel. Une demande de divorce vous a été expédiée ce matin, par télégramme, que pensez-vous d'une réunion mardi prochain a 10 heures en nos bureaux ?

- Cela me parait parfait, répondit Larry d'un ton sarcastique.

Positivons ! Je ne vis plus à crédit, mais avec du cash. Je sais où en sont mes finances à tout moment. Je ne dois plus rendre de comptes à personne. Ma boite ma viré, me flanque un procès dans les pattes. Ma banque me retire le parapluie qu'elle m'avait prêté quand il faisait plein soleil. Ma femme divorce. Mes avocats ne le sont plus, puisqu'ils travaillent pour mon ex-boite et ma banque. Mardi, dans cinq jours, c'est pour le divorce. Aujourd'hui je dois appeler Charlotte, et Henry rentre dimanche.

Jusqu'ici, tout va bien !

Larry me confia un jour l'origine de cette petite citation philosophique, devenue sienne de par son emploi répété. C'était un programme de télé où on montrait des jeunes qui avaient subi des lésions cérébrales importantes suite à un accident, et qui avaient perdu totalement la mémoire. On ne parlait pas ici de simple amnésie, mais de la mémoire dans son intégralité. Ces personnes avaient tout perdu de leurs connaissances. Il fallait reprendre leur éducation depuis le premier jour de leur naissance. Par exemple ils ne connaissaient plus les gestes qui conduisent la fourchette ou le verre à la bouche, etc... Tout, absolument tout, devait leur être reprogrammé,... un peu comme après un *Format C:* Dans ce programme il y avait un jeune homme très agréable et sympathique, atteint des mêmes lésions, ... et qui se battait déjà depuis des années en convalescence, un combat qu'il ne gagnerait pas car on ne récupère jamais tout. Il avait tatoué sur son avant bras *"jusqu'ici, tout va bien"*, car il s'estimait chanceux par rapport à d'autres.

De retour à la maison, on est jeudi et il est 11 heures, le facteur était passé. Il y avait des factures et trois télégrammes que la femme de ménage avait réceptionnés. Premier, Larry est viré, pas de surprise. Deuxième, Laura demande le divorce, pas de surprise. Troisième, *Regent* m'attaque pour faute grave et demande cinq millions en dommages. *Cinq millions, c'est plutôt une bonne surprise, car ils ne les auront jamais !* Larry ne comprenait pas comment une boite de renommée comme Hartman et Coppen pouvait conseiller à ses clients un procès aussi stupide. S'ils réclamaient cent mil, ils auraient possiblement gain de cause. Mais cinq millions, jamais un juge n'acceptera cela. *Tant mieux !*

Quelques factures, dont celle du GSM de Laura que Larry n'ouvrait jamais. *"Un G c'est personnel"*. Comme il était convaincu que Laura ferait tout le nécessaire afin de dévier son courrier au plus vite, il décida d'ouvrir. Cent-vingt livres quand même ! Il essaya de comprendre comment sa femme pouvait dépenser autant en seulement un mois. Mais en regardant de plus près, il y avait un numéro qui revenait très souvent, entre une et trois fois par jour. Larry prit son téléphone portable, changea les paramètres de confidentialité, et appela avec toute la franchise du monde.

- Kriss ?

- Oui, c'est moi, qui est-ce ?

Larry raccrocha de suite. Il avait la réponse. Bon, on ne va pas en faire tout un cinéma. Kriss existe tout comme Kathleen. Cela ne changera plus rien à ce niveau. Larry eut seulement une pensée : *A mon avis cette histoire de Kathleen est tombée pile au bon moment pour Laura.* Mais à quoi bon penser d'avantage. Il décida de mettre à exécution la mission la plus importante de la journée.

- Charlotte ? C'est papa.

- Papa ! Comment va ?

- Avec des hauts et des bas.

- Et ta vente ? Tu es riche ???

- Ta maman ne t'a pas appelée ?

- Non, pourquoi ? Quelque chose ne va pas ?

- Je n'arrive même pas à croire qu'elle ne t'ait pas appelée. Assieds-toi et écoute bien.

- Tu me fais peur !

- Écoute Charlotte. Tu sais bien que Papa t'aime, et qu'il ne fera jamais rien pour compromettre ton bonheur.

- Oui, Papa, je sais. Qu'est-ce qui se passe ?

- Ta maman et moi allons divorcer.

- Vous allez divorcer ! Qui a pris la décision ? Vous allez le faire ou vous pensez le faire ?

- On va le faire, c'est d'ailleurs déjà en route, je viens de recevoir la lettre officielle. Quant à ta question : qui a pris la décision,... je te répondrai que certaines choses arrivent et les décisions sont prises en conséquence, mais se demander qui a commencé ne mènera nulle part.

- Mais nous, Papa, on devient quoi ?

- Mais la même chose qu'avant ma grande. La seule chose qui change c'est que nous n'auront peut être plus ces repas tous ensemble. Mais il y a d'autres choses qu'il faut que je te dise.

- Vas-y, je suis assise. Proche de la syncope, mais je tiens le coup.

- Si tu gardes ton sens de l'humour, c'est un bon signe. Je n'ai pas fait cette vente multimillionnaire, ma boite m'a viré, ils m'envoient au tribunal, la banque m'a repris mes cartes de crédit.

- Tu fais fort, toi, quand tu veux ! Et tout cela en combien de temps ?

- Une nuit.

- Une nuit ??? Papa, qu'est-ce que tu essayes de m'expliquer ?

- Je t'expliquerai tout cela en détails plus tard, mais avant, écoute-moi. Tu te souviens de toutes mes recommandations sur comment sécuriser ta vie par les finances, emmagasiner pour le futur, etc… ?

- Oui, tu nous as ennuyés assez souvent avec cela, Henry et moi.

- Et bien, oublie tout. Je me suis trompé sur toute la ligne. Il n'y rien de sûr dans cette vie. Elle nous réserve des surprises à tout moment,… et si tu veux être assurée de t'en sortir toujours, alors adapte-toi vite au nouvel environnement qui se présente à toi. Çà c'est la clé. Et puis, Charlotte, profite de chaque moment de bonheur sans penser à demain.

- C'est si grave que cela ce qui arrive, papa ?

- J'en ai bien peur ma fille. Tu sais, quand toutes les valeurs que tu as défendues toute ta vie s'écroulent, il te faut te raccrocher au moindre signe positif. C'est ce que je fais, positiver. Ce qui arrive maintenant, aujourd'hui, hier, demain,… je n'y peux grand-chose. Mais ma manière de voir ces nouveaux événements ne dépend que de moi. Alors plutôt que d'essayer de changer ces choses qui me glissent entre les doigts, je change ma façon de les regarder.

- C'est une bonne philosophie Papa, mais cela marche-t-il vraiment ?

- Je n'ai pas vraiment le choix, si je veux m'en sortir. Il y aurait de quoi devenir fou et tout casser,… mais je ne veux pas de cela. Alors je m'accroche à ce que j'aime, ce qui procure du plaisir. A toi, à Henry. Ta maman est partie sans laisser d'adresse autre que celle de son avocat.

- Je vais venir Papa, et on va parler.

- Non, ne viens pas tout de suite, j'ai énormément de choses à penser. Laisse-moi jusqu'à demain soir si tu veux bien.

- Mais tu es sûr que tu vas bien ?

- Ne t'inquiète pas pour moi. On se voit demain soir, ok ? Comme c'est un vendredi, on ira prendre un pot,… en amoureux !

- Ok Papa. Je suis avec toi tu sais.

- Je sais ma grande. Tu es ma perle rare….

- …. des océans de l'éden ! Je t'aime Papa.

- Je t'aime Charlotte.

Larry termina la conversation les yeux rouges et le cœur gros. Qu'il est bon de pouvoir se raccrocher à quelqu'un quand tout se déglingue. Il a beaucoup de chance, sa fille est brillante, intelligente, et aussi pleine d'amour. Henry, lui, est plus proche de sa maman, sa réaction est donc imprévisible. Mais cela, c'est pour dimanche. Et puis, avec des chances, Laura l'aura appelé d'ici là.

Retourner au bureau ? Pourquoi faire ! Récupérer les affaires, la calculatrice, la photo de Laura sur le bureau, la perforatrice, quelques stylos. Finalement rien qui vaille une confrontation. On laisse tout là. Ce qui dérange un peu, c'est la commission de la vente de la semaine dernière. Petite vente, certes,… mais elle ferait du bien. Ils ne vont pas la payer. Il reste à espérer qu'ils ne virent pas Kathleen. Mais là non plus, Larry ne peut rien faire. C'est entre la *Regent* et elle.

Comme son passé est en train de se démonter à grands coups, une attitude positive serait de se concentrer sur le futur. Le soir porte conseil, et couper le téléphone serait une bonne option. Larry débrancha donc l'arrivée principale et déconnecta son GSM.

D'abord les finances. Avec des cartes de crédit, il est facile de conserver le même train de vie insoucieux, du moins un temps. Comme elles le lui ont été reprises, il ne sera pas tenté. Le plus dur est de penser au cash. Il est clair que nous sommes habitués dans notre société moderne à vivre à crédit, c'est-à-dire d'acheter avec de l'argent que nous n'avons pas encore gagné. On nous enseigne ces facilités dès notre entrée dans la cour des grands, ce qui apporte sans cesse une nouvelle fraîcheur à l'économie du pays. Agir en sens inverse signifie directement une diminution des dépenses, qui en temps de crise – et ceci est un temps de crise – est une sage option. Penser Cash, on y revient. Combien de fois devra-t-il consulter son porte-feuille sur une journée ? Et bien au moins une fois avant chaque dépense. Il faut réapprendre à compter. Avant de rentrer dans un resto il faut savoir combien on a sur soi car c'est le maximum que l'on peut dépenser. Mais si le week-end commence, il est inconcevable de tout dépenser le premier soir car on se verra dans l'impossibilité de retrouver de l'argent avant le lundi matin.

Première chose à faire demain matin – vendredi – c'est de retirer au moins mil livres sterling du compte pour le stocker à la maison. Comme cela le portefeuille pourra être rechargé à la demande, même pendant les week-ends. Chaque matin il faut prévoir les dépenses de la journée et ne rien oublier, comme faire le plein de la voiture. Ne serait-il pas alors plus sage encore de retirer tout l'argent du compte en banque et l'avoir à la maison ? Larry a un coffre dans sa chambre, et lui seul en a la clé. On rectifie donc, première chose à faire demain matin, c'est de clôturer ses comptes en Banque. De toutes manières, la *Barclay* ne lui est plus d'aucun secours puisqu'il vient – malgré lui – de rentrer dans le rouge.

Chose dite, chose faite. Le jeune employé lui remit – après une heure d'attente – 12.684,54 livres. Nous sommes vendredi matin et Larry, pour la première fois depuis l'âge de 17 ans, n'est plus détenteur d'aucun compte courant en banque. Cet argent ne lui permettra pas d'aller bien loin. Le jeune employé prit son temps pour faire tout le calcul. En fait c'est l'ordinateur qui calcule et l'employé qui clôture. Mais il fallait payer le solde des cartes de crédits saisies la veille, compter les intérêts créditeurs (peu), et débiteurs (beaucoup), et l'indemnité de clôture (120 livres quand même !). Puis vient l'assurance du compte et les frais de maintenance. Pour résumer, les requins se sont encore bien régalés sur le dos du pauvre Larry.

Après avoir laissé son argent en sécurité, Larry alla visiter une agence immobilière qu'il connaissait bien, presque des amis. Il décida d'entamer les formalités pour vendre la maison, car il savait déjà que la seule issue serait celle là. Il revint ensuite avec l'agent-expert, la fit visiter dans tous les détails, puis demanda le résultat de l'estimation avant mardi matin, date à laquelle il rencontrera les avocats du divorce.

Peter Stenot

5

L'après-midi il se rendit au restaurant où tout avait commencé, et demanda à parler à Herbert.

- Que puis-je pour vous Mr Moore ?

- Herbert, vous ne savez pas à quel point je suis content de vous voir.

- Moi de même monsieur.

Il était seize heures, le service du midi était terminé depuis peu, le personnel avait mangé, et ne restait dans le restaurant que 2 commis de cuisine et le chef de salle pour préparer le service du soir.

- L'autre soir, mardi, un de vos garçons m'a malproprement jeté à la rue. Êtes-vous au courant ?

- Oh, mon dieu. Était-ce vous ?

- J'en ai bien peur, Herbert.

- J'ai en effet été informé de l'incident, mais personne n'a pu me donner de nom, il n'y avait pas de paiement par carte. Ils m'ont fait une description sommaire, mais il m'aurait été de toutes manières impossible de penser à vous. Vous figurez parmi nos clients les plus réguliers. Je suis vraiment navré. Je vais faire quelque chose pour vous, parler à la direction. Nous allons vous dédommager pour ce malentendu, faites-moi confiance Mr Moore.

- Je suis touché par votre consternation, Herbert, mais malheureusement les dommages encourus sont bien au-delà de toute imagination.

- Expliquez-moi.

- Et bien, j'ai été contraint et forcé à passer la nuit au poste de police. Le lendemain je n'ai pu conclure un travail acharné de deux ans, laissant sur la table une commission de 750.000 livres. Mes employeurs me virent, ma femme me quitte, ma banque me lâche. Je ne rentrerai pas dans les détails mais c'est la stricte vérité. C'est ce que l'on appelle l'effet boule de neige, n'est-ce pas ?

- Il m'est impossible de vous dire combien je suis désolé. Et Enrique, comment cela s'est-il passé avec lui ?

- Enrique ?

- Le garçon.

- Ah, cet imbécile de garçon qui du haut de son autorité nous a viré sans même essayer de comprendre que un ami et moi étions importunés par un inconnu, qui nous a persécuté jusque dans la rue avec sa note et appelé les policiers,... vous voulez parler de cet Enrique là ?

- Je ne comprends vraiment rien. J'ai eu une représentation de l'incident complètement différente. Je ne sais plus que croire, vous comprenez.

- Très bien Herbert. Malheureusement vous n'étiez pas de service ce soir là,... mais posez donc vos questions à mon ami Peter que je n'ai plus vu depuis l'incident. Appelez-le maintenant, rendez nous ce service.

C'est à ce moment que mon téléphone portable retentit. Il me fallut un moment pour savoir qui était donc cet Herbert, puis de répondre le plus honnêtement possible à toutes ses questions. Il semblait consterné et effrayé d'avoir été mis à l'écart de la vérité. Après cinq bonnes minutes, il semblait convaincu par ma version des faits. Je n'eus point la chance de parler avec Larry à ce moment précis, et ne savais donc rien de ce qui s'était passé depuis l'incident. Je supposai qu'il allait bien s'il était retourné régler ses comptes avec le restaurant.

Herbert promit à Larry de virer Enrique sur le champ.

- Je ne veux pas de votre promesse, Herbert. Je sais que vous aller le faire.

- Qu'est-ce qui vous ferait plaisir alors, Mr Moore. Une chose que nous puissions faire pour vous montrer à quel point nous sommes désolés pour ce qui s'est passé.

- Et bien maintenant que vous en parlez, Herbert, je suis à la recherche d'un boulot.

- Un travail ? Je ne comprends pas.

- Oui, un travail, un boulot, un job. Travailler ici, être un de vos employés. J'ai été garçon pendant cinq ans, vous savez.

- Mais, Mr Moore. Je ne comprends toujours pas. Vous êtes un homme d'affaires, pas un serveur ! Vous me parlez de commissions de 750.000 livres, et vous viendriez travailler à 750 livres pour une semaine de 60 heures.

- Vous savez Herbert, hier soir j'ai beaucoup pensé. A quoi me sert tout cet argent si je ne peux assurer mon futur ? Pourquoi ne pas assurer mon présent ? Je ne vous garantis pas que je travaillerai ici le restant de mes jours,... mais vous me devez une faveur,... et j'en ai une à vous demander. Pourquoi ne démarrerions-nous pas mercredi prochain. Vous passez le week-end avec Enrique, puis je le remplace.

- Et bien,... euh,... je ne sais que dire,... comptez sur moi. Je convaincrai mes supérieurs. Et soyez ici mercredi à 11h précises, nous ferons un essai.

Il n'y a pas de sot métier. Larry pourrait trouver du travail dans l'immobilier assez facilement, c'est un vendeur affûté. S'il a décidé de travailler comme garçon pour un petit salaire, c'est un choix dicté par son intellect. Il a probablement ses raisons, difficiles à comprendre vu de l'extérieur, mais chacun n'agit-il pas suivant une logique, sa propre logique ?

Le soir arrivé, il sortit comme convenu « en amoureux » avec sa fille Charlotte. Ils aimaient utiliser ces mots car quand ils étaient ensemble lors d'une de ces soirées, rien ni personne ne pouvait venir troubler cette relation unique. Ils étaient souvent considérés comme un de ces couples typiques et atypiques à la fois, homme quarantaine bien faite accompagné d'une toute jeune maîtresse. Ils ne faisaient pas attention à ces regards dédaignant leur union pourtant sacrée. *S'ils ont envie de nous condamner, qu'ils le fassent*, disait-elle souvent.

Larry étala tous les tenants et les rebondissements de la semaine, incluant chaque détail. Il expliqua le restaurant, la nuit et la journée au poste de police, la réaction au boulot, la banque, etc… Tout sauf Kathleen qui était encore un secret pour tout le monde. Il dut bien s'acquitter de quelques explications puisque sa maîtresse du moment avait été le détonateur du départ de la maman de Charlotte. Mais Larry était un fin menteur, ce qui va souvent de pair avec fin vendeur. Il n'aimait pas mentir à sa fille, mais c'était pour la bonne cause. Et puis, omettre, ce n'est pas vraiment mentir !

Charlotte écoutait toutes les explications de son Papa. Souvent, et cette fois-ci encore, elle buvait ses paroles. Il était son maître spirituel, son ami, son confident, son épaule les jours de grand froid. L'histoire faisait peine, incompréhensible dans le fond et la forme, mais ramenait étrangement à une réalité philosophique qui donnait envie, celle de comprendre que rien n'est définitivement acquis. La leçon était à la mesure des pertes engendrées, et l'élévation spirituelle pouvait, pour l'instant, compenser les troubles subis.

> - Tu m'étonneras toujours Papa. Comment peux-tu accepter toutes ces choses avec autant de sérénité ?

> - Je ne sais pas. C'est arrivé comme cela, le premier jour, au premier problème. Tu sais, il n'y a rien que je puisse changer à la décision des autres. Ma manière de voir ma

vie future dépend essentiellement de ma réaction face aux événements présents.

- Oui, Papa, je comprends bien. En théorie tout cela est très plausible et c'est pour moi la bonne position à adopter, mais en réalité personne n'est capable de le faire.

- Tu sais, ma fille, pour faire cela, il faut ravaler sa fierté. La fierté ne sert qu'à se défendre – ou à s'élever - moralement face à des personnes qui ne t'écouteront de toutes manières pas. Ça ne fait pas avancer le « schmilblick » ! Une décision cruciale est celle où tu en ressors en gagnant quelque chose. C'est ce que j'ai fait cette semaine, plus d'une fois déjà.

- Ne me dis pas que quand par exemple la banque t'enlève tes cartes de crédit tu y gagnes quelque chose !

- Et bien si,… justement ! Maintenant je ne vis plus à crédit, c'est-à-dire que je peux seulement dépenser l'argent que j'ai gagné, et non celui à gagner dans le futur. Je vis donc plus au jour-le-jour, et maintenant j'ai un contrôle parfait de mes dépenses.

- Mais Papa, ça ne fait que deux jours tout ça. Tu verras que cela va bien t'ennuyer.

- C'est sûr. Pour louer une voiture, réserver une chambre d'hôtel ou acheter sur *Ebay*, cela va me créer des problèmes. Mais ils sont largement compensés par le fait que je ne serai plus jamais tenté d'acheter quelque chose si je n'ai pas l'argent.

- Et Maman, qu'est-ce qu'elle a décidé de faire ?

- Elle ne t'a pas appelé ?

- Non. Depuis la semaine dernière, rien de rien.

- Tu vois Charlotte, ce genre d'agissement je n'arrive vraiment pas à comprendre. Tu as des nouvelles de ton frère ?

- Non plus, mais tu sais lui il est tellement radin qu'il n'utilise jamais son GSM, je me demande même pourquoi il en a un.

- De qui ceci peut-il venir, cette mesquinerie ?

- De Maman, c'est sûr.

- Pourquoi tu dis cela ? Ta maman dépense.

- Parce qu'elle n'a jamais dépensé que l'argent que tu lui donnais. Ce qui vient de sa famille est toujours bien gardé en bons du trésor.

Larry marqua un temps d'arrêt.

- Oui, tu as raison, je n'avais jamais vu cela sous cet angle. T'es une vraie observatrice, toi.

Ils passèrent toute la soirée à parler de toutes ces choses. Ils s'échangeaient des étreintes et des regards complices sous les yeux critiques des habitués du comptoir. Charlotte ne pouvait pourtant pas s'expliquer pourquoi il voulait être serveur dans un restaurant.

- Ne t'inquiète pas, j'ai choisi ce métier surtout parce que je sais le faire, cela ne prend pas la tête et permet de penser à autre chose tout en travaillant. Il ne rapporte pas beaucoup, ce qui est un autre avantage.

- Comment cela peut-il être un avantage, Papa ?

- Comme quand toi et moi jouons aux échecs, je pense deux coups à l'avance,... si j'ai vu juste tu comprendras dans pas longtemps. Mais c'est un détail. Ce qui m'inquiète aujourd'hui c'est ton frère qui revient dimanche, et je ne sais pas quoi lui dire.

- Oh, ne te tracasses pas, Maman lui aura déjà tout expliqué, j'en suis sûre.

- Tu crois ?

- Certaine. Tu sais ces deux là n'ont rien à se cacher,... un peu comme toi et moi. Et puis, ne m'as-tu pas dit que cela ne servait à rien de s'imaginer les problèmes à l'avance ?

- Très juste. Tu ne loupes rien, toi !

- Je suis ta fille, Papa. Je suppose que je dois avoir quelque chose de toi, non ?

- Je suis fier de toi. Tu es intelligente, brillante, sympathique. Tu sais, si tu n'étais pas ma fille, tu serais mon style !

- En beaucoup trop jeune !

- Mais oui, je plaisante, tu le sais bien.

- Mmmm, je ne sais pas. Je connais bien tes yeux, et l'âge n'a pas vraiment d'importance. Je t'ai vu regarder la blonde qui entrait. Quel âge aura-t-elle ? Vingt ans ?

- J'aime regarder une jolie femme – un peu comme une belle voiture – mais ce n'est pas pour cela que je la veux.

- Oh, je n'en suis pas si sûre. Si elle t'était présentée sur un plateau d'argent, tu ne dirais pas non.

- Une belle blonde sur un plateau d'argent, qui pourrait ?

Le samedi se passa sans encombre. Comme c'est le week-end, les mauvaises surprises ne parviennent pas ! Cela tombe on ne peut mieux, comme il y a un peu de soleil, s'installer dans la véranda avec un bon jus d'orange à neuf heures du matin, c'est un régal. Prendre un peu de chaleur, et en même temps philosopher sur ce qu'est vraiment la vie. Une succession de jours. Peuvent-ils être heureux dans la pauvreté ? Bien sûr, pourquoi pas. Finalement un jour heureux arrive plus facilement quand on ne se soucie pas du lendemain. *Si je me tracassais pour mardi, je ne serais certes pas heureux avec mon jus d'orange.* Donc, un des secrets du bonheur devrait résider dans l'absence de futur. Et l'autre dans l'absence de passé, car si Larry pensait aux jours de bonheur vécu avec Laura qui vient de le quitter, il ne pourrait pas non plus savourer paisiblement son verre de nectar.

Bon, pour résumer, ce bonheur, n'appartiendrait-il pas seulement au présent.

C'est une petite approche philosophique assez brève, mais qui mérite qu'elle soit approfondie. Je tenterai de le faire.

Peter Stenot

6

En écrivant ce livre sur l'histoire de Larry, à ce momoent précis, il y a du soleil dehors, j'en profite pour faire quelques lessives en retard, et je suis heureux face à l'ordinateur, sur ma terrasse. Une petite musique zen et le chant de quelques oiseaux au loin accompagnent le cliquetis du clavier. Je ne pense ni à demain, ni à hier,... mais seulement à l'histoire de Larry, et au moment présent. Comme les mésaventures de mon ami ne m'affectent pas au quotidien, et que je fais seulement appel à ma mémoire pour vous les écrire, je vais bien !

Pour pouvoir vous raconter cette histoire, j'ai dû rencontrer tous les acteurs. S'il y en a un qui m'a marqué particulièrement, c'est bien Charlotte. Elle est charmante, étincelante, croustillante, pétillante, intelligente,... et jolie, ce qui ne gâche rien. Spontanée dans ses réponses, ce genre de femme – jeune fille, pardonnez-moi – qui respire chaque enseignement, qui aspire à apprendre, à vivre. Elle est encore bien ambitieuse, mais qui ne l'est pas à cet âge. Elle est adorable et vive comme un jeune chaton, qui ne griffe que quand il est agressé. J'ai de suite compris pourquoi il y avait cette grande complicité entre elle et son père.

Quand j'ai rencontré la maîtresse Kathleen, peu après les événements du 2 novembre 2004, j'ai découvert certaines particularités rencontrées chez Charlotte. Physiquement elles sont bien différentes, mais il y a ce brillant dans les yeux qu'elles partagent, cette fraîcheur, cette spontanéité. Kathleen, à l'époque, avait 34 ans. Elle était de nature tracassée pour son futur. Elle cherchait – un peu comme toutes les femmes – la stabilité, la sécurité. Les mésaventures de Larry auraient dû la mettre au parfum de ce que peut nous réserver la vie,… mais cela ne l'avait affecté que passagèrement. Un peu comme quelqu'un qui perd un être cher, trop jeune, et qui capte ce message de « vivre au présent car on n'est sûr de rien », mais qui après deux mois est retombé dans sa routine métro-boulot-dodo,… et malheureusement recommence à penser à sa retraite. Kathleen ne pensait pas à la sienne, elle en était encore bien loin, … mais à fonder une famille, et son horloge biologique la titillait continuellement.

Dans tout homme qu'elle avait rencontré avant Larry, en l'espace de cinq minutes elle pouvait se projeter dix ans en avant. Elle voyait de suite que ce prétendant qui l'invitait à un verre ne serait pas l'homme dont elle avait besoin. Chez elle, l'homme n'était plus une simple envie ou un désir, mais devenu une nécessité. Alors elle utilisait tous les services que le 21ème siècle lui offrait, internet, clubs de célibataires, etc... A sa grande surprise, quand elle rencontra Larry, toutes ces barrières qui la guidaient dans un seul et unique but s'écroulèrent. Elle était tombée sous le charme. Larry était marié, plus de quinze ans son aîné, et avait déjà ses enfants, donc rien qui puisse la motiver. Pourtant, elle lui offrit le plus beau sourire des meilleurs jours. Larry qui était bien à la recherche de quelque chose pour compenser sa relation un peu trop monotone fut conquit en un instant. En Kathleen il retrouvait un peu de Charlotte, son amour de fille.

Quand je fis part à Larry de mon envie d'écrire son histoire, cinq ans s'étaient écoulés depuis le soir du restaurant. Il fut à la fois surpris que je veuille écrire sur lui, mais aussi de savoir que cette chronique d'un événement somme toute anodin puisse intéresser quelqu'un. Il savait que si je réussissais, ce serait mon premier livre. J'avais bien commencé à écrire sur moi il y a trois ans mais j'étais resté bloqué à trois-cents pages, sans être parvenu à terminer. Ce livre-ci allait être écrit, bouclé et édité. J'en avais la certitude. Vous savez, cette conviction qui apparaît parfois en vous, cette petite voix intérieure.

S'il y a des personnes qui n'ont pas été consultées pour l'écriture, ce sont les anciens employeurs aigris, et pour cette raison nous n'aurons pas droit à leur point de vue. Il est possible qu'ils se voient un peu condamnés sans moyens de défense, mais j'ai suffisamment confiance en Larry que pour savoir qu'il me racontait la vérité à leur sujet, histoire corroborée de toutes manières par Kathleen, qui a travaillé pour la *Regent Estates* après les événements.

Mon intérêt pour vous faire partager cette histoire ne se limite heureusement pas à l'histoire elle-même, qui comme le pense Larry, n'a pas de quoi en faire un roman ! C'est dans la réaction de notre protagoniste que j'ai trouvé l'inspiration, la sagesse qui nous manque souvent. Il a été capable de sortir avec brio de cette malencontreuse aventure. Quand je dis brio, je ne parle pas seulement de cette facilité puisée je ne sais où pour faire face avec autant de lucidité aux problèmes majeurs qui se sont soudain présentés, mais à sa force d'associer ses solutions à la quête universelle, le bonheur. Il n'est pas facile de penser « bonheur » quand banquiers et avocats sont à vos trousses, pourtant Larry a pu instinctivement et instantanément avaler sa fierté d'homme, ce qui lui valut cette double réussite, celle de sortir « vivant » de cette histoire, en ayant gagné sur tous les tableaux. Et ceci méritait bien d'être raconté.

Peter Stenot

7

Pour en revenir à Kathleen, le pire jour de sa vie, ce mercredi maudit, débuta tôt. Depuis l'obtention de ses diplômes en secrétariat et informatique, elle avait collectionné les petits boulots dégradants. Employée en télémarketing, puis en centrale de service clientèle de la *British Telecom*. Elle avait aussi travaillé dans un *Mc Donald's* et un *Pizza Hut*. Son premier vrai boulot commença avec la *Regent Estates*, six mois avant le fameux jour J. Elle était entrée avec un contrat d'intérimaire de remplacement qui, quatre mois plus tard, s'était converti en contrat d'essai. Elle était donc encore dans son contrat temporaire quand l'histoire de Larry et les *frenchies* survint. Elle aurait pu perdre son emploi sur un coup de tête de Strokman, car ce jour là tout était à fleur de peau.

Elle était arrivée une heure à l'avance pour faire un peu de préparatifs dans la salle de réunion. Elle avait acheté des fleurs pour égayer l'endroit.

Elle fit briller la grande table en acajou vernis et gomma les traces de doigts sur les portes et cloisons vitrées. Elle s'assura que le projecteur fonctionnait bien, et que les stores n'étaient en rien gênés dans leur descente. Une trace noire sur la moquette fut enlevée illico. Un peu de désodorisant à la vanille, quelques poussières sur son bureau, s'assurer la perfection de la tenue, rien ne fut laissé au hasard.

Strokman était arrivé entre-temps, réclamant son café et la confirmation des français une énième fois. Les autres employés se postèrent invisibles à leur bureau, ils ne devaient en aucun moment interférer. Juste Kathleen, Larry, Strokman et les *frenchies*. Tout était fin prêt mis à part quelques détails : Larry et le dossier étaient manquants à l'appel. Strokman devait bien libérer sa colère sur quelqu'un, et Kathleen était la seule disponible. Elle en prit plein la figure. Au fur et à mesure que les minutes avançaient, il la maltraitait verbalement, psychologiquement, la rendant responsable de tout. La peur l'envahissait, pauvre Kathleen, celle qui avait pourtant fait de son mieux. Elle sentait la pression qui montait, le temps qui ne se détenait pas, et vivait en direct l'impossibilité de contacter Larry, celui qui avait et était la solution au problème.

Elle rassembla ses dernières énergies pour accueillir les français, qui en plus avaient débarqué avec l'impressionnant big boss. Café, biscuits, eau minérale,… mais malheureusement rien d'autre, Larry était introuvable, de même qu'une copie du dossier. Strokman oscillait entre embarras, colère et impuissance. Il devait montrer cette exacerbation dans une ultime tentative de retrouver une certaine dignité, un certain contrôle. C'est encore sur Kathleen que tout retombait, face à tout le monde. Il lui fit porter l'entière responsabilité du désordre.

Elle était au bord des larmes. D'une part il y avait ce contrat, résultat de mois et mois de travail, qui probablement tomberait en lambeaux. Puis Larry qui avait complètement disparu avec le dossier. *Il ne sera quand même pas allé chez Hertiz ! Il lui est arrivé quelque chose de grave. C'est sûr on va me virer. Pourquoi Strokman en a après moi ? J'ai rien fait de mal pourtant ! Et ces français qui me regardent comme si j'étais une bête furieuse. Où c'est que je vais retrouver du travail, maintenant ? Si au moins il pouvait nous appeler, où il est ? Même sa femme ne sait rien. Il aura eu un accident, il n'a pas passé la nuit chez lui.* Ses jambes hautes perchées sur ses talons tremblaient sur toute la longueur. Sa jupe étroite s'y mettait aussi. Son chemisier blanc en nylon devenait transparent, on devinait au travers un soutien-gorge bordeaux finement dentelé. Son discret maquillage se mettait à fondre, sa voix hésitait, ses gestes chancelaient.

Les français partirent après un long moment d'attente et trois cafés, puis Strokman rompit ses vitrines, elle attendait le retour au calme, une indication, un renseignement. Rien ne vint avant des heures insoutenables, longues. Le silence était si lourd qu'elle y préférait encore la tempête du matin. Puis, contre toute attente, elle reçut enfin des nouvelles de la voix même de Larry. Tout appel entrant était épié ce jour là, comme si on se méfiait de tout le personnel. Quand une chose foire, cela ne fait pas de tout le monde des traites ! De Larry elle n'eut point de précisions, coupée par la censure bien avant le vif du sujet. Elle repartit de son travail éreintée, angoissée, torturée.

Quand Larry enfin l'appela le même soir, après le départ de Laura, elle put en savoir un peu plus. Elle aurait aimé avoir cette longue conversation complice pour savoir ce qui s'était vraiment passé, mais Larry n'était bien évidemment pas non plus dans son meilleur jour. Il se limita à l'essentiel. Elle eut quand même l'opportunité de déchiffrer quelques dires : il n'était pas parti à la concurrence. Rien de plus grave que : il avait perdu son travail, sa femme, et avait passé une nuit en prison. Cette dernière indication provoqua presque un élan de joie égoïste, mais les événements de la journée lui avaient ôté toute forme d'énergie, même celle du plaisir.

Deux semaines plus tard, Larry l'invita à dîner dans un resto italien sympa. Elle se mit sur son 31. Elle découvrit un amant démuni de tous ses biens, de sa gloire d'antan. Il était néanmoins attentif, et étrangement il avait l'air d'aller bien. Ils purent se détailler tout le déroulement du jour J, d'un côté et de l'autre. Et Larry s'empressa d'expliquer les tenants et aboutissants de cette histoire, inclus la fameuse réunion du mardi chez Dantes et Escribano, les avocats de Laura.

> - Tu viens passer la nuit chez moi ? Maintenant on peut ! Et puis il faut profiter des derniers moments de la maison.

> - Et ton fils, il sera là ?

> - Non, il est chez sa mère. Et Charlotte est à son appartement. Alors, tu te décides ?

Ils s'installèrent dans le salon, étalèrent au sol tous les coussins, oreillers et édredons qu'ils trouvèrent dans la maison. Avant de partir, la femme de ménage avait préparé un feu dans la cheminée, à la demande de Larry.

- Elle est bien, ta bonne !

- Tu le dis pour le feu ?

- Oui, c'est cool. Si je voulais un feu chez moi – et je n'ai pas de cheminée – il me faudrait au minimum une heure, voire plus. Toi, c'est tout fait pour quand tu rentres.

- Oui, mais tout a un prix, je ne la garderai que jusque la fin du mois.

- Je ne reconnais pas ton côté mesquin. Avant, tu avais plutôt la dépense facile.

- Tu as raison, mais comme je vais aussi changer de maison bientôt, j'en prendrai une qui sera à ma taille, et non pas ce monstre démesuré.

- Ce n'est pas un monstre, elle est belle.

- Belle oui, mais bien trop grande pour un homme seul !

J'avais suggéré à Larry le truc des coussins et édredons. Il trouvait l'idée originale,… et aussi assez excitante. Je lui expliquai que surprendre l'autre, même avec des idées loufoques, c'était important. Ce qui tue un mariage, c'est de faire les mêmes choses tous les jours, la routine. Si on pouvait improviser, surprendre et être surpris,... on ne s'enliserait pas. C'est vrai qu'avec des enfants la partie devient compliquée, mais le jeu en vaut la chandelle. Cet ennui n'emmène pas inévitablement le couple à la perdition, mais il le gangrène. Trop souvent on pense, quand tout va mal, que l'unique solution est dans la séparation. Rien de plus faux. C'est la plus simple des solutions, certes, car en « changeant » de partenaire on reprend tout à zéro, mais on le fait sans savoir pourquoi on recommence. Restaurer des valeurs improvisatrices dans un couple existant voué à une fin à court ou moyen terme n'est pas chose facile. Mais le tenter est bien mieux que l'inaction. Combien de couples se laissent dériver sans rien essayer ? Certains ne se séparent jamais, mais alors ils vivent la nostalgie de temps révolus chacun de leur côté. Larry ne pouvait plus grand-chose pour sauver son ménage, car même la communication avait été rompue. Déjà qu'il est difficile de raviver un couple boiteux quand il y a dialogue, alors imaginez quand il n'y en a plus ! Donc Larry ne put que se résoudre à une fin inconditionnelle de 22 ans de mariage.

Deux mois passèrent et Kathleen vint quelques fois dormir chez Larry, et Larry chez elle. Ils se voyaient en moyenne deux fois par semaine. Il était comblé par cette nouvelle relation – informelle certes – mais oh combien agréable. Bien qu'elle continue à travailler dans la boite qui avait flanqué un procès millionnaire sur le dos de notre pauvre Larry, ils ne parlaient que rarement de la *Regent*. Ils étaient bien complices. Kathleen un jour fit la connaissance de Charlotte, avec qui le courant passa dès le premier instant. C'était au restaurant, un vendredi soir. Larry avait invité les deux femmes de sa vie. C'est un peu étrange de les appeler comme cela puisque Laura n'a disparu que depuis peu, et que la relation avec Kathleen était encore assez fraîche. Kathleen était craquante, intelligente, distinguée. Charlotte était brillante, elle allait fêter son anniversaire. Mais une chose sûre c'est que ces deux femmes étaient ce que Larry avait de plus précieux au monde, en ce moment précis.

Il est sage d'expliquer que si les choses *sont*, elles le sont en rapport avec le temps, avec l'instant. Une chose peut être géniale aujourd'hui, et mortelle demain. Quand Larry pense à ce qu'il a de plus précieux au monde, il ne ment pas. A ce moment précis, ce sont bien Charlotte et Kathleen. Il y a des années c'était différent, et dans quelques années ce sera probablement différent. Alors, à moins que nous ne vivions dans une monotonie rituelle, chaque goût, chaque pensée, devrait être par sagesse rattachés à un élément de temps.

Quand on aime, on aime aujourd'hui, il nous est impossible d'aimer pour toujours. On peut le penser et le dire, mais il nous est totalement impossible d'aimer au futur. Si on voulait être totalement honnête avec la personne que l'on aime, on devrait lui dire *"Je t'aime de tout mon cœur, mais je suis incapable de te dire si je t'aimerai demain. Aujourd'hui je t'aime et j'en suis sûr. Aujourd'hui je voudrais t'aimer pour le restant de mes jours, mais repose-moi la même question dans une semaine ou un an ?"*

Larry ne fit pas de rêves de grande amitié entre sa fille et sa nouvelle compagne, mais qu'il n'y ait pas d'abjection serait déjà un grand succès. La réalité dépassa favorablement ses espérances, comme c'est souvent le cas quand on place ses attentes à un niveau minimum. Larry était-il un homme comblé ? Pas si vite !

Kathleen avait toujours ses rêves de famille unie, d'enfants, de sécurité, de stabilité,… et sa relation avec Larry, en ce moment précis, n'apportait aucun de ces avantages. Tout au plus des moments agréables, une bonne entente, une complicité,… mais vous savez,… son horloge biologique, tic-tac-tic-tac… ! Fin programmée de l'heureuse relation avec Larry ? Il est encore un homme marié – séparé certes, et en instance de divorce – mais encore marié. Comment se comportera-t-il une fois libéré de l'union sacrée ? Pour Kathleen, ce qu'elle veut est clairement défini et porte un nom. Ce que Larry veut, par contre, n'a jamais été débattu. Depuis le jour J, il ne parle plus qu'au présent. Pourtant, pour des enfants, il faudra bien un jour évoquer le futur et c'est pour cette raison qu'elle est inquiète. Peut être aussi qu'elle est tracassée de nature. A force de penser au futur et de placer la barre haute, on ne peut que se condamner à un échec potentiel. Les chances d'obtenir tant de choses sont trop maigres que pour y baser une vie d'espoir. Mais les femmes ne sont-elles pas ainsi en général ?

Quoi qu'il en soit, elle décida de laisser une chance à Larry, et puis les moments qu'elle vivait n'étaient que pur bonheur. Charlotte revenait à la maison, le week-end, mais pas toujours. Entre elles deux naissait un grand respect, chacune d'elles apportaient une partie essentielle à Larry, qui, il faut bien l'avouer, était affaibli par les événements.

8

Mardi, dix heures, chez Dantes et Escribano. La salle d'attente était sereine, presque celle d'un dentiste ou vétérinaire. D'ordinaire chez les avocats, on avance les bois précieux et le cuir noble. Ici c'était plutôt du mobilier d'hôpital, fatigué et passé de mode. Serait-ce une stratégie ? Chez les avocats, tout est bon pour déstabiliser l'adversaire. Mais dans ce cas, Larry ne comprenait pas vraiment. Il connaissait bien les astuces, comme les pieds de chaises raccourcis sur l'avant, ou encore la tache sur la cravate, etc… Ici, il ne se sentait pas en milieu hostile, mais ne vous fiez pas aux apparences. Il est peut-être là, le truc !

Il était venu seul, ce qui ne se fait jamais. Mais qu'avait-il à perdre ? Il avait déjà presque tout perdu. Ici on allait jouer la maison ou la pension alimentaire, et Larry n'était pas en position forte, il avait même décidé le contraire. Venir sans avocat, n'était-ce pas là une astuce pour déstabiliser l'adversaire ?

Laura était étonnement présente. C'est la première fois qu'il la voyait – et l'entendait - depuis le jour J. Il s'assit, juste à côté d'elle, pendant que le défenseur de son "ex-femme" remuait la pile de dossiers,... autre stratégie. Après les présentations et introductions de coutumes, incluant le contrat de mariage, ce qui est clair et ce qui reste à éclaircir, Melson Dantes lança :

- La maison.

- Quoi la maison ?

- Voulez-vous la garder, monsieur Moore ?

- Non, bien sûr que non, bien trop grande pour moi.

- Et bien votre femme non plus n'en veut pas, elle ira donc en vente je suppose. Pour la séparation, votre femme demande les 400.000 livres sterling d'acompte qu'elle a payé, en supplément de la moitié de la plus-value réalisée pendant ces huit années, après expertise du bien.

- Fin du calcul ?

- Oui, fin du calcul, simple n'est-ce pas !

- Simple certes, mais un peu trop naïf, cher maître. Vous semblez oublier que j'ai payé seul cette maison pendant huit ans. Alors il serait logique de décompter la moitié de ces paiements, non ? Et puis, l'expertise est un bon moyen pour estimer la valeur approximative d'un bien, mais sa valeur réelle se connaît seulement au moment précis de la vente.

- Je prends note.

- Oui, prenez note. Autre chose ?

- La pension alimentaire. Votre femme réclame 40% de vos revenus en terme de pension alimentaire jusqu'à la fin des études de vos enfants, 20% pour chacun.

- Je suis d'accord, mais sous certaines conditions. Nos enfants sont majeurs, je m'occupe moi-même de notre fille Charlotte, et je suis d'accord pour verser 20% de mes revenus pour notre fils, au-delà d'un salaire de 2.000 livres par mois. Dans ce cas, je serai d'accord. Et s'il n'y a pas d'accord aujourd'hui vous me passez tout cela par écrit, et je vous répondrai quand j'aurai un moment de temps.

Laura restait assise sans aucune expression. On pouvait lire une tonne de choses dans ses yeux, mais l'interprétation aurait été hasardeuse. Larry voulait trouver un accord directement, mais pas à n'importe quel prix. Il savait qu'elle ne voulait plus rien savoir de lui, donc le moins de contact possible serait le mieux. Larry était un homme d'affaires, il savait se défendre, au moins aussi bien qu'un avocat. Melson Dantes lui demanda de quitter le bureau un moment pour délibérer. Pendant ce temps, notre Larry se voyait offrir un délicieux café. Après vingt minutes, il fut à nouveau invité à prendre place aux côtés de Laura.

- Mr Moore, votre ex-épouse étant une femme intelligente, nous allons vous proposer le suivant : Pour la pension alimentaire, elle accepte gentiment votre calcul, et le partage des responsabilités. En ce qui concerne le bien immobilier, votre calcul semble honnête là aussi, mais la maison devra être vendue dans les quatre mois à dater de ce jour, sinon c'est la valeur estimée qui fera foi. J'ai ici une liste de trois agences immobilières et je vous demanderai d'en choisir une comme il se fait de coutume. En ce qui concerne les effets personnels de ma cliente, ils seront repris par une entreprise de déménagement la semaine prochaine. Je fais appel à votre bon sens afin que ce partage se fasse sans à-coups, il serait dommage d'en arriver aux tribunaux pour des futilités.

- Bien, tout ceci me semble correct, je signe où ?

- Pas si vite, Mr Moore. Même entre personnes adultes et décidées comme nous tous ce matin, il y a des choses qui demandent un peu plus de temps. Ma secrétaire préparera tout cela. Que pensez-vous de cet après-midi, vers seize heures, pour sceller nos arrangements ?

- Cela me parait correct. A tout à l'heure.

Larry revint pour signer les documents dûment préparés, Laura n'était pas présente, ce qui n'était pas très déontologique, mais finalement Larry n'était là que pour signer. Melson Dantes en profita pour ajouter un commentaire personnel.

En 30 ans de carrière Mr Moore, je n'ai jamais - au grand jamais – obtenu un accord aussi rapidement, aussi correct, entre des personnes qui semblent adultes et responsables. D'ordinaire je suis témoin d'âpres batailles à couteaux tirés, soldats alignés prêts à attaquer et à se défendre. Les gens ont pour passion celle de se déchirer le vieux salon en cuir, la tondeuse à gazon ou la vaisselle du mariage, celle que l'on expose dans un meuble-vitrine et qui ne sert jamais. On se bat la garde des enfants, les pensions alimentaires, on se reproche tout depuis le début, jusque le jour du mariage où une famille a payé plus que l'autre ! Vous avez vu « La guerre des Roses » *où l'histoire se termine par mort d'homme, ce n'est heureusement pas le cas, mais il y a souvent mort d'âmes. Au nom d'une fierté ne servant qu'à se justifier elle-même, mes clients s'affairent à des enfantillages aberrants, le but étant d'avoir raison, coûte que coûte !*

Et je vous assure que certaines batailles de broutilles peuvent tirer en longueur. Il est inimaginable de voir se quereller des gens pour qui l'argent compte – ils n'en n'ont visiblement pas beaucoup – et qui dépenseront une petite fortune en honoraires rien que pour prouver leur raison, qui soit dit en passant, ne sera jamais reconnue par l'autre. Je suis témoin dans ce bureau même de la bêtise humaine à sa plus éminente expression. J'ai dû moi-même participer à plusieurs séminaires afin de me vacciner de cette maladie dont souffre des gens rongés par l'insanité. En plus de cela ils essayent de me convaincre de leur idiotie compulsive afin que je les assiste dans leur démence.

Quand j'étais encore simple étudiant en droit, je rêvais des grands procès que l'on voit dans les films, là où le bon avocat fait la différence, convainc les jurés. La vérité quotidienne m'entraîne vers les sentiments misérables de notre société vénale, fière à outrance, dans laquelle le désir de régner et d'imposer sa voix dépasse de loin les valeurs vraies, celle de la vie, de l'air dans nos poumons, des arbres dans les champs, et des oiseaux dans les arbres. Aujourd'hui plus personne ne les écoute. Les émissions intéressantes passent à minuit, pendant que Big Brother est diffusé en « prime-time ». Qu'est-ce-que j'envie la retraite, vous ne pouvez pas savoir à quel point. Vous êtes, vous et votre femme, cette année, la seule histoire positive que j'ai eut à traiter.

L'avocat se tut. Son regard était infini, comme s'il fixait un point à l'horizon, une lumière qui n'existe que dans sa vision. Larry prit la parole après un long silence.

- Çà va ?

- Pfff, oui, je vais mieux. Fallait que çà sorte. Melson sourit. Désolé, ajouta-t-il.

- J'ai une question à vous poser, maître.

- Je vous écoute.

- Je voulais juste savoir si vous pourriez m'aider éventuellement dans une affaire qui m'oppose à mon ancien employeur.

Pour éclairer certaines lanternes de néophytes, il faut savoir qu'un avocat n'est pas une personne qui agit contre vous, sinon qu'une personne qui représente et défend les droits de son client, rien de plus. Dans ce cas, il n'y a aucun problème à ce que Melson Dantes soit l'avocat de Laura dans son divorce contre Larry, mais aussi l'avocat de Larry dans son problème avec la *Regent Estates*.

- Pourquoi moi, demanda Melson ?

- Pour ce que vous venez de m'expliquer, votre profession. Vous me paraissez une personne intègre, et encore amoureuse - bien que désillusionnée - de son travail.

- C'est que l'on en voit, vous savez ! Bon, expliquez-moi en quelques mots de quoi il s'agit.

- Oh non, maître, pas aujourd'hui. Je reprendrai contact avec vous.

La maison était en vente, dans l'agence de son choix qui par chance avait été aussi proposée par Melson, et le premier amateur sérieux ne se fit point attendre. La vente se conclut sur 1.215.000 livres, desquels il fallait encore déduire les 400.000 d'acompte de Laura, qui provenait d'un héritage, puis les 542.000 que la banque réclamait. Il restait 273.000 desquels il fallait déduire la moitié des mensualités versées par Larry pendant huit ans, et diviser par deux. Larry allait recevoir en tout et pour tout approximativement 158.000 Livres, et Laura 115.000 en plus de son acompte. Avec cet argent, Larry n'avait même pas de quoi s'acheter un petit appartement. Il se décida pour la location d'un deux chambres à 300 livres par semaine.

Dans la foulée il se défit aussi de la *Jaguar*, et s'acheta au comptant une petite *Smart* comme la mienne. Pourquoi cette décision ? Simplement que la différence des taxes entre une voiture et l'autre est abyssale, que la consommation de la mini auto est dérisoire, et que de plus, elle est très facile à garer. Il est très courant de trouver une place juste pour la *Smart*, là où aucune autre voiture ne rentre.

La séparation des biens ne posa pas de problèmes. Laura profita amplement de la passivité volontaire de son ex-mari tandis que les déménageurs chargeaient sans relâche dans le grand camion. Larry ne demandait qu'une chose, c'était d'être libéré de toutes ces complications non nécessaires.

Son travail avait commencé au restaurant. Herbert était ravi de la prestation de son nouvel employé, remplaçant avantageusement celui par qui tout avait commencé. Larry toucha son premier salaire, deux-mil soixante livres déclarées plus mil sous la table. C'était le deal. Grâce à cet arrangement, il ne devait rien payer comme pension alimentaire car il atteignait le minimum juste sur le fil. En guise de moquerie, il versa le premier mois un montant de douze livres sterling, correspondant aux vingt pour-cents au-delà du minimum des deux-mil, comme convenu. Pour prouver sa bonne foi, il adjoignit une copie de sa paye.

Pensant à l'écriture de ce livre, et je vous parle de cinq ans plus tard, lorsque j'interrogeai Larry sur le pourquoi de cette soudaine mesquinerie, il me répondit ceci :

Pourquoi devrais-je payer une pension alimentaire ? Pour le simple fait que je suis l'homme ? Donc les hommes payeront toujours les pensions, et les femmes les encaisseront. Où en est-on alors avec l'égalité des sexes ? Quand nous avons eu les enfants, Laura a abandonné sa vie professionnelle pour se dédier à la famille. Je ne lui ai pas demandé, c'était son choix, c'était ce qu'elle voulait à ce moment là. Elle ne m'a pas demandé mon avis non plus. J'aurais très bien pu élever les enfants pendant qu'elle aillait travailler, non ? Mais c'est elle qui est restée à la maison et moi qui suis allé bosser pour nourrir tout ce petit monde. Je travaillais de dix à douze heures par jour pour pouvoir nous en sortir honorablement dans la vie. Tout ce que je gagnais allait au début dans la famille. Quand vingt ans plus tard on divorce, je devrais lui donner encore de l'argent, alors que nous avons maintenant partagé la charge des enfants. Pourquoi ? Parce que je bosse et elle pas ? Mais Peter, si au début, élever les enfants peut être considéré comme un job à temps plein, quand ils sont adolescents les choses changent, non ? Quand ils étaient à l'école toute la journée, que faisait-elle ? Les magasins, ses amies, et lire ses romans. Moi je continuais à bosser, tous les jours, pour apporter une vie confortable à tout le monde. Maintenant que nous sommes divorcés,… elle n'a toujours pas décidé d'aller bosser, et elle voudrait que ce soit moi, encore moi, qui entretienne sa vie sous le couvert d'une pension alimentaire. Tu imagines si je gagnais aujourd'hui ce que je gagnais à la Régent ? C'est certainement pour cela qu'elle a accepté aussi vite ma proposition chez son avocat. Et bien je devrais lui donner au moins deux-mille livres par mois. Tu trouves cela raisonnable, toi ? Pourquoi dois-je payer plus si je gagne plus. L'éducation de notre fils coûte-t-elle plus cher si je gagne mieux ma vie ? Et puis Laura, ne devrait-elle pas se mettre à travailler ? Pourrait-elle après vingt ans d'oisiveté ? Elle a un demi million de livres sur son compte en banque, moi je n'ai presque plus rien,... mais comme je suis un homme c'est à moi de payer ! Pourquoi ne me paierait-elle pas ?

Enfin Peter, pendant vingt ans elle a vécu sur mes gains. Quand on a acheté la maison elle avait mis les quatre-cent mille d'acompte. Mais c'est grâce à mon salaire qu'on a pu acheter cette maison, et elle en a profité. Quand on se sépare, elle reprend sa mise intacte, plus la moitié de la plus-value sur un bien que j'ai payé tous les mois. Tu trouves cela vraiment logique, toi ? Un ami avait construit sa maison de ses propres mains, pendant trois ans, tous les week-ends. La maison a coûté ainsi le tiers du prix, puisqu'il ne fallait payer que les matériaux. Au moment du divorce, c'est la moitié de l'estimation de la valeur réelle de la maison que mon ami a dû payer à sa femme ! C'est en fait la moitié de toutes les heures de travail qu'il a fourni qu'il a du repayer. Bref mon ami a bossé comme un malade pendant trois ans, et dois maintenant demander un crédit en vingt ans pour payer la moitié d'une maison qu'il a construit lui-même, s'il veut la garder. Mais bon, pour en revenir à Laura et moi,... Henry a vingt-trois ans, il est adulte, Laura a de l'argent, je m'occupe de Charlotte,... tu ne crois pas que Laura pourrait s'occuper un peu de notre fils sans mon intervention financière ? Je te pose une question simple et logique, oublie les lois, oublie les us et coutumes, oublie les à priori. Je m'occupe de Charlotte, elle de Henry, et tout va bien dans les meilleur des mondes, non ? J'ai accepté cet accord devant l'avocat, tu sais pourquoi ? Parce que devant un tribunal j'aurais perdu ! Alors j'accepte, mais je me mets en condition d'insolvabilité. Quant à Henry, aujourd'hui il pense que je l'ai abandonné car je me suis arrangé pour ne pas verser de pension,... mais quel dommage de penser de la sorte. Tu imagines que si j'envoyais de l'argent à sa mère, il m'aimerait ! Dans quel monde vivons-nous ? Je l'aime bien Henry, c'est mon fils,... mais je ne l'ai certes pas élevé comme cela.

Je ne sus qu'ajouter à cette parade, logique, précise, humaine, pleine de bon sens. Cependant, depuis quelques temps, je connais de l'intérieur une autre position sur ce même débat, avec les mêmes acteurs. Je vous en parlerai un peu plus tard.

Peter Stenot

9

Quelques mois après le tumultueux mercredi noir, printemps 2005, les choses ont repris le cours normal de la vie, et se sont apaisées sensiblement. Larry travaille au restaurant dont je continuerai à taire le nom, relativement heureux. Il m'a appelé un jour, cela doit faire cinq ou six semaines, pour me raconter en bref quels avaient été les rebondissements suite à notre nuit en tôle. C'est vrai que depuis ce jour là nous ne nous étions pas parlés. Nous sommes amis, certes, mais nous ne nous rencontrons qu'à l'occasion. Ni lui ni moi n'éprouvâmes le besoin de nous appeler après notre mardi au cachot, certainement régis par des raisons différentes. Il était, on le comprend bien, très occupé. Et moi, je supposai qu'il avait été libéré plus ou moins en même temps que moi. Comme ce mercredi là nous avions plein de choses à faire, non, nous ne nous sommes pas appelés. Puis les jours ont passé, puis les semaines,… et même les mois !

Larry et moi ne sommes pas du genre à nous téléphoner pour nous raconter nos anecdotes. Par contre, quand nous nous rencontrons, nous avons tellement de retard à rattraper que l'on n'arrête pas de jacasser. Nous pratiquons aussi l'adage « pas de nouvelles, bonne nouvelle ». Bref, quelques mois plus tard, nous voici enfin réunis, Larry et moi, face à une belle table, et priant qu'aucun imposteur ne vienne ruiner ces quelques heures de bonheur entre amis.

Je ne pouvais croire ce qui lui était arrivé, moi qui n'avait été témoin que du tout premier exorde. Nous évoquâmes l'effet boule de neige, le karma, le destin.

J'écoutais ces mésaventures bouche bée, mais à aucun instant je n'eus l'idée, du moins à ce moment, d'en écrire un livre. Il est vrai que même si l'histoire était croustillante, vous en conviendrez qu'il n'y a pas de quoi en faire une salade. Cette mésaventure pourrait arriver à n'importe qui, n'importe quand, n'importe où. Quoique de tout ce que j'ai entendu jusqu'ici, cette chronique est unique.

Je fus plus surpris encore de savoir que malgré le caractère apparemment passager de son aventure avec Kathleen, ils continuaient à se voir régulièrement. Larry s'était sans doute raccroché à elle et à sa fille Charlotte, c'est du moins ce que je pensai à l'époque « *il lui faut bien quelqu'un pour écouter ses malheurs* ». Pourtant Larry ne se plaignait pas de sa nouvelle condition. Nous étions dans un restaurant, certes moins snob que le dernier que nous fréquentâmes ensemble, heureux de se revoir. Je ne lui apportais rien cette fois, d'habitude si.

Depuis les presque dix ans que nous nous connaissions, Larry m'appelait pour des documents officiels relatif à l'urbanisme. J'étais en place à la mairie de Londres. Il m'était donc beaucoup plus rapide et facile de lui obtenir ces documents. Il me payait, bien entendu, mais jamais il ne m'a demandé un papier qui aurait pu porter à confusion. Il faut dire qu'à la *Regent Estates*, on ne joue pas. C'est la cour des grands, et le moindre chipotage pourrait avoir des conséquences très néfastes pour tous les acteurs mouillés, même de peu.

J'avais émigré en Angleterre six mois après notre séminaire, car j'avais été pistonné pour pourvoir à ce poste, bon boulot bien payé comparé à mon pays natal, la Belgique. Nous avions développé cette relation d'amitié en parallèle, il savait presque tout de ma vie, et moi de la sienne. Par contre nous n'étions jamais à jour, et ces petites soirées autour d'un service rendu nous permettaient de faire le point sur les épisodes manqués. Cette fois-ci dépassait tout ce que j'avais entendu. Sacré Larry, il n'en manque pas une !

Nous étions en train de terminer notre dessert quand son téléphone retentit. *A cette heure si tardive, cela ne peut être que féminin !* En effet, c'était Lydie, la femme de Will. Il était facile de deviner la surprise de Larry. Lydie n'appelait jamais ! Il ne fallut pas longtemps pour comprendre la gravité de l'appel, Will venait d'être hospitalisé car il se plaignait de douleurs, fatigue, et malaise général.

Will, à force de se morfondre dans sa vie marginale, finira bien par se choper un cancer, tu sais Peter. Je ne dis pas ceci en riant. J'ai lu un jour que dissimuler ses émotions c'est créer la maladie. De mon frère, je ne sais rien. Tu te rends compte que je ne le connais même pas. J'en suis toujours à me poser cette fameuse question depuis des années : Est-il comme cela par nature, ou est-ce de la rébellion ? *Et bien que j'aie déjà essayé, rien de rien. Faut dire que pour attraper mon frère sous aucun effet, il faut se lever tôt ! Enfin, même tôt ne résout pas le problème. Cela fait trente ans qu'il fume ses pétards, et pendant ces trente ans, je n'ai jamais pu l'approcher une seule fois sans qu'il n'en ait un en bouche ou juste fumé. La fumette, c'est un peu comme des inti-dépresseurs, cela permet de court-circuiter des sentiments dont il faudra bien s'occuper un jour. Je veux dire que cela soulage, mais çà ne guérit pas. Et bien Will, ses joints, c'est tout à fait cela. Il n'a jamais arrêté. Je suppose qu'un joint en cache un autre. A l'hôpital, il va en baver à mon avis,... parce que là, on ne fume pas ! Tu imagines, si cela fait des années que tu fuis une réalité sans avoir la force de l'affronter, et qu'un jour elle se présente à toi, cela doit faire mal ! C'est la première fois, que je sache, qu'il va à l'hôpital. Tu verras qu'ils trouveront un moyen de fumer leur herbe, même là. Un jour ils prenaient l'avion pour Ibiza, un rassemblement nébuleux je suppose,... et bien ils ont réussi à en passer avec eux, dans l'avion. Tu sais comment ils ont fait, Peter ? Ils ont passé leur temps à découper en deux les batteries de leur appareil photo, tu sais les piles crayons,... et dedans ils ont mis le shit. Ah pour cela ils en ont de l'imagination !!!*

Larry était divisé entre l'amour pour son grand frère et son appartenance à la drogue, douce certes la plupart du temps, mais omniprésente dans sa vie. Quand le fruit de ses bébés tarissait, Will essayait plein d'autres choses, n'importe quelle substance qui ait le pouvoir de l'emmener « high ». Des pastilles synthétiques ou du shit qu'il devait acheter, poudre ou lsd au-delà de ses moyens donc invité par des « grands drogués », feuilles de coca, et même du romarin quand la panne sèche survenait ! Dans cette dernière herbe il n'y trouvait pas le trip, mais en tous cas l'illusion, ce qui compte déjà pour une partie non négligeable. Comme il était sous effet rémanent, et qu'il trouvait toujours un fond de bouteille perdue dans le sofa, le romarin donnait la bonne impression de fonctionner. Au moins, il avait son joint en bouche, ce qui quelque part lui donnait de l'assurance.

Je voyais Larry inquiet, car Lydie n'a jamais d'argent sur elle, et encore moins dans son portable. Elle a appelé d'une cabine sur le GSM de Larry, cela a dû lui coûter un max. L'hospitalisation devait être motivée par quelque chose d'important, voire grave. Je décidai de parler de femmes pour détendre l'atmosphère. J'étais toujours à la recherche de LA bonne personne, alors que mon ami Larry n'évoquait pas ce genre de quête. Il semblait établi avec Kathleen qu'il voyait deux à trois fois par semaine, ils s'appelaient régulièrement, et projetaient de partir un week-end dans les Cornouailles, en amoureux ?

- Va pas trop vite Peter, on se plaît bien, on est bien ensemble, on rigole,... bref, on vit le bonheur tel qu'il se présente à nous, sans penser au lendemain.

- Tu sais, une femme pense souvent au lendemain.

- Oui, je sais. Elle aimerait passer à une version « plus officielle » de nous.

- Cela veut dire quoi au juste ?

- Je suppose qu'elle aimerait que l'on se voie en public, avec des amis, que l'on invite des gens « chez nous », que l'on « officialise », quoi !

A chaque fois que je place des guillemets, c'est que dans notre conversation Larry levait deux doigts de chaque main en guise de placer ces commentaires dans leur juste contexte. Il était une personne très gestuelle, il vivait ses conversations. C'était un plaisir de l'écouter. Il était vif et spontané, plein d'élan dans ses explications.

- Cela te pose un problème d'officialiser ?

- Et bien,…je ne sais pas. D'un côté oui car une fois officialisé la marche arrière est plus compliquée, et tu comprendras que depuis un temps je suis plutôt amateur d'histoires simples. Mais d'un autre côté, j'ai aussi un peu peur que si je n'atteins pas ses attentes en terme de stabilité – et tout est relatif – qu'elle ne disparaisse à jamais.

- En conclusion, tu tiens à elle, mais tu ne veux pas t'engager maintenant.

- C'est un peu cela.

- Tu es divorcé ?

- La semaine prochaine si tout va bien, eh eh !

- Alors de quoi as-tu peur Larry ?

- Oh, tu sais avec Laura notre vie est vite devenue un enchaînement de petites routines parfaitement prévisibles. Avec Kathleen j'ai l'impression de revivre, de pétiller.

- Et tu es prêt à prendre le risque de la perdre juste pour garder ta vie simple ?

- Très bonne question ! J'y penserai.

Je savais que quand Larry répondait de la sorte, il avait besoin d'un temps de réflexion. Son cerveau commençait à balancer de gauche à droite, d'avant en arrière, sa température corporelle s'élevait, le moment était important.

La recherche de LA bonne personne, moi aussi je devrais mieux y penser. J'ai la quarantaine, encore tous mes cheveux, je pense que je suis sympa, assez sûr de moi, avec un boulot et une vie agréables. Alors pourquoi je ne rencontre pas cette personne que j'espère tant ? Il y a tant de femmes qui recherchent l'amour. Si je ne le trouve pas, c'est que mon système de recherche est inapproprié, je suppose. Ou alors c'est parce que j'espère tant cette personne (et *de* cette personne) que mon filtre se met en place et « élimine » directement la future candidate. Ma sœur me disait que pour vivre en couple – comparé au célibat – il fallait y gagner quelque chose. S'il n'y a rien à gagner, alors pourquoi essayer à tout prix.

Je devrais m'accorder le temps de savoir ce que je veux. Ce que je ne veux pas, c'est facile, et je pense que c'est clair pour presque tout le monde. Mais ce que je veux ! Que veux-je ?

Pour espérer emprunter le chemin du bonheur, ne faudrait-il pas auparavant en connaître sa direction ?

Deux semaines s'écoulèrent quand je reçus un appel de Larry. Il n'était pas le même que d'ordinaire. Il est vrai que par le passé, il ne m'appelait que pour du boulot,... et on se voyait entre amis à la conclusion de ma « mission ». Le dernier resto était aussi le premier que nous célébrions en simple amitié, puisque notre relation « professionnelle » s'était arrêtée par la force des choses après ce mercredi noir. Comme je le disais, Larry sonnait bizarre au téléphone. *Mon frère est mort*, murmura-t-il. Sa voix tremblait.

Le jour des funérailles, tout le monde était réuni. Lydie au premier rang, de noir vêtue. Elle était très mince, voire transparente, les traits tirés, je suppose par le chagrin ajouté aux années de vie de zombie. Ses baguettes qui lui servaient de jambes la maintenaient à peine debout, elle avançait chancelante. Larry accompagnait ses vieux parents positionnés à sa droite. La maman en chaise roulante semblait ne pas comprendre avec lucidité ce qui se passait. Son regard était lointain, et elle affichait un petit sourire. Le papa qui marchait à ses côté était abattu, on pouvait lire toute sa détresse dans un seul regard, aussi furtif soit-il. A son bras gauche, Larry était accompagné de Kathleen, je fis brièvement sa connaissance ce jour là. Je pensai ironiquement qu'elle l'avait son occasion pour « officialiser » l'aventure avec Larry.

Je décidai de me flageller moralement pendant de longues heures pour avoir pu penser telle chose !

Derrière eux se trouvait Laura, fraîchement divorcée, ainsi que Charlotte et Henry. Je n'avais jamais aperçu les enfants de Larry, et je ne les imaginais pas adultes. C'est étrange comme notre imagination peut être tellement loin de la réalité, parfois.

A part la famille et quelques amis de Larry, il n'y avait pas foule à l'enterrement. Je pensais voir un défilé de décalés, amis de William et Lydie, mais aucun n'avait répondu présent. Quand Larry me parlait de son frère, Will semblait toujours entouré d'amis fumeurs, qui vivaient là un temps. Mais bizarrement ce jour là, aucun. Sera-ce parce que les funérailles se déroulent le matin, et que tout ce petit monde marginalisé dort encore ? Sera-ce que l'amitié se limite exclusivement aux bons moments quand il y a de l'herbe sur la table ? Je n'aurai pas réponse, et je ne me vois pas poser cette question à Lydie !

Dans l'église, le prêtre invita Harry, le papa de Will et Larry, à prendre la parole. Il s'avança aidé de Charlotte jusqu'au micro pour lire ces quelques phrases :

Jamais je n'aurais pensé de mon vivant assister aux funérailles d'un de mes fils. Il a eu sa vie que sa maman et moi n'avons jamais entièrement compris, nous avions placé tant d'espoir en lui. Aujourd'hui il est là, dans cette boite, vaincu par cette terrible maladie. C'en est fini pour lui, c'en est fini pour nous, nous te perdons pour la deuxième fois, mon fils. Que la paix soit avec toi.

Harry releva la tête pour regarder tout le monde, et ajouta ceci.

William était un garçon plein d'amour et de compassion, moi je voulais en faire une élite ! Je suis tellement désolé mon fils, je t'aime.

Charlotte le soutenu juste à temps, et le ramena à sa chaise. Ce fut au tour de Larry de placer quelques mots. Il avait le visage fatigué, mais semblait accuser le coup.

Mon grand frère, tu n'as pas toujours été tendre avec moi, moi qui ne pensais qu'à jouer pendant que tu étudiais. Il y avait ce symbole de réussite programmé en toi, devenir une élite comme a dit papa. Mais un jour tu as décroché et pris ta vie en main. Quelle vie ! Je me souviens de tes conversations philosophiques sur comment changer le monde, tu me faisais bien rire. J'aurais tellement aimé t'aider – à ma manière – mais je n'ai jamais été capable de comprendre que tu étais bien et heureux de vivre ta *vie comme tu le faisais. Tu n'avais besoin de l'aide de personne. Aujourd'hui que tu es parti, j'ai l'impression que tu laisse un gouffre derrière toi,… il a fallu que tu t'évades – cette fois définitivement – pour me rendre compte à quel point je t'aimais, et le symbole – souvent critiqué j'avoue – que tu représentais pour moi. Aujourd'hui tu laisses une femme qui t'aime et qui a toujours cru en toi, qui était là pour tes plaisirs et tes souffrances, elle devra apprendre à vivre ton absence. Tes parents qui t'ont toujours aimé malgré vos différents,... et puis tes filleuls et moi. Nous n'allions pas te voir souvent, c'est vrai, c'était pour te faire remarquer notre désapprobation sur ton style de vie. Là encore nous n'avons jamais fait l'effort d'essayer de le comprendre. Il a fallu que tu partes pour que l'on se rende compte que ta vie était ta vie, et que tu avais raison d'en défendre ses valeurs. Adieu mon frère, et pars en paix. Dans cette église aujourd'hui, tu peux ressentir tout l'amour qui t'accompagne. On t'aime, tel que tu es.*

Émouvant ! Même moi qui ne connaissait Will qu'au travers des critiques de Larry, je me surpris à verser une larme. Dans un enterrement, il y a les proches, et puis les proches des proches. Je faisais partie de cette deuxième catégorie, comme tous ceux qui n'étaient pas de la famille. Je ne versais pas une larme pour Will, je ne l'ai jamais rencontré et ne le connaissais pas, mais bien pour Larry.

Il y a des choses qui se déclenchent en nous quand nous perdons un être aimé. J'irais même jusqu'à me risquer à dire que c'est une forme de compensation. Nous perdons une chose, et nous en gagnons une autre. Bien souvent ce que l'on retrouve dans de pareilles circonstances, sont deux constantes. D'un côté il y a l'amour, qui devient l'espace d'un temps universel et inconditionnel. Nous nous rendons compte que nous sommes *tous* des êtres d'amour. Et de l'autre côté il y a une leçon de vie, un coup de pied au derrière. Dans cette dernière on réalise que la vie n'est qu'un passage, qu'elle doit être profitée, et que l'on n'est sûr de rien.

Après la mise en terre, la foule se dispersa. Charlotte raccompagna son frère et ses grands-parents, Laura était venue seule. Kathleen n'avait pris que la matinée et devait repartir au travail. Lydie voulait rester seule encore un moment. Larry avait la journée libre, et insista pour que je reste avec lui. Ces jours-là ont quelque chose d'étrange. On perd la notion du temps, tout le monde veut aider tout le monde, on a faim ou soif mais cela n'a aucune importance. Larry et moi décidâmes d'aller manger un bout en ville. Je grimpai dans sa *Smart*, pas trop dépaysé, et trouvâmes une place juste assez grande pour nous devant le resto.

> - Tu avais raison avec cette bagnole, on trouve toujours de la place pour se garer. Faudrait que tout le monde en ait, cela simplifierait le trafic dans Londres.

> - Non, non, c'est mieux comme ça. Si tout le monde en avait, même les petites places seraient prises.

> - Bien pensé Peter.

- Çà va, toi ?

- On fait aller.

La conversation continuait pendant que nous rentrions et nous installions à notre table.

- Tu es fort, je ne t'ai pas vu verser une larme à l'église.

- Devons-nous nécessairement pleurer pour donner l'impression d'avoir mal ?

- Oops ! Sorry Larry, je ne voulais pas dire cela.

- Je le sais Peter, mais les gens se basent sur ce genre de connerie pour tirer leurs propres conclusions.

- Tu ne m'as jamais dit, il est mort de quoi ton frère ?

- D'un cancer généralisé, pris trop tard, pas envie de se battre.

- Un cancer ? En deux semaines ?

- Oh, le cancer devait être là depuis un bout de temps tu sais. J'ai lu un jour que le cancer vient d'un grave déséquilibre dans ton corps, et que la tumeur – point de concentration du cancer – se place sur un point bien précis pour permettre au reste du corps de continuer de fonctionner plus ou moins correctement. Selon ce bouquin, une fois le corps rétabli de son mal, la tumeur pourrait disparaître d'elle-même. Seulement voilà, notre médecine traditionnelle attaque cette tumeur à coup de poisons – la chimiothérapie – ce qui n'aiderait pas vraiment notre corps à s'en sortir.

- Tu y crois, toi, à ces théories ?

- Pourquoi pas. Regarde, pour autant qu'ils s'y affèrent au cancer, ils n'ont toujours pas trouvé un remède efficace. La chimio, c'est un peu comme raser l'Afghanistan à l'aide de cinq bombes atomiques pour arriver à éliminer Al Qaida. On arriverait certainement à nos fins, mais que resterait-il du pays ?

- Je vois. En effet, pourquoi pas ! Ils ont essayé la chimio sur Will ?

- Non, trop tard,... mais tu sais, pour guérir du cancer, à mon avis il faut avoir aussi envie de guérir, avoir foi en la vie. Tu crois que mon frère aimait la vie ? S'il l'aimait, se serait-il auto détruit comme il l'a fait pendant trente ans ?

- J'en sais rien, je ne le connaissait pas.

Larry lisait beaucoup depuis ces derniers mois. Beaucoup de psychologie, de PNL, et même un bouquin d'économie pour les nuls que Charlotte lui avait conseillé. La méta-médecine l'avait captivé. Il avait décidé d'arrêter tout médicament, même une simple aspirine. Cela faisait maintenant cinq mois qu'il s'était « abonné » à cette nouvelle forme de thérapie, et elle lui seyait bien.

- Je n'ai pas été une seule fois malade en cinq mois !

- Eh, Larry, moi non plus.

- Même pas un mal de tête ?

- Si, quand même. Mais cela, ce n'est pas être malade.

- Moi, même pas une aspirine, pas de mal de tête sans en connaître la raison. J'en ai eu un, mais c'était après une soirée bien arrosée.

- J'aimerais bien faire comme toi Larry, mais cela me semble impossible.

- En effet, si tu n'essaye pas, tu n'y arriveras jamais. Tu tiens là la recette universelle du *looser* !

Larry était devenu expert en coups de pieds au derrière. Mais qu'en était-il de sa vie, de sa peur d'engagement avec Kathleen ? La mort de Will l'avait-elle fait penser beaucoup plus vite que d'ordinaire ? Qu'est-ce que la vie ? On en fait toute une histoire, on a souvent peur de plein de chose,... mais du jour au lendemain tout peu basculer et on peut se retrouver entre quatre planches. J'osai reparler de Kathleen.

- Elle travaille toujours à la *Regent* ?

- Ils ont signé son nouveau contrat la semaine dernière, enfin ! Oh, je ne pense pas qu'ils soient si mauvais au fond,... mais à quoi bon continuer à me poursuivre maintenant qu'ils savent que je n'y étais pas pour grand-chose ? Je sais que travailler ensemble après la perte du client serait compliqué, mais les poursuites, ils pourraient se comporter en adultes et arrêter. Je suppose qu'il en va de leur fierté. Beaucoup de personnes agissent plus en fonction de leur honneur que de ce qu'ils ont à gagner, ou à perdre. C'est bien dommage, cela fait perdre du temps et de l'argent à tout le monde, sauf aux avocats !

- C'est qui ton avocat.

- Dantes, celui qui s'est occupé du divorce.

- Je pensais que tu n'avais pas pris d'avocat pour ton divorce.

- C'est vrai. Dantes, c'était l'avocat de Laura. Il est génial,... et humain. En plus il me fait un super prix. C'est presque lui qui a demandé de me défendre !

- Bon, Kathleen, tu refuses de parler d'elle, n'est-ce pas ? Tu as décidé quelque chose ?

- Tu sais, la mort de Will m'a aidé. Je suis presque décidé. Ce week-end je l'inviterai au resto et lui annoncerai la bonne nouvelle.

- On peut savoir ?

- Je vais me remarier avec elle, cela va la rendre très heureuse.

- Et toi ?

- Moi, qu'est-ce que j'ai à perdre ? Et en même temps j'ai tout à gagner ! Pourquoi nous les hommes avons-nous toujours peur de nous marier ? C'est à cela que j'ai pensé.

En effet, de quoi avons-nous si peur, nous, les hommes ? Le mariage donne le vertige, comme si de nos jours cette institution restait un contrat définitif et irrévocable. Le divorce existe. Dire oui à celui ou celle que tu aimes, à ce moment où tu le ressens, quelle belle sensation, que du bonheur, pour elle et pour toi.

Je comprends bien cette peur qui ronge les habitants du 21e siècle, car ils se rendent compte, par l'usage habituel d'internet, la soudaine légèreté de l'être, l'offre et la demande, le pourcentage de femmes ou hommes libres et disponibles,...que cela fait peur. Ne serait-ce pas aussi notre orgueil qui pourrait être mis en cause ? Qu'est-ce qui nous fait le plus de mal, que notre femme nous demande le divorce, ou de savoir qu'elle en aime un autre ? Les hommes, toujours prêts à raconter avec fierté leurs propres aventures extraconjugales, deviennent subitement avares de paroles quand ils sont victimes de ces mêmes aventures ! Ils préféreront toujours affirmer que l'intention de divorce vient d'eux. Alors, notre peur de l'engagement ne serait-elle pas en partie motivée par la peur du déshonneur dans le désengagement ???

Je voudrais quand même ajouter, par expérience propre et d'autrui, que l'engagement émotionnel ne doit pas être confondu avec l'inconscience financière. Marions-nous si nous en éprouvons le désir, jouissons de cet engagement mutuel,... mais établissons un contrat de mariage. Jamais nous ne nous associerions dans une entreprise sans signer un contrat,... alors quand il s'agit de notre mariage, faisons-le systématiquement, protégeons-nous tous les deux des conseils malintentionnés que l'autre pourrait recevoir – et suivre – le jour où les choses vont mal.

A me lire, vous me direz que je suis un fervent défenseur de cette noble institution,... que nenni ! Je ne me suis jamais marié. Pour moi c'est une autre peur qui me fait frissonner, celle du « définitivement acquis ». J'ai toujours eu peur que cet engagement nuise aux efforts que l'un et l'autre doivent faire pour plaire à leur conjoint, car vu que l'accord est scellé, ils deviennent une entité, une main mise, une propriété. Pour moi c'est cet aspect,... mais je vous promets de changer quand surgira la bonne personne. Nous sommes tous capables de reprogrammer nos peurs, Larry est en train de me le prouver dans ce qu'il va annoncer à Kathleen.

Larry me raconta que Will était heureux sur son lit d'hôpital, attendant la mort. Que son bonheur lui venait de ne plus rien espérer de la vie, et de ce fait il n'avait plus rien à perdre. Il ne pouvait fumer dans sa chambre, et se lever était déjà au-delà de ses forces. Will dut, pour la première fois depuis longtemps, faire face à ses angoisses sans avoir la possibilité de les fuir. Mais cet exercice semblait facile, puisque la proximité de la mort l'aidait dans ce sens. Quelque part, il passait de l'espoir d'être heureux un jour sur terre à l'espérance qu'au-delà il y aurait du bonheur. Il est mort vite et sans combattre car il avait déjà envie d'être de l'autre côté. Comme quoi un cancer peut être perçu de différentes manières.

Dans ses derniers jours de vie, Will souffrait, sa maladie lui taraudait le corps. La proposition de morphine lui fut faite par les médecins, mais il la refusa. Will voulait *jouir* en toute lucidité de ses derniers jours, décision pour le moins antagonique à son style de vie. Ses traits se tiraient d'heures en heures, mais son sourire grandissait. On aurait dit que l'approche de la mort lui apportait du plaisir, sans doute grâce à l'espérance de trouver du bonheur à son arrivée là-haut.

Tous ceux que nous aimons vont mourir, tôt ou tard, avant ou après nous. Ce n'est pas parce que nous partons en premier que nous nous délivrons de la mort d'un être cher, car elle surviendra immanquablement. Nous devons nous y préparer,... mais surtout l'accepter, maintenant même, car son issue est inévitable.

Larry me cloua le bec dans cet élan de lucidité. Il me parlait des derniers moments de souffrance ou de plaisir de son frère, et enchaînait aussitôt sur sa propre détresse ou son impuissance à pouvoir l'aider.

- Et Lydie, que va-t-elle faire ? Tu as une idée ?

- Aucune. Je suppose qu'elle continuera dans ses trips à vouloir sauver les ours bruns de Chine.

- Qu'est-ce qui a de mal à vouloir sauver des animaux ?

- Rien, Peter,... mais si tu veux vraiment sauver les ours chinois, au lieu d'en parler pendant des soirées, des semaines, des mois et des années,... prends un avion et va le faire. Tu sais, j'en connais plein des gens remplis de nobles causes et qui ne feront jamais rien pour faire avancer quoi que ce soit. On juge les gens par ce qu'ils font, Peter, pas par ce qu'ils disent.

- C'est vrai, tu as raison. Un ami n'arrête pas de me parler de ces gosses aux Philippines qui vont pieds nus des jours durant, fouiller dans les décharges publiques infestées de rats, il en est révolté. Cela fait des années qui me lancine avec son histoire,... mais il va en vacances en Tunisie, dans un hôtel cinq étoiles.

- La personne qui ne dit rien et verse ne fusse que vingt livres sterling à *médecins sans frontières* en fait déjà bien plus que tous ces glandeurs. Et toc !!! Je suppose qu'ils font cela pour se donner bonne conscience, mais bien franchement,... crois-tu qu'un Haïtien va pouvoir se désaltérer avec la bouteille que je *rêverais* de lui donner ? Ou alors pourra-t-il seulement le faire quand je lui aurai donné ?

- Je suis d'accord avec toi Larry. De tous ces millions de dollars d'aide que l'on a promis, le pauve habitant n'en voit rien. Dans la rue, rien ne se reconstruit, rien ne se répare, et la misère grandit.

- Tu veux aider un Malgache ? Va a Madagascar, intègre-toi dans leur vie, essaie de comprendre leurs besoins,... et puis tu pourras aider. Et à ce moment là, quand tu verras ses yeux s'illuminer, son sourire s'élargir à l'infini, et son désir de le raconter à tout le monde,... alors à ce moment là, et seulement à ce moment là, tu sauras que tu as aidé une personne. Et si c'est cela que tu voulais vraiment faire, alors toi aussi tu seras heureux. Et je te promets que ce regard là, tu ne l'oublieras jamais.

- On dirait que tu parles par expérience.

- Je suis allé à Madagascar,... et un jour j'ai fait le bonheur de deux petites filles qui marchaient sur le bord de la route. Elles devaient avoir dix ans tout au plus. Je me suis arrêté, elles avaient peur de moi,… mais elles se sont finalement approchées. Je leur ai donné un peu de monnaie, tout au plus l'équivalent d'une livre, deux stylos à bille, quelques caramels, et deux vieux pneus de vélo. Si tu avais vu leur bonheur, Peter, moi je n'ai jamais rien vu de pareil. Elles se souviendront de mon passage pour le restant de leur vie. Je ne sais pas si je les vraiment aidé, mais je leurs ai offert du bonheur. Pourquoi elles ? C'était un hasard. Moi ce jour là j'ai donné sans rien espérer en retour, ni même un merci,… et j'ai reçu en échange des sourires et des yeux remplis de larmes que *jamais* je n'oublierai.

Larry en était encore tout ému, et je dois vous avouer que sa petite histoire m'avait touché moi aussi. Je ne sais toujours pas ce que c'est de donner ou d'offrir sans rien attendre en retour. Bien que parfois dans ma vie j'aie été généreux et cœur ouvert, j'ai toujours attendu quelque chose en échange. Un sourire, un merci, une reconnaissance, une absolution, il y avait toujours un effet désiré.

10

Quelques mois après, je reçu une bonne nouvelle, sous forme de carte, délivrée par *Royal Mail*.

Kathleen Spencer et Larry Éduard Louis Margaret Moore Bexton sont heureux de vous convier à leur union solennelle qui aura lieu en l'église Saint-Barthélemy le……

Quel beau début de journée !

Je me surpris à rêvasser à la carte que j'enverrais, moi, à mes amis, le jour où ceci m'arrive. Je le ferai autrement, avec d'autres couleurs et un texte un peu moins classique. Je ne reconnais pas Larry dans cette manière d'agir, mais sans doute accorde-t-il à Kathleen le choix des choses et l'organisation de l'événement, et probablement qu'elle est un peu plus classique que lui. Je ne pus m'empêcher de l'appeler pour en avoir le cœur net,... c'est que parfois nous aussi, les hommes, sommes curieux !

> - C'est elle qui fait tout, me répondit Larry. Elle en éprouve tellement de plaisir. Moi ce n'est pas mon truc ces choses là,... et comme pour elle c'est un pur bonheur, alors je lui laisse entièrement le choix. Au fond, Peter, si tu aimes,... ne désires-tu pas le bonheur de l'autre avant tout ?

Et toc, pensai-je. Il avait bougrement raison. Il y en a toujours un pour qui les détails d'une réception (ou d'un événement) comptent beaucoup plus que pour l'autre. Si nous les hommes aimons moins tout cela, pourquoi devons-nous absolument nous chamailler avec elle sur le contenu de l'invitation ? Laissons-la faire, et très probablement elle nous surprendra.

Et puis là aussi, c'est donner. Donner sa confiance totale et inconditionnelle à celle que l'on aime. Elle en ressortira grandie, heureuse, épanouie, et probablement nous aimera d'autant plus.

Larry et moi avons parlé plus d'une heure au téléphone, telles deux amies qui ne s'étaient plus vues depuis des lustres. Il semblait heureux de l'événement annoncé. Pas euphorique mais sagement heureux. Kathleen, elle, vivait un rêve éveillé. Chaque petit détail apporté à la fête à venir illuminait son cœur. Mais il n'y avait pas que la fête bien entendu, se marier signifiait sécurité et stabilité, mais aussi engagement, intimité et passion. En fait, ce que recherche toute femme.

Larry était heureux de la voir vivre ce bonheur. Kathleen flottait avec le vent telles les semences du pissenlit, elle rayonnait comme un soleil de printemps, et respirait la fraîcheur d'un matin de septembre.

Chaque jour de bonheur passé est un jour que personne ne peut vous reprendre.

- Elle me rend heureux,…que du bonheur !

- A ce point là ? Répondis-je.

- Tu ne peux pas savoir comme cette demande en mariage a changé ma vie. Tu sais, il n'y a rien de plus attirant qu'une femme heureuse. Je lui fais entièrement confiance, chose qu'elle n'avait jamais connu auparavant. Depuis ce jour là c'est le paradis. Je n'ai même pas envie d'y penser car je vis maintenant au jour le jour, et,… pourvu que cela dure !

- Et si cela ne dure pas Larry ?

- Que du bonheur ! Je ne vais pas commencer à penser au jour de la première discussion. Je vis l'instant présent,... et ce que je vis maintenant c'est simplement génial. Et je t'ai déjà dit cela souvent Peter, ... mais il me semble bon te le répéter pour que cela rentre dans ta « petite tête »,... un jour de bonheur vécu, personne ne peut te le reprendre. Alors JE VIS !!!

Kathleen le rendait heureux en étant elle-même heureuse. Elle avait tout loisir de préparer la petite (ou grande) fête à sa guise, et il l'appuyait dans ses choix. Il se montrait intéressé par le menu, la décoration de l'endroit ou les chansons demandées au disc-jockey. En fait, il n'était intéressé que par une chose bien plus importante, la rendre heureuse.

- Peter, j'applique avec elle ce que j'ai découvert, avec ces deux gamines de Madagascar. Je donne sans compter, sans rien espérer en retour,... et tout cela m'est rendu au centuple. Comment ai-je pu tarder autant d'années pour comprendre. C'est la recette du bonheur en couple, Peter. DONNER !

- Mais cela ne te fait pas peur de te remarier ? …. Oh, je ne te pose pas cette question pour mettre en doute ton choix, en fait je cherche seulement des solutions pour moi. Sorry pour la question, mais je ne sais pas trop où je vais en ce moment.

- Je vais te dire un truc Peter, et c'est très important. Si tu veux avancer, tu dois d'abord savoir où tu vas !

- Et tu le sais toi, où tu vas ?

- Moi je vais vers le bonheur. Mais je ne réserve pas cela pour le futur. C'est aujourd'hui. Car un jour d'aujourd'hui compte autant qu'un jour dans le futur. Ce que je veux dire par là c'est que toute ma vie j'ai sacrifié le présent pour m'offrir un futur meilleur. Maintenant je vis le présent et n'essaye plus d'assurer un futur que – je te l'ai prouvé – est totalement incertain.

Combien de fois dans ma vie je n'ai pas profité de l'instant présent, ou je me suis freiné, simplement pour assurer un meilleur lendemain. Et cela n'a jamais marché, pourtant c'est ce que j'ai toujours fait, et refait.

C'était un beau samedi de septembre 2005, ensoleillé, le 24. Kathleen était belle. Qui ne l'est pas le jour de son mariage ? Pensai-je ! Elle était vêtue d'une robe blanche élégante, mais sans chichis. Ses longs cheveux noirs volaient dans la petite brise automnale. Elle portait un rouge à lèvres brillant qui la rendait très sensuelle. Ma première rencontre furtive avec elle fut le jour de l'enterrement de Will. Je vous avouerai qu'elle est une femme franchement plus jolie pendant un mariage,… et si en plus c'est le sien, alors imaginez. Je compris très vite ce samedi pourquoi et comment Larry avait été attiré par cette créature fraîche (avec tout le respect que je lui dois), dynamique, attirante et,… excusez du peu,… terriblement amoureuse !

Laura était là aussi, je dirai étrangement, mais tous les divorces doivent-ils nécessairement se terminer par des disputes et des ex-couples qui se haïssent ? Elle était souriante, très proche de ses enfants, mais on le comprend un peu distante de Kathleen. C'est à cette occasion que je fis plus amples connaissances avec elle. Il est vrai qu'à part Charlotte et Henry, elle n'était proche de personne, et ce n'est pas avec Larry qu'elle allait tailler la bavette. Comme moi je ne connaissais presque personne, je me suis spontanément voué à la tâche !

- Au jour d'aujourd'hui, la rapidité des choses me dépasse.

- Vous parlez de quoi ?

- Et bien il y a encore six mois vous étiez mariée à Larry, et le voilà remarié.

- C'est vrai que c'est rapide, Kathleen l'a certainement bien travaillé, ajouta-t-elle sur un ton légèrement sarcastique. Cela doit faire longtemps qui se connaissent ! Renchérit-elle sous une forme de questionnaire à peine déguisé.

Jalousie, quand tu nous tiens ! Je ne la juge pas, c'est un comportement normal. Bien qu'elles essayent souvent de nous le faire croire, les femmes n'arrêtent pas d'aimer du jour au lendemain. Elles passent par une période de « deuil » dans laquelle leur amour décroît, et dans celui-ci, elles essayent d'obtenir réponses à leurs questions dans le but de confirmer leurs décisions passées.

Je décidai de répondre conformément à ses attentes.

- Cette histoire hume la fraîcheur du pétale de rose !

- Ah, c'est typiquement mec çà, vous vous protégez les uns les autres. Presque poétiquement, par contre, je n'avais jamais entendu.

- Laura, croyez-vous sincèrement que ce genre d'information que vous me demandez de manière subliminale fera avancer le schmilblick ? Un jour comme aujourd'hui ? Votre relation avec Larry est terminée, retourner un couteau dans une plaie vous fera passer une mauvaise journée, alors que celle-ci devrait être joyeuse. Pourquoi ne la vivons-nous pas simplement, sans penser ? Vous ne voulez pas reconquérir Larry, n'est-ce-pas ?

- Oh, bon Dieu, non !

- Alors à quoi bon vous faire du mal et vous torturer l'esprit ?

- Vous avez raison Peter, répondit-elle d'un ton jovial. Allons prendre une coupe et racontez-moi votre vie.

Raconter ma vie, comme si j'en avais envie, là c'est moi qui vais tomber au sous-sol ! L'apéritif se passait à merveille, dans la pelouse d'une grande demeure moyenâgeuse. Je ne le dis pas pour l'état de conservation, mais bien pour le caractère. Murs solides en pierre, fenêtres gigantesques, plafonds à cinq mètres de hauts, portes en chêne massif, à se demander si les occupants de l'époque étaient des géants ! Nous étions donc dans la pelouse, après la cérémonie religieuse passée, heureusement. Il y avait un beau soleil d'automne comme on n'en voit que dans les films, bonne ambiance feutrée, service impeccable, bon champagne, zakouski formidables, quelques cordes nous jouaient des berceuses classiques,... et ma nouvelle compagnie. Que du bonheur !

Je lui fis grâce de l'histoire de ma vie, elle n'insista point, et c'est tant mieux. Nous parlâmes de la pluie et du bon temps, des taxes et impôts (comme tout bon Anglais qui se respecte), sans oublier la politique, la violence et l'insécurité dans laquelle nous vivons. Cette conversation nous captivait, non pas pour son contenu qui semblait plus un bon prétexte pour continuer, mais bien pour son intonation. A peine avions-nous remarqué que nous étions à table, et déjà arrivés au dessert ! Je lançai :

- Que le temps passe vite !

- Vous me reparlez de Larry et ma relation passée ?

- Non, je parle de notre conversation et de nous ici. Je n'ai pas vu le temps passer. Quelle agréable sensation que d'être en symbiose à ce point.

Elle marqua un temps d'arrêt, un point mort. Vous savez, ce genre de moment où il vous semble que les idées défilent à deux cents à l'heure. Ce temps de réflexion me semblait long, rupture dans la symbiose dont justement je faisais allusion.

- Ne prenez pas cela mal, Peter, mais vous venez de me projeter sous une douche très froide.

- Ce n'éta….

- Laissez-moi terminer. Elle marqua un autre temps d'arrêt, puis m'avoua discrètement en s'approchant de mon oreille ; *cela fait des mois, voire des années que je n'ai pas vécu un tel moment de connexion avec une personne.*

Là c'est moi qui observai un temps de réflexion ! Quand on vit un de ces moments une sensation étrange nous pénètre. On se sent heureux, ou subitement nous avons découvert la recette du bonheur, ne reste plus qu'à le faire durer. On parlait elle et moi, de tout et de rien,… ce qui nous entourait avait disparu, il n'y avait plus que notre conversation qui comptait. Ça nous pousse à réfléchir, mais quand on le fait, bizarrement cela nous apeure. Comment ces sentiments de bien-être et de peur peuvent-ils être si proches ? Et puis, de quoi ai-je peur ? Que ceci ne dure pas ? De tomber amoureux ?

C'est finalement ce genre de réflexions stupides qui provoquent des blancs, des moments de raisonnement inutiles où naissent les angoisses. *Vis le moment présent Peter,* pensai-je. Mais dès qu'on laisse la pensée nous envahir, il est impossible de retourner dans l'ambiance d'avant. La pensée intelligente a brisé la spontanéité et l'innocence du moment. On dit souvent que la raison est à l'opposé du cœur, en voici une autre preuve.

> - Peut-être vaudrait-il mieux en rester là avant que nous ne pensions erronément que nous sommes faits l'un pour l'autre. Plaçai-je, sans savoir pourquoi !
>
> - Vous avez raison, on a souvent tendance à se laisser emporter par la magie d'un

moment qui n'a absolument rien à voir avec la vie réelle. Et les mariages sont reconnus pour être l'endroit typique où de telles choses arrivent.

Je venais de briser, par le simple biais de mes appréhensions, la magie du moment. Pourquoi pensons-nous tous tellement fort que la véritable vie est uniquement celle dictée par la raison ??? Quand un moment magique nous surprend, pourquoi ne l'entretenons-nous pas ? Regardez Larry, il vit un rêve depuis qu'il a demandé la main de Kathleen. Il respire la magie depuis plusieurs mois, tellement fort que nous dirons,... nous tous qui avons les pieds bien sur terre,... qu'il a perdu la raison !

Mais pourtant, n'est-ce pas lui qui a raison ?

En cinq minutes, je venais de passer du bonheur à la descente aux enfers, prise de conscience de ma pitoyable existence. Je m'isolai du reste de l'assistance pour pouvoir me lamenter d'avantage sur le triste sort d'un vieil imbécile qui pensait tout savoir. Laura me plaît, me plut, mais mes inquiétudes habituelles m'ont désorienté une fois de plus de ce dont je rêve en secret.

Charlotte et Kathleen étaient devenues bonnes amies, complices et toutes deux amoureuses du même homme, Larry. Elles rigolaient souvent, se taquinaient gentiment, et luisaient comme les vers en proie à l'accouplement. Que du bonheur ! Henry, lui, discutait de philosophie avec des cousins éloignés, autour d'un verre de vin qu'il disait bon, mais sans être capable d'en deviner la couleur s'il avait les yeux bandés. Il avait l'air sympathique, jovial et aimé de la famille. Il venait parfois dire un mot à sa maman et tous deux souriaient. Je supposai qu'il s'agissait de commentaires sur l'un ou l'autre.

Je conversai plusieurs fois avec Laura durant le reste du mariage, mais jamais nous ne pûmes revenir à cette entente qui nous faisait tant défaut. Elle m'invita à danser, nous le fîmes à plusieurs reprises, mais nous quittâmes amis, avec la promesse de nous appeler,... vous savez, ce genre de promesse tellement polie mais jamais tenue !

Larry me fit part de choses merveilleuses, sa nouvelle approche du bonheur. Je fis mine d'en prendre bonne note car j'en étais toujours incapable.

> - Je ne regrette rien du passé, me dit-il, et je n'espère rien du futur. C'est cela ma recette du bonheur.

- C'est le jour de ton mariage et tu me dis que tu n'espères rien du futur !

- Que veux-tu que j'espère de plus ? J'ai déjà tout. Encore plus de bonheur ? C'est impossible. Regardes-là Peter, et dis-moi ce que tu vois. Devrais-je penser à un lendemain gris, quand les choses commencent à aller mal, et me lamenter, ruiner ma journée ? Ou alors devrais-je vivre l'instant, l'instant présent, celui-ci ?

- Facile à dire, c'est le jour de ton mariage, comment ne vas-tu pas vivre l'instant présent ?

- Mais cela fait quatre mois que cet instant présent dure Peter, c'est justement ceci que tu n'arrives pas à comprendre.

- Mais que trouve-t-elle de si extraordinaire en toi pour être si heureuse ?

- Là tu es vache Peter, le jour de mon mariage !

- Oh, tu me connais,…ce n'est pas ce que je voulais dire. La question c'est : que lui offres-tu de si spectaculaire pour qu'elle soit devenue aussi folle de toi ?

- Simple : je ne me suis pas senti obligé d'opérer un nettoyage dans sa vie, en éliminant ses amis, ex, connaissances, ou même son boulot. Je n'ai pas essayé de « prendre le contrôle » de ma nouvelle « propriété ». Je lui laisse vivre sa vie, simplement, en lui faisant entièrement confiance, et regarde cette journée, c'est-y pas beau tout çà ? C'est elle qui a tout organisé, jusque dans les moindres détails, je n'ai fait que l'épauler dans ses choix. Comment voudrais-tu qu'elle ne soit pas heureuse ? Dis-le moi, toi, mec tellement terre-à-terre qui a toujours réponse à tout.

Vous imaginez bien que je n'ai pas pu répondre à cette question. Comme quoi une même journée peut être vécue de tant de différentes manières. Elle et lui nageaient dans le bonheur, moi j'en prenais plein la figure. Quarante-et-un ans, toujours célibat et heureux de l'être. Çà, c'est ce que je dis aux gens, vous inclus. Mais la vérité toute nue, c'est : quarante-et-un ans, et marre de ne plaire que pour de courts moments. Moi aussi je veux ma Kathleen, pétillante, heureuse. Mais suis-je vraiment prêt dans ma tête ? Pourrais-je vraiment rencontrer quelqu'un sans essayer d'en changer la vie sociale, professionnelle, d'en prendre le contrôle comme le font tous ces hommes ?

Naturellement, à ces jours de prise de conscience succède le retour à la normale. *Smart-boulot-dodo* !!!

Ma routine, quoi !

11

C'est étrange, mais depuis le mariage, j'avais soif de revoir le couple Kathleen - Larry. Je me sentais bienvenu en leur compagnie, et ils m'aimaient bien. Nous nous voyions régulièrement et c'était toujours des moments agréables, avec plein d'histoires à raconter. On pouvait parler de tout, même de Laura ou d'expériences passées. Kathleen et Larry continuaient à nager dans le bonheur, peut être un peu plus serein maintenant. Pour moi, être avec eux, c'était comme ressentir le désir que leurs histoires et leur énergie déteignent sur moi. Peut-être que Kathleen avait une meilleure amie avec qui elle s'entendait bien, célibataire, et qui était à la recherche de *justement* quelqu'un comme moi ! Ce n'est pas que j'éprouve le besoin d'ajouter une conquête à mon palmarès, et pas besoin d'eux pour trouver l'amour d'une nuit,... mais certainement une jalousie secrète (et entendez saine) de trébucher sur le bonheur comme eux l'ont fait.

- On va monter un resto.

- Quoi ?

- Un restaurant !

- Oui, j'avais compris.

- Alors pourquoi tu dis *quoi* ?

- Oh, lâche-moi la grappe Larry. C'est que je ne m'attendais pas à une idée aussi farfelue que celle-là, c'est tout. C'est elle qui a eu l'idée ?

- C'est nous, en parlant. Tu sais que cela fait déjà presque un an que je bosse comme serveur, et j'en ai assez maintenant, je veux monter mon propre business.

- Retour en arrière ? Comme quand tu étais avec Laura ?

- Tu veux dire quoi Peter ?

- Bien,… tu sais,… bosser dur, faire de l'argent, être peu chez toi, avoir une maîtresse, la routine que tu avais avant, quoi !

- Heureusement qu'elle n'est pas là pour entendre tes conneries !

- En premier, ce ne sont pas des conneries, c'est *ta* vie d'avant. En second, elle n'est pas là et c'est pour cela que je le dis aussi directement.

- Je vais te dire le fond de ma pensée, j'utiliserai des paroles simples que même toi peux comprendre !

J'avais piqué Larry dans le lard, il me le rendait bien !

- J'ai vécu cinq mois de bonheur intense avec Kathleen, mais évidemment maintenant cela retombe un peu. C'est normal et tout va toujours on ne peut mieux entre nous, ne comprends pas cela de travers. Ces cinq mois ont été aussi magiques car elle – nous – avions un but, le mariage. Maintenant que nous sommes mariés, le seul but qui nous reste, c'est ce que nous faisons, c'est-à-dire : vivre.

- J'essaye de comprendre.

- Attends ! Avec ce projet de restaurant, non seulement je pourrai moi y trouver du plaisir car maître à bord,... mais elle aussi, elle y récupérera un projet comme celui du mariage.

- Tu essayes de me dire que son bonheur n'est pas dans la vie même, mais dans la poursuite d'un projet ?

- Exactement, tu vois que tu n'es pas si bête ! Depuis mercredi, ce qui remonte la naissance de ce nouveau projet à seulement deux jours, elle recommence à voler comme lors de ma demande en mariage.

- Donc tu vas la nourrir de buts tout le temps ?

- Pourquoi pas ? Si elle se sent heureuse dans l'accomplissement d'un projet commun, pourquoi pas. Quand elle plane comme cela elle est délirante, il faut le vivre pour le comprendre. C'est du pur bonheur.

Alors coûte que coûte, quoi que ce soit, moi j'en veux encore.

- Tu es complètement fou Larry, mais après le resto ce sera quoi ?

- Je n'en sais rien, mais fais moi confiance, je trouverai.

- Et si un jour tu ne trouves plus rien ?

- Et bien on verra à ce moment là. Mais pour le moment elle me rend heureux Peter, et c'est ce qui m'importe le plus au monde,... après ma fille bien sûr.

- Mais comment *ton* restaurant peut-il devenir *son* projet, elle travaille toujours à la *Regent*, non ?

- Elle devrait réduire à mi-temps et bosser avec moi au resto,... et puis elle arrêtera l'immobilière. Mais ici aussi, je lui laisse carte blanche sur le thème du restaurant, la décoration, le service, les couleurs, la carte, etc... Et cela l'emballe à fond.

Larry continua à m'expliquer tout ce qu'ils avaient déjà tiré au clair en deux jours. Comme il n'a pas et ne veut plus de compte en banque, le restaurant sera au nom de Kathleen,... et c'est aussi elle qui le financera avec de l'argent économisé et un petit emprunt. Ce sera *son* restaurant. Larry garde les choses bien claires au niveau finances, il sera employé par elle avec le plafond salarial que nous connaissons. Tous les bénéfices (ou pertes) seront pour elles, sauf vingt-pour-cent pour Larry, sous la table.

On est fous amoureux, on vit un bonheur intense,... mais pour les finances je garde mon statut et mon portefeuille, et elle le sien. Et ceci ne nous empêche pas de nous aimer. Tu vois, une des erreurs dans les mariages courants, c'est de croire que faire « pot-commun » ajoute du poids à l'union. C'est de la connerie, les gens font cela simplement pour avoir un peu plus de mainmise sur l'autre. Mais quand tout cela commence à tourner mal, cela tourne très mal. Tu sais avec Kathleen, je ne pense même pas à que l'on puisse se séparer un jour,... mais si on le fait nous n'aurons pas de problèmes d'argent car tout est déjà séparé, et c'est une grosse épine hors du pied.

J'ai encore tellement de choses à apprendre de ce couple. Serait-ce nos programmations la raison qui nous pousse à vouloir tout mélanger quand on se marie ? Ou alors la fameuse mainmise comme avance Larry ? Je remarque que nous passons tous à côté du bonheur lors de sa recherche. Nous pensons erronément qu'en investissant plus aujourd'hui il sera acquis demain, alors nous achetons une grande maison, une grosse voiture. Larry pense simplement à la rendre heureuse, sans penser à son statut, sa notoriété ou le « qu'en dira-t-on ». Il lui offre ce qui fait son bonheur, sans rien attendre en échange,... et asseyez-vous pour le retour. Je les ai vus, moi, ces tourtereaux. C'est impressionnant tellement c'est beau à voir, cela donne envie, cela vous rend jaloux, et cela vous remet certaines valeurs en place. Si je devais imager leur union, je prendrais un feu déjà bien vif sur lequel je verserais un litre d'huile.

Je ne vous cacherai pas mon amour pour ce type de relation jusque là inconnu pour moi. Comme tout un chacun je pensais qu'il fallait ramer, bosser, discuter, affirmer, infirmer, jalouser, justifier pour pouvoir vivre en couple. Maintenant je découvre qu'il suffit juste de donner. Oh, je ne parle pas de donner pour soi, de donner pour recevoir, de compter en donnant. Non, je veux dire donner son cœur entier, donner son attention entière, donner son temps sans compter, donner sa confiance sans réserves, donner son amour sans craintes. Ce qui vous reviendra, si vous aimez vraiment, si vous donnez vraiment, est hors de prix.

Vous ne me croyez pas ? C'est votre problème. Continuez dans l'ignorance. Je vous souhaite d'y trouver ce que vous cherchez.

Vous me croyez ? Désolé mais ce n'est pas suffisant. Vous ne comprendrez la grandeur de ces mots que quand vous en aurez fait l'expérience par vous-même, ou aurez été témoin de cette expérience. Et ceci est en *toute* femme. Attention, ne comprenez pas de travers, il ne s'agit pas de rencontrer n'importe qui et mettre en pratique. Il faut d'abord aimer vraiment et découvrir ce qu'elle aime vraiment. Pour Kathleen, c'est le fait d'avoir un but en commun. Pour Marianne ce pourrait être autre chose. Je disais qu'il faut de l'amour pour commencer, et puis se laisser aller entièrement dans cet amour, sans réfléchir, sans penser, sans freiner, sans écouter les autres.

> - Je n'en reviens toujours pas des changements dans ta vie Larry, de l'agent immobilier performant à garçon de salle, et heureux.
>
> - Il n'est jamais trop tard pour devenir ce que tu aurais aimé être !
>
> - Comprends pas !

- Tu crois vraiment que je voulais être agent immobilier quand j'étais gosse, que c'était mon rêve ?

- Heu… j'en sais rien.

- Et bien non ! Je voulais bosser dans un restaurant. Seulement voilà, j'avais un frère à qui tout était promis et servi, alors que moi j'étais destiné à me contenter des miettes. Je suis devenu agent pour démontrer que je pouvais gagner de l'argent et être mieux que mon frère.

- Pour qui ?

- Pour la société, mes parents, et pour tous ceux qui nous connaissaient tous les deux. Comme mon frère a vite dévié, cela a été facile à prouver,… sauf pour mes parents ! Ils ne voyaient et n'ont jamais vu que par Will. Tu sais si j'ai décroché le jour J ce n'est pas à cause du jour J, mais c'est parce que cela faisait un temps que j'en avais envie. Le jour J n'a été que le détonateur qui a rendu la chose possible. Et je vais t'avouer autre chose.

- Je t'écoute.

- J'ai profité des péripéties du jour J pour tout changer, car comme cela au lieu de passer pour un lunatique, je passe pour une victime, et cela plaît aux gens, ils disent : *pauvre Larry !* Maintenant je me fous de ce que ces gens pensent,... et c'est d'ailleurs pour cela que je suis libre et que je peux vivre un bonheur entier avec Kathleen,... mais avant, l'opinion des autres comptait encore. Tu sais c'est quoi mon plus grand regret Peter ?

- Aucune idée.

- De ne pas avoir compris tout cela plus tôt.

- Pourquoi ? Pour vivre ce bonheur avec Laura ?

- Oh, cela n'a rien à voir. Au final, avec une ou avec l'autre, l'important c'est l'amour et ce que tu vis. Oui, ceci aurait pu être avec Laura, pourquoi pas. Mais je n'en sais rien. Le comprendre plus tôt m'aurait évité de gaspiller quelques années de plus dans l'erreur.

Il a tellement raison ce Larry. Pourtant au fond de moi je sens encore des réticences. De quoi ai-je tellement peur ? Du ridicule ? De l'opinion des autres ?... qui ne s'avère être rien de plus que ce que nous pensons que les gens pensent de nous,... alors quand on sait cela, on comprend tout de suite que la vision que les autres ont sur nous n'est uniquement que le miroir de nos appréhensions.

Ce n'est pas en changeant de but en blanc notre vie comme l'a fait Larry que va apparaître une Kathleen souriante et amoureuse. Kathleen était là avant, mais il ne la voyait pas. C'est-à-dire qu'ils étaient amants mais sans plus, sans jamais imaginer ni l'un ni l'autre qu'ils s'en retrouveraient à ce point quelques mois plus tard. Ce qui est arrivé est aussi le fruit du hasard. Ce n'est pas parce qu'un homme est marié qu'il ne se libérera pas un jour. Ce n'est pas parce qu'une femme est simplement notre maîtresse qu'elle ne peut pas devenir notre femme si les circonstances changent. Quand ils se sont rencontrés, Kathleen se trouvait à un bon moment de sa vie pour une relation, mais Larry n'était pas la bonne personne. Pour Larry, Kathleen pouvait être la bonne personne, mais certainement pas au bon moment. Ne perdons jamais de vue cette notion de timing.

- Détrompes-toi Peter, le but du restaurant n'est pas de faire de l'argent !

- Tu fais dans le philanthropique, toi maintenant ?

- Ce n'est pas d'en perdre non plus, d'accord ! Mais si tu réfléchis, à quoi bon sert l'argent ?

- A acheter des trucs.

- Quel genre de trucs ?

- Des trucs du genre voiture, maison, télé 3D, etc…

- Et pourquoi tu achèterais ces choses ?

- Parce que tu en as besoin.

- Faux ! As-tu vraiment besoin d'une nouvelle voiture tous les quatre ans avec deux-cents chevaux sous le capot pour voyager dans Londres ?

- Je suppose que c'est pour nous faire plaisir, sinon à quoi cela servirait de bosser dûr.

- Oui,… pour nous apporter du bonheur, n'est-ce-pas Peter ?

- Oui, je suppose que la quête du Graal nous ramène toujours au bonheur, directement ou indirectement.

- Donc, pour récapituler, tu bosses douze heures par jour, ce qui va certainement à l'encontre du plaisir, pour payer plus de taxes, et avec ce qui reste tu peux t'acheter des choses dont tu n'as pas vraiment besoin, afin de compenser moralement ton dur boulot,… ce qui te fait te sentir mieux.

- Tu es vache quand tu veux, mais c'est bien résumé.

- Et bien moi j'ai encore un raccourci au résumé. Si par exemple tu montes un business dans lequel tu ne dois pas faire de bénéfices,… tu peux alors choisir tes clients, ton horaire, et plein d'avantages comme cela, non ?

- Oui, logique.

- Et si en plus c'est un travail que tu aimes, cela devient agréable, n'est-ce pas ?

- Oui je suppose.

- Et cela génère du bonheur ! Pour autant que tu arrives à en vivre,... mais sans avoir besoin d'une maison plus grande, d'une voiture plus grosse, ou d'une nouvelle télé tous les ans. Ce que je veux te dire, c'est que mon restaurant ne me sert pas à faire de l'argent,... mais du bonheur,... que du bonheur !

Ce que Larry est arrivé en très peu de temps à inculquer à sa nouvelle femme, c'est que les possessions ne génèrent pas de bonheur, elles ne font qu'y contribuer. Ce qui génère le bonheur, c'est l'amour. L'amour de soi, de son (ou sa) partenaire, de son travail, et très important aussi,... de ce que l'on a déjà. Trop de gens aujourd'hui pensent que le bonheur s'achète avec l'argent durement gagné. C'est un concept qui fait bien entendu marcher l'économie.

Deux mois plus tard j'étais convié à l'inauguration du *Just Happy*. Je suppose que derrière chaque nom d'établissement il y a le désir de faire passer un message. La carte était principalement composée de mets de gastronomie française. Eduard, jeune chef auxiliaire débauché du restaurant par où tout commença un jour de novembre, respirait un air d'épanouissement, derrière un stress bien compréhensible. Il organisait sa cuisine au fur et à mesure qu'entraient les premières commandes, et certaines erreurs de timing étaient hélas à déplorer. Oh, rien de bien grave, rassurez-vous. Notre hôte Larry, devenu très professionnel soit dit en passant, était fier de nous présenter des plats élaborés qu'il décrivait avec beaucoup d'enthousiasme, comme s'il n'avait pas mangé depuis une semaine !

Kathleen, quant à elle, respirait le bonheur. Elle recevait des fleurs en-veux-tu-en-voilà, accompagnées de compliment encore plus parfumés. Sa vraie beauté résidait dans le sourire et le ravissement qu'elle transmettait, elle était radieuse, lumineuse, ensoleillée, resplendissante, éblouissante. Je sais, beaucoup d'adjectifs pour une seule personne. Ne vous inquiétez pas, je n'en suis pas tombé amoureux. Par contre, du bonheur qu'elle dégage, si ! Souvent les femmes dépensent des heures (et des fortunes) pour se faire belles. Kathleen ce soir, tout comme le jour de son mariage, n'en n'avait nul besoin.

- Impressionnant, hein ? Larry avait remarqué mon regard admiratif.

- J'en suis scié, c'est tellement beau à voir !

- On vit de la magie qui ne s'arrête pas. J'ai l'impression d'avoir vingt ans de moins.

- A propos, je te présente Isabelle, une amie.

Je n'avais jamais de problème pour trouver un agréable accompagnement, femmes jolies dont ma blonde d'un soir faisait partie. Ma seule difficulté était de les retenir après le petit-déjeuner du lendemain matin. Elles semblaient adorer ma compagnie attentionnée et dévouée, mais pourtant la désertaient dès les croissants engloutis. J'étais pourtant sur le point de découvrir le secret de ces créatures d'un soir, toutes souffrantes du même mal que j'avais surnommé « *abandonnite aiguë* ». Depuis le fameux mariage de Larry où je m'étais rendu compte de certaines erreurs involontaires de ma part, je m'étais plongé dans des bouquins de psychologie recommandés par mon ami.

Je mettais toutes les femmes dans le même panier. Je compris au travers des livres que ces comportements similaires pouvaient ne pas être un trait de caractère imputant arbitrairement la gente féminine, mais bien la manière dont ces femmes répondaient à *mes* comportements. Je commençai à les étudier, comprendre quelles étaient leurs attentes et leurs craintes. Les réponses se rapprochaient souvent de ce dont Larry me faisait part. En fait, je remarquai bien vite que je faisais peur. J'avais tout pour plaire, j'étais attentionné, très courtois, éduqué, je connaissais les bonnes manières. Pourtant elles me fuyaient comme de la peste. C'est qu'au-delà de tous mes bons côtés – et il y en avait – chacune de mes qualité était obligatoirement associée à son venin, sa propriété éphémère.

Quand je me mis à creuser pour comprendre les fonctionnements internes de notre conscient, et surtout comment mes amies pouvaient tirer de telles conclusions si je n'en disais mots, je compris plein de choses sur ma personne. Mes gestes cordiaux et affectueux étaient rodés, devenus comme une seconde nature, presque « professionnels » si vous voyez ce que je veux dire. Je transmettais sans le vouloir cette sensation de routine dans mes gestes et paroles, routine déroutante quand le rêve de toute femme est de se sentir unique. Elles déduisaient qu'elles faisaient partie des centaines de femmes que j'avais connues, elles profitaient du moment, mais par mesures d'auto-protectionnisme se refusaient en bloc à imaginer une suite quelconque.

Le plus important étant de comprendre que les comportements que j'attribuais aux autres ne dépendaient essentiellement que de moi. Vous me direz que c'est la conclusion qui compte, elles s'en vont en courant. Oui et non ! Vous avez raison de penser que de toutes manières elles me fuient,... mais la grande différence c'est de comprendre que je suis responsable de leurs comportements, et donc que je peux changer la donne. La théorie est maintenant assimilée,... mais il me reste encore à la mettre en pratique. Ce que j'utilise pour rendre une femme heureuse l'alarme, dois-je donc renoncer de penser à son bonheur (ou plaisir) ? Pas si simple tout ceci. Elles rêvent « toutes » d'un gars aussi attentionné que moi, mais s'enfuient dès qu'elles le trouvent. Je n'ai nulle envie d'essayer l'arrogance pour qu'elles restent. Alors je suis coincé là, sans solutions pour l'instant.

Pour en revenir à cette soirée d'inauguration, il y avait désormais les habituels. Laura et Charlotte dînaient en « couple ». Il semblerait que les accords rapides conclus chez Dantes et Escribano une semaine après le fameux jour J ne porte pas préjudice, Larry et Laura sont désormais amis. Henry est présent à une autre table, avec une petite amie, inconnue au bataillon, furtivement présentée à la mère. Je fis la connaissance de Melson Dantes, l'avocat de Larry dans l'affaire qui l'oppose à *Regent Estates*. Un gars intègre, loyal et humain comme il y en a peu dans la profession.

Le restaurant humait la touche quasi exclusivement féminine, et Kathleen décrivait ses choix avec beaucoup d'enthousiasme. C'est vrai que l'endroit était chaud et accueillant, tout à son image. Un beau pari, incroyablement vite réussi, une belle carte, avec des prix destinés plus à ménager le portefeuille des clients que celui des tenanciers. Bien joué Larry, bravo Kathleen, cela fait plaisir à voir. Et au moins d'ici on ne se fera pas virer si un imbécile nous fait une entrée fanfaronne !

Que de chemin parcouru en si peu de temps.

- Dans la vie on fait ce que l'on veut Peter, on fait *toujours* ce que l'on veut. Il n'est jamais trop tard pour faire ce que tu aurais aimé faire. C'est quoi ton rêve à toi, ce qui te ferait vibrer ?

- Moi ? Après un sourire et un instant de réflexion je répondis : m'installer dans un pays chaud et apprendre à voler.

- Quoi, pilote de ligne ?

- Je suis trop vieux pour être pilote de ligne Larry, tu le sais bien. Mais mon petit avion à moi, et ma piste.

- Alors fais-le. N'attends plus.

- Plus facile à dire qu'à faire. Je ne peux pas me libérer aussi facilement, tu sais.

- Te libérer ? De *quoi* ? De *qui* ? Ne me réponds pas, penses-y cette nuit et la réponse viendra, j'en suis sûr.

Larry avait profité d'un court instant où ma copine était partie aux toilettes. Je l'aimais bien ce Larry, un bon exemple rempli de sagesse.

- On fait ce que l'on veut. On fait *toujours* ce que l'on veut !

12

> - On fait ce que l'on veut. On fait *toujours* ce que l'on veut !

Cette phrase me suivait sans cesse. Quelques nuits sans dormir, quelques journées sans me concentrer. Pas grave, mon travail de semi-fonctionnaire à la mairie ne demandait pas beaucoup d'efforts. Mais comment Larry peut-il me dire une chose pareille ? Ce n'est pas vrai,... on ne fait *pas* ce que l'on veut. Je décidai de lui rendre visite le mercredi à midi, jour où les restaurants ne marchent pas très fort. J'avais pris mon après-midi libre, je pouvais donc rester à papoter avec lui après son service, quand « la foule » partirait.

> - J'ai beau essayer, je ne la comprends pas cette expression. Je ne suis pas d'accord. Qu'est-ce que tu veux dire au juste ?

- Que tout est possible, rien n'est obligé, rien n'est interdit.

- Mais ce n'est pas vrai Larry, on a des obligations !

- Comme quoi ?

- Je sais pas, moi, comme payer ses impôts.

- Non ! Pas obligé !

- *Mais si*, on est obligé.

- Pourquoi, si tu ne payes pas tes impôts, que va-t-il se passer ?

- Ils vont me mettre des amendes Larry, tu es bête ou tu le fais exprès ?

- Et si tu ne payes pas les amendes, que se passe-t-il ?

- Je n'en sais rien, ils viendront me saisir, je suppose, ou feront main mise sur mon compte en banque.

- Et si tu n'as pas de compte en banque ?

- Oui, et tant qu'on y est, si je n'ai rien à saisir. Je ne vais quand même pas vivre comme un clodo pour ne pas payer mes impôts.

- Voilà, tu viens de répondre à la question. Penses-y !

Larry se leva de table et commença à ranger la salle. *Penses-y, penses-y, facile à dire*. Mais il veut dire quoi au juste avec ses déductions simplistes ? Je décidai de l'interpeller, il revint s'asseoir, et d'un ton calme et posé…

- Personne ne t'oblige, un fusil sur la tempe, à payer tes impôts. Personne !

- Mais je n'ai pas l'intention de vivre comme un clodo pour éviter l'impôt, Larry. Toi non plus.

- Alors tu payes l'impôt.

- Ben oui, comme tout le monde.

- Peter, tu payes l'impôt car tu ne veux pas vivre comme un clodo, j'accepte cette réponse,… mais personne ne te force à payer. Si tu payes, c'est uniquement parce que tu préfères ta vie conformiste à celle de rebelle, ou ton appartement luxueux comparé à la vie sous un pont.

- Mais on est d'accord là-dessus. Toi et moi, si on veut garder notre qualité de vie, on doit payer nos impôts.

- Oui, sauf que ce qui nous différencie, c'est que toi tu penses que tu y es obligé,… et que moi je le fais par choix.

- Mais cela ne change rien, Larry, à la fin on doit quand même le payer.

- Tu n'as toujours rien compris Peter, pauvre de toi. J'ai choisi de payer mes taxes et suis heureux de le faire, et ne m'en plains pas. Le jour où je ne veux plus me soumettre à ces mesures, alors je ne m'y soumettrai plus.

- Et tu iras dormir sous un pont ?

- Pour toute action il y a un prix à payer. Ce serait trop facile sinon.

Il est parfois compliqué à suivre ce Larry. Qu'est-ce que cela change de vouloir ou d'être obligé de payer l'impôt, à la fin du compte, faut casquer, sinon les ennuis commencent !

- Je te vois penser tout seul, tu as capté la nuance ou pas ?

- Non, pas vraiment, je ne vois pas le but !

- Alors prenons l'exemple de ton boulot. Es-tu obligé d'aller bosser ?

- Ben oui, forcément.

- Avec un revolver sous la tempe ?

- Non, Larry, mais à quoi veux-tu en venir ?

- Que se passera-t-il si tu n'y va pas ?

- Je serai viré.

- Et….

- Et je serai viré ! Plus de salaire, plus de revenus !

- Et…

- Et quoi ? Que veux-tu que je te dise, Larry ?

- Tu feras quoi si tu n'as plus de salaire ?

- Je suppose qu'à la fin du compte je deviendrai clodo.

- Et tu n'en n'a pas envie, n'est-ce pas ?

- T'en aurais envie toi ?

- Donc tu vas travailler pour te payer ta vie confortable,... non pas parce que tu es obligé. Allez, rentre chez toi, c'est moi qui invite aujourd'hui.

- Non, non, je te paye Larry, tu es fou. Tu as besoin de cet argent.

- Tu crois vraiment cela ? Tu es encore assez stupide pour croire que les vingt livres sterling de l'addition me rendront plus heureux que de t'inviter ? Je n'ai pas besoin de cet argent, je te l'ai déjà dit. Ce restaurant c'est une usine à bonheur, et tu es aujourd'hui mon meilleur client. Reviens quand tu veux, et c'est moi qui invite. Des amis comme toi je n'en n'ai pas beaucoup.

Il m'a touché ce bougre, qu'est-ce que cela fait du bien de se sentir aimé. Avant, on se voyait pour le business, maintenant c'est un plaisir, même s'il me fait sortir de mes gonds avec ses théories foireuses. C'est étrange, il me semble pourtant être mon seul ami. J'ai bien des connaissances, au boulot, des potes avec qui je prends une bière,… mais des amis, je n'ai que lui. C'est quoi mon problème ? Un jour je dis que tout va bien dans le meilleur des mondes, et le lendemain je me rends compte que je n'ai personne qui m'aime, à part Larry et ma famille. Moi qui voudrais tellement rencontrer une Kathleen et pouvoir penser comme lui.

Je vais au boulot pour me payer ma vie confortable, mais je n'y suis pas obligé !

Çà veut dire quoi au juste ?

Personne ne m'oblige.

Donc j'y vais parce que je veux !

Alors pourquoi y vais-je le pied lourd ?

Si c'est ce que je veux, je devrais y aller gaîment.

Je pris le téléphone et appelai Larry.

- J'ai compris Larry. Je vais au travail car c'est mon choix d'y aller. Personne ne me force, personne ne m'y oblige. J'y vais pour payer mon appartement, mes habits, un resto, ou ma voiture. Mais je ne suis pas *obligé* d'y aller !

- Enfin tu as compris.

- *Ouiiii !!!!!*

- Alors maintenant il ne te reste plus qu'à le mettre en pratique.

- Comment ?

- Tu verras, Peter !

Quelques semaines plus tard, je pris la peine d'appeler Laura. On s'était échangé les numéros au mariage, vous vous souvenez ? Elle fut surprise, et semblait heureuse de m'entendre. Depuis quelques jours, une idée me trottait, et c'était la raison de mon appel. J'avais envie de quitter mon poste à la mairie pour faire autre chose qui corresponde plus à mes rêves de quand j'étais gosse. J'avais besoin de la rencontrer, de lui poser certaines questions, mais sans révéler mon projet qui de toutes manières n'en n'était qu'à ce stade. Avant que ma nouvelle idée ne m'envahisse complètement l'esprit, je devais m'assurer de sa faisabilité, et Laura en était une actrice privilégiée, sans le savoir.

Nous nous rencontrâmes trois jours plus tard, et décidâmes d'aller prendre un pot en ville. Elle me questionna sur ma dernière amie, celle de l'inauguration, dont j'avais déjà oublié le nom !

Ceci ne fait jamais bonne impression.

Je lui racontai que j'avais besoin d'une compagne pour ne pas occuper une table seul ce soir là, mais qu'il n'y avait rien de plus entre elle et moi. Laura me fit quand même remarquer les bisous tendres que nous nous échangeâmes pendant le repas. Ces femmes ne loupent rien ? Moi, ce sont des détails qui font partie de la poubelle *Microsoft*, effacés de ma mémoire, mais pas encore complètement. En fait, des souvenirs qui ne reviendront que si je vais les chercher. Il est clair que nous, hommes et femmes, sommes bien différents à ce point. Serait-ce parce qu'elles sont capables de beaucoup plus d'amour que nous ? Aucune idée.

Une très agréable soirée en sa compagnie. Laura est une femme intelligente, sage, éduquée, intéressante et,... *last but not least*, attirante. Cela faisait longtemps que je n'avais pas passé une soirée aussi nourrie en conversations de qualité. D'ordinaire avec mes compagnes d'un soir, on parle de la pluie et du beau temps, des impôts, de la politique et des stupides shows télévisés. En raccourci, on parle de n'importe quoi, mais essentiellement de rien, l'important étant la partie sensuelle de la soirée, au retour. Et quand le lendemain elles s'en vont en courant, je ne me plains pas non plus. En fait, si je devais rencontrer quelqu'un pour m'accompagner un bon bout de chemin, elle serait plutôt du type de Laura, avec qui pourtant je ne passerai pas la nuit. On dirait quelque part que mon intérêt sexuel est inversement proportionnel à mon attirance pour cette femme. Comme quoi finalement une femme d'un soir s'auto-condamne à n'être que d'un soir !

Maintenant, je vous parle aussi de mon admiration pour le couple Kathleen - Larry, mais cette envie de couple ne vient-elle pas du fait que je suis seul ? Car majoritairement ceux qui sont en couple rêvent d'être seuls. Un peu comme aimer ce que l'on n'a pas ! La vue ne ferait-elle pas seulement le bonheur de l'aveugle ? La tache sur la belle nappe blanche, c'est Larry. Il est en couple et heureux chaque jour de l'être. Et puis, entre nous,...

vaut-il mieux être seul et rêver d'être en couple,...
ou être en couple et rêver d'être seul ???

Laura me disait une chose assez intéressante. Selon elle, dans un couple on devrait s'occuper chacun de ses propres besoins, car si on essaye de le faire pour l'autre, c'est de l'énergie perdue.

Je profitai de la soirée pour poser mes questions à Laura, sans qu'elle ne se doute (trop) de quelles étaient mes intentions. Je fis passer cela sur le compte de la curiosité, ce qui m'avantageais face à ma volonté de garder le secret de cette nouvelle idée. Kriss, c'est amant inconnu dont Larry avait parlé une fois, ce gars qui était arrivé de nulle part en seulement vingt minutes, et reparti sans laisser d'adresse. Laura ne semblait pas gênée de parler de lui.

C'est un ami de l'université avec qui j'ai toujours gardé un bon contact. Il est marié, il a trois enfants, et il est heureux en ménage. Quand j'étais en plein milieu de mes problèmes avec Larry – et ses maîtresses – Kriss était mon confident. En fait, la seule personne avec qui je pouvais parler. Je sais que Larry a toujours pensé que c'était un amant, et à ce niveau je le laisse penser ce qu'il veut, cela m'arrange bien. Mais tu sais, il ne m'a jamais posé de question sur Kriss. Bref, c'est un super brave gars, qui s'est mis un peu dans l'embarras pour m'aider, car sa femme est jalouse possessive, mais il n'y a jamais rien eu et il n'y aura jamais rien. Et si sa femme voulait m'écouter ne fusse que deux minutes au lieu de se monter des histoires et lui rendre la vie impossible, elle comprendrait qu'il en est follement amoureux et qu'elle n'a absolument rien à craindre. Au lieu de cela elle est en train de détruire cet amour à petits feux. Voilà l'histoire de Kriss. Mais pourquoi ces questions.

Et c'est juste à cet endroit que j'évoquai la curiosité. Nous parlâmes aussi de Charlotte et de Henry. Elle est surprise que Henry n'est plus aussi proche qu'il ne l'était il y a quelques mois. Cette amie au restaurant, il l'a présenté, mais vraiment en coup de vent.

Je suis sûre qu'il me cache quelque chose mais je ne sais pas quoi. Vous savez, Peter, l'instinct de femme, et de maman, ici c'est combiné. Je sais que quelque chose d'important se passe, et pas avec cette copine. Mais je n'arrive pas à mettre le doigt dessus. Quand j'essaye de parler avec lui, il me fuit, et cela ne lui ressemble pas du tout. A mon avis, ses études ne lui plaisent pas et il n'ose pas le dire. Mais cela ne poserait pas de problème pour moi, ce que je veux c'est qu'il soit heureux. Et à propos de votre autre question, je ne lui en veux pas à Larry. Regardez, il est déjà remarié avec celle avec qui il me trompait, mais j'étais au mariage. Il s'est arrangé pour ne pas me payer de pension alimentaire pour

Henry, mais je ne m'en plains pas. Finalement j'ai de l'argent aussi, donc pourquoi se disputer et gâcher une amitié. Mon avocat, avec qui vous avez parlé je crois, il était aussi de cet avis. Il rencontre tellement de gens qui se déchirent pour une tondeuse à gazon ou une télé. Oh, moi j'ai passé l'âge de toutes ces conneries, je préfère que l'on s'entende tous bien. Larry est quand même le père de mes enfants, et il le restera toujours. Il y a toujours, si on cherche, motif à discutions. Moi je suis partie quand je n'en pouvais plus de ses mensonges. Pourquoi me mentait-il ? Je n'en sais rien, je suppose que c'était plus facile pour lui que d'affronter intérieurement la vérité de ses actes. Vous savez Peter, Une personne est ce qu'elle fait, et non pas ce qu'elle dit. Quand Larry me disait encore qu'il m'aimait, je voyais bien que son corps ne m'aimait plus. Il était devenu totalement incohérent. Quand on aime, on aime, cela ne s'invente pas. On veut faire le plaisir et le bonheur de l'autre. Maintenant il aime, et regardez-le, il est prêt à n'importe quoi. S'il avait été comme cela avec moi nous serions toujours ensemble. Mais moi, il a fini de m'aimer il y a des années déjà. C'est comme vous, maintenant,... vous prenez le temps de m'écouter. Vous savez, écouter l'autre c'est déjà une preuve d'amour, très peu de personnes en sont capables. Kriss, quand il peut, il m'écoute. Mais Larry, cela fait des années qu'il ne m'écoute plus. Oh, je ne lui en veux pas, mais il était temps que j'arrête ses « je t'aime » qui ne ressemblaient plus à rien.

Cette soirée était devenue spéciale. Non pas magique comme le jour du mariage, mais bien spéciale. Laura s'ouvrait comme si j'étais un ami de longue date. Elle avait soit très confiance en moi, soit plus rien à perdre avec Larry. Je dois vous avouer que ce soir là, Laura a marqué des points. Elle était vraiment très attachante.

J'ai oublié de vous raconter. Le lendemain de cette prise de conscience à propos de ma non-obligation de me rendre au boulot le matin suivant, … et bien je vais vous dire un truc. Le simple fait de changer le chip – car aller au travail j'y vais autant qu'avant – et bien je me sens beaucoup mieux. Le boulot ne me pèse plus, les journées me semblent plus courtes, les contacts plus agréables, et même mon ordinateur semble travailler plus vite. Je sais que ce ne sont que des impressions, mais c'est génial. Maintenant je sais *pourquoi* je vais au travail, et que je peux à tout moment ne plus y aller. Je me sens libre. Cette petite parenthèse étant faite, retournons à cette soirée avec Laura.

Elle me parla aussi de la rapidité de toutes ces choses, et que Larry l'avait impressionnée. Elle avait de lui l'image du bosseur assidu, séduit par la réussite et la fortune. Jamais elle n'aurait pu l'imaginer simple garçon dans un restaurant, ou maintenant son propre patron « sans but lucratif ».

Comme quoi on a beau penser que l'on connaît bien une personne, elle peut être tout différente en d'autres circonstances, dans une autre relation.

Se contenter de moins. Pourquoi sommes-nous tous à la recherche de plus, plus de choses, plus grandes, plus belles ? Ces choses nous rendent-elles plus heureux ? Regardez Larry. Il avait *tout* pour être heureux et ne l'était pas. Maintenant il se contente de bien moins, et il est enchanté. Bien entendu le restaurant doit payer des traites et des factures en fin de mois, il n'y a pas de recette miracle, mais il n'est pas à la poursuite d'une rentabilité. Le travail de Larry est son bonheur car non seulement il fait ce qu'il aime, mais en même temps il est cool. Il a du temps pour ses clients, ses amis, et il est toujours généreux avec le pousse offert par la maison. Ses abonnés repartent contents et le ventre plein car Larry offre non seulement une cuisine raffinée, mais aussi la délicate attention et gentillesse que l'on n'a certes pas habitude de rencontrer en de tels endroits.

Il ne pourra plus jamais, à ce rythme, prétende au type de maison qu'il partageait jadis avec Laura, il en est conscient.

- Quel changement en un an, qui l'eut cru ?

- Pas vous Laura, je suppose.

- Oh que non. Mais regardez, cela fait quand même plaisir à voir. J'aurais pu lui en vouloir pour le restant de mes jours, et j'en ferais quoi de ces sentiments négatifs qui m'empêcheraient de dormir ? Comme le fait remarquer Melson, il y a tellement de personnes qui se déchirent quand vient le jour de la séparation. Il m'a trompé, à plusieurs reprises, et il m'a blessé, mais cela fait-il de lui une mauvaise personne ? Regardez-le aujourd'hui, il a le cœur sous la main.

Si Larry n'était pas le mari souhaité ou recommandable pendant son mariage avec Laura, aujourd'hui il est tout autre. Il y a un potentiel en chacun de nous. Si une personne ne peut le révéler, cela ne veut pas forcément dire que personne ne pourra le faire. Souvent, en arriver à ce qui unit aujourd'hui Larry et Kathleen demande des interventions divines. Et une fois la magie rencontrée, faire en sorte qu'elle ne disparaisse pas. Là, il faut être très vigilant. Je demandai à Laura si elle se sentait responsable de ses déboires de couple.

Un problème ne surgit pas du jour au lendemain. Vous savez, quand deux personnes se rencontrent, au tout début, ils sont capables de se raconter un tas de vérités. Pourtant, peu après, cette sincérité spontanée disparaît. Si on conservait à tout moment, et j'insiste sur ce « à tout moment » la sincérité, l'honnêteté et la franchise, on s'éviterait bien des problèmes. Et c'est à ce moment précis de la relation qu'il faut agir. Après c'est trop tard, on rentre dans une spirale de mensonges, petits au départ qui peuvent devenir plus grands avec le temps. On fait semblant d'être heureuse, d'aimer ou de jouir, alors que l'on se rend très bien compte du mensonge que l'on s'inflige, d'abord à soi-même, et puis au couple. On a peur de décevoir l'autre, ou de devoir décrire ses pensées si un élan de lucidité nous prenait. Alors on continue, avec des petites menteries faciles plutôt que d'affronter avec courage nos pensées. Après, même les « je t'aime » sonnent faux. Ils deviennent incohérents. L'incohérence, c'est quand les paroles sont différentes des actes. Je vous en parlais avant quand Larry me disait qu'il m'aimait. Il perdait au fil des jours, des mois et des années, sa crédibilité. A la fin, quand il rentrait à la maison, je ne croyais plus un mot de ce qu'il me racontait, je faisais tout simplement semblant d'écouter. Je ne dis pas qu'il me mentait à chaque seconde, Peter, mais seulement que pour moi plus rien de vrai ne pouvait sortir de sa bouche. Vous voyez, çà c'est le prix à payer quand vous devenez incohérent. Mais il avait quand même un bon Karma, car il n'a jamais été aussi heureux que depuis mon départ ! C'est qu'au fond, il n'est pas si mauvais que cela. Je n'étais pas la bonne personne pour lui, et il n'était pas la bonne personne pour moi.

Ce que Laura visiblement ne sait pas c'est que le parcourt de son ex-mari depuis la séparation le lendemain du jour J n'a pas été aussi parsemé de roses. Il lui a fallu traverser des tempêtes, celles de la déprogrammation, de l'importance du regard des autres, du statut. Il a du avaler sa fierté d'homme, et celle d'homme d'affaires. Un jour, un de ses clients de l'agence immobilière, un homme à la réussite prouvée, est venu dîner au restaurant, là où il travaillait sous les ordres d'Herbert. Bien qu'il ait servi ce client professionnellement et avec toute l'attention qui se doit, Larry se sentit amoindri, miséreux, rapetissé. Il n'en dormit point cette nuit là.

Pourtant, toutes ces impressions ne sont *que* des impressions. Mais je suppose que nous sommes tous de la sorte, sujets au « qu'en dira-t-on ». C'est plus fort que nous, la réussite professionnelle, amoureuse ou financière nous apporte un sentiment de bien-être. Ce n'est qu'une fois coupés complètement de ces structures qui nous entourent que nous redevenons des êtres humains, simples, et dont le bonheur est le but primordial. Luire aux yeux des autres n'est possible qu'au moment où il y a des yeux pour nous regarder.

Ce que je veux dire avec tout ceci c'est que nous apportons bien trop d'importance à ce que l'on pense que pensent les autres en nous voyant, et nous agissons selon ce principe. Il nous est malheureusement important de nous sentir admirés, enviés, jalousés, et nous seront prêts à empiéter sur notre bonheur afin de susciter chez nos voisins ce sentiment d'admiration. Quel dommage et quelle perte de temps !

Larry, par la force des choses, a enfin pris conscience de toutes ces années perdues à pavoiser. Pourtant il lui a quand même fallu l'aide de son état de « victime » pour opérer ces changements de manière honorable, sans quoi, on – la société – l'aurait traité de lunatique. Ce n'est que quand nous prenons le temps de nous pencher sur le résultat que nous comprenons qu'il a réussi à court-circuiter tous nos systèmes de fonctionnement, atteignant d'un seul pas ce que nous tentons d'obtenir au bout d'années d'efforts.

Au terme de notre soirée, Laura et moi nous promîmes de nous revoir sous peu, et cette fois ce n'était pas un engagement courtois, sinon qu'un désir profond que nous éprouvions. Cet appel, je décidai de l'attendre au lieu de le provoquer. Il ne se fit espérer qu'une semaine.

- Peter ? C'est moi Laura.

- Bonsoir.

- Oui, bonsoir. Écoutez, j'ai souvent repensé à notre conversation de l'autre soir, et je vous mentirais si je vous disais que j'ai passé un bon moment en votre compagnie.

J'écoutais, un peu effrayé de ce qu'elle allait me confesser, mais bon. Laura et moi, on se vouvoyait toujours. Parfois c'est comme cela pendant un bon moment, une forme de respect mutuel, de distances à garder. Pour qui, pour quoi ? On n'en sait rien, mais si le vouvoiement n'est pas coupé rapidement, il s'installe comme police « par défaut » entre deux personnes. Elle continua.

- En fait j'ai passé un *très* bon moment en votre compagnie, et je ne vais pas aller par quatre chemins, j'aimerais vous inviter à dîner demain soir, si vous êtes libre.

J'observai un temps mort, un peu volontaire, mais aussi pour reprendre mon souffle. Il est certain que nous les hommes aimons les choses directes, mais nous n'y sommes pas préparés. On est plus habitués aux discours de femmes ponctués par des demi-mots, utilisant tous les détours possibles.

Je lui proposai de l'emmener en campagne, à Sevenoaks, joli petit village au sud de Londres. Je connaissais là une sympathique petite auberge-restaurant où je fis de suite une réservation pour deux.

- Moi qui pensais que ces mini-voitures n'étaient bonnes que pour le centre-ville ! Fit-elle impressionnée par l'aisance à laquelle mon petit bolide de deux places se déplaçait.

- C'est ce que les gens pensent,... je suis déjà allé jusqu'en Écosse avec.

- C'est vrai ?

- Si je vous le dis ! Le seul inconvénient, c'est qu'elles sont un peu « tape-cul », et sur la distance on se fatigue les reins. On ne peut pas tout avoir. Avec 4 litres aux cent, difficile de prétendre au confort d'une *Mercedes*.

- Je pensais que c'était tout petit à l'intérieur, mais c'est quand même spacieux.

Nous arrivâmes à destination vers 19 heures. Après une courte promenade dans le village, découverte pour elle, nous prîmes l'apéritif au bar de l'auberge. C'était une de ces soirées de juin comme il en existe parfois, presque chaude. Du bar nous pouvions voir le coucher de soleil sur les campagnes du Kent, une ambiance presque magique. Quelle chance d'avoir choisi cet endroit ce soir là. Mais parfois, ne s'agit-il pas de karma, ou simplement de choses que nous méritons, allez savoir ! En tous cas, si le ciel laisse tomber une cerise,… moi j'ouvre la bouche !

Mon amie était spécialement radieuse pour l'occasion. Elle me semblait rajeunir à chaque fois que je la voyais. Comme notre sortie était campagnarde, elle s'était vêtue d'un simple Jeans et d'un chemisier blanc, un maquillage discret et ses cheveux lissés, comme quoi il ne faut pas toujours en mettre des tonnes pour attirer. Car si ce soir là Laura s'était préparée pour me plaire, elle avait tapé dans le mille. Je lui fis remarquer.

- Et moi qui étais divisée entre m'habiller pratique ou élégante !

- Voici la preuve que l'on peut faire les deux, cet ensemble vous va à ravir. Vous êtes la plus belle femme de ce restaurant.

- Êtes-vous en train de me draguer Peter ?

- C'était un commentaire tout ce qu'il y a de plus honnête,... mais aimeriez-vous que je vous drague ?

- En voilà une de question ! Là je suis vraiment divisée. Se faire draguer c'est une preuve que l'on plaît, et qui n'aimerait pas cela. D'un autre côté, votre réputation vous précède.

La réputation, c'est une information que tout le monde véhicule sauf la personne concernée. Dans mon cas, je suppose que *la réputation qui me précède* faisait référence à mes nombreuses relations sporadiques, ce qui somme toute est basé sur des éléments bien réels. Les messagers de cette information n'ont malheureusement aucune connaissance des motifs qui engendrent ma condition, et je suppose qu'ils n'y sont même pas intéressés.

- Et à quelle *réputation* faites-vous allusion ? Demandais-je.

- A celle de *coureur*, peut être !

- Je ne vais rien vous cacher Laura, elle est justifiée de part sa forme, mais quant à son fond, elle ne l'est pas. Laissez-moi vous expliquer. J'ai toujours été à la recherche de LA femme de ma vie. Avoir essayé de la rencontrer maintes fois et ne pas y être arrivé engendre ces conclusions.

- Vous voulez essayer de me convaincre que vous êtes l'homme d'une seule femme alors que tous ceux qui vous connaissent affirment le contraire ?

- Je sais que je n'ai pas vraiment d'arguments pour me défendre. Si *ma réputation me précède,* comme vous disiez, alors elle fera de moi une espèce condamnée à des relations sporadiques.

Je comprends bien que Laura soit sur la défensive car elle a été elle-même victime de la tromperie, et elle ne veut en aucun cas recommencer. Cependant, elle a quand même accepté de venir ici à la campagne, avec moi, alors que nous avons dîné ensemble il y a moins d'une semaine. C'est probablement qu'elle a décidé de m'accorder une partie de sa confiance. Ce serait un bon point. Alors si maintenant elle me taquine avec cela, c'est que sans doute elle a besoin de se sentir rassurée, de voir un certain engagement, ou une volonté de rompre avec le moule dans lequel la société m'a abandonné.

- Vous savez Laura, vous avez raison avec cette réputation. Même si elle me colle à la peau malgré moi, je suppose qu'une partie de moi la mérite. Depuis un temps, au contact de Larry, j'ai appris bien des choses de la vie pour lesquelles j'avançais yeux fermés. Je me suis rendu compte il y a peu que si mes relations étaient sporadiques, ce n'est pas seulement dû à ma réputation, mais à la peur que je transmets à ces femmes que je rencontre. Je parlais au présent alors qu'elles voulaient du futur, promesses que je ne pouvais offrir, assurance que je ne pouvais apporter.

- Je comprends. Continuez !

- Depuis un temps j'ai compris que ce n'était pas ce que je cherchais et que cette vie ne me rendait pas heureux, mais il m'a fallu encore des semaines, voire des mois, pour comprendre que je n'étais pas victime d'une société instable, mais bien acteur. J'en suis arrivé à un point aujourd'hui où je veux me compromettre comme jamais auparavant, car je suis maintenant conscient que c'est grâce à deux personne qu'une relation peut avancer.

- C'est bien parlé Peter, mais comment comptez-vous vous y prendre ?

- En donnant, en donnant mon amour, mon attention, en donnant sans compter, sans rien espérer en retour.

- Et si vous ne recevez rien en retour ?

- Alors je me prendrai une gamelle,… mais est-ce si grave docteur ? J'aurai au moins essayé de tout mon cœur.

Ce soir est une soirée spéciale, je me sens des ailes. Je me sens heureux de décrire le fond de ma pensée et me mettre à nu. Je pense que l'on devrait toujours dire la vérité, car cela fait un bien fou. J'ai une patate d'enfer, j'ai envie de parler sans arrêter, de lui avouer ce que je ressens.

- Mais Peter, dites-moi, de quoi avez-vous besoin pour la rencontrer ?

- Qu'elle m'accorde un vote de confiance, le premier. Et je pourrais presque dire que ce serait le premier de ma vie.

- Je suis prête à vous accorder ce vote.

- Mais…. ?

- Mais êtes-vous sûr d'être prêt à rentrer dans ce genre de communication avec une personne ? C'est différent de ce que vous avez connu, vous savez ?

- Je suppose, oui,… mais je veux le tenter.

- Je vous plais à ce point, habillée version campagnarde ?

- Ce n'est pas l'habit qui fait la nonne. Et puis, même si vous avez peine à le croire, vous me plaisez beaucoup dans cette tenue.

- Vous avez raison Peter.

- Sur quoi ?

- J'ai peine à le croire !

- Mais je vous dis la vérité. Vous ne me croyez pas ?

- Je vous taquine !!!

Laura se leva de son tabouret pour se rendre aux toilettes, mais en profita pour m'embrasser furtivement. Quelle soirée ! Comme quoi les plus grandes flammes de bonheur peuvent provenir d'une étincelle inespérée.

Nous rentrâmes tard le soir sur Londres endormi. Les routes étaient dégagées et rien ne venait troubler nos pensées. Nous étions heureux et cela se sentait. L'énergie nous brûlait les doigts, les lèvres. Quelques regards furtifs venaient briser la monotonie de l'asphalte. Elle me prenait la main, ou moi la sienne, je ne sais plus !

Nous nous revîmes la semaine suivante. Le plus marrant, c'est que bien qu'on était très proches l'un de l'autre, on se vouvoyait toujours. Un jour je lui demandai le secret de sa fraîcheur, de laquelle se plaignait Larry.

- Pour conserver des fruits frais longtemps, on doit faire très attention de les traiter avec délicatesse. Je suppose que votre remarque est faite en comparaison avec d'autres personnes de mon âge, non ?

- Juste.

- Et bien bizarrement, quand il s'agit de soi-même, les personnes n'apportent pas la même attention que pour leurs fruits. Moi si, c'est tout ce que je fais. Mais je pourrais ajouter que l'amour non seulement conserve, mais rajeunit.

Laura parlait naturellement, sans détours, et le fond de ses paroles m'atteignait comme jamais personne auparavant n'avait pu le faire. Comment pouvait-elle employer des expressions ou des mots qui dépassaient même ceux employés dans mes rêves les plus prenants ?

En quelques jours, on faisait déjà des projets. On était sûr que l'on voulait être l'un avec l'autre, que c'était comme cela. De mon côté j'avais déjà opéré un nettoyage sur Internet, supprimé mon profil sur des sites de rencontre, sans qu'elle ne me le demande. Elle s'était en même temps défaite rapidement d'un dragueur - baveux qui lui tournait sans cesse autour.

Je voudrais vous parler ici d'une chose qui pour moi est toute nouvelle. Je veux être avec elle, et je sais qu'elle veut être avec moi. Nous n'avons pas de doutes. Nous savons l'un et l'autre que nous trouverons la formule pour vivre ensemble, et que tout s'assemblera. Nous avons aussi remarqué que nous attirons les gens vers nous. Des commentaires fusent, on nous voit un beau couple, souriant, plein d'amour. Tout cela en une seule semaine,… et nous n'avons même pas consommé *la chose* !

Dans ma vie d'avant,… et j'utilise ce terme car il y a changement dans ma vie, je devais *essayer* la personne pour voir s'il y avait compatibilité. Ici, rien de rien. Pas besoin, on sait qu'il y a compatibilité.

Les semaines passèrent dans le meilleur des mondes. Larry était au courant et content de notre relation. Néanmoins nous évitions d'aller manger dans son restaurant. Je suppose que pour certaines choses, nous nous sentions toujours un peu mal à l'aise, comme coupables. Petite précision, notre vouvoiement s'était arrêté vers la deuxième semaine ensemble. C'est étrange à dire mais le premier "tu" sonnait bizarre.

Henry était toujours un peu distant de sa mère, quant à Charlotte, elle est une fille extraordinaire et son comportement ressemble beaucoup à celui de son père.

Au plus j'apprenais à connaître Laura et au plus elle me plaisait, ce qui va à l'encontre de tout ce que j'avais connu jusque là. Je commençai à me demander comment Larry avait pu s'ennuyer avec une personne aussi extraordinaire. Mais je suppose que la partie attractive d'une personne n'est pas universelle. Laura me plaît, a plu en son temps à celui qui devint son mari, mais elle ne plaira pas à tout le monde. De mon côté, je n'ai certes pas à me plaindre, chacun de ses gestes, de ses paroles, de ses décisions me surprennent.

Que c'est beau l'amour.

Que de temps perdu dans des relations éphémères qui ne m'apportaient que des courts moments d'illusion de bonheur. Quand vous rencontrez LA bonne personne, les choses coulent de source avec une fluidité surprenante. Je souhaite à tout le monde de connaître ce genre d'entente, cela vous transporte, cela vous donne une énergie difficilement descriptible.

Au plus le temps passait avec Laura, dans cette humeur rosée qui était devenue notre quotidien, et au plus grandissait en moi une curiosité, celle de savoir pourquoi cela n'avait pas marché avec Larry. Plus de 20 ans de mariage, deux beaux et sympathiques enfants, mais à la fin, tromperies, mensonges, ennui. J'admirais beaucoup Larry, il était pour moi l'inspiration depuis sa relation – et son mariage – avec Kathleen, mais comment en a-t-il pu arriver à tant de destruction avec Laura ? Il est un homme de grande sagesse et bonté intérieure et elle est une femme extraordinaire. Alors qu'a-t-il bien pu se passer entre-eux ?

Petit à petit, à force de gratter mais sans excès, j'obtins réponses à mes questions. Laura et moi trouvâmes le moyen de remonter jusqu'au début, son mariage, et d'analyser à partir de là quels ont été les premiers signes de faiblesse de leur couple. Peut-être cet exercice vous semblera farfelu, mais mis à part ma curiosité, Laura développait un certain intérêt dans l'exercice,... *comprendre le passé me permettra de mieux vivre le futur* me dit-elle un jour.

Larry était garçon les week-ends, et vendeur dans une petite agence immobilière les matins. Laura était encore étudiante en beaux-arts, et travaillait les samedis dans la *National Gallery* comme guide pour se faire un peu d'argent. Avec ses collègues d'un jour, elle allait le midi manger un menu dans cette brasserie de la *Orange Street* où travaillait Larry. Quelques sourires, un numéro de téléphone, puis un pot un vendredi soir, enfin le premier baiser. Un an plus tard ils parlaient mariage, et vingt mois après naissait Charlotte.

Larry avait été élevé à la dure. Son postier de papa ne tolérait aucune désobéissance, un oui était un oui, mais un non était aussi un non ! Pas besoin de demander deux fois sinon c'était la punition qui tombait. Malgré ce type d'enseignement, Larry était plein d'amour pour son papa, et du même coup convaincu que cette manière d'éduquer était la bonne.

Laura, elle, provenait d'une famille aisée. Un papa directeur d'une fabrique d'électroménagers qui était rarement à la maison, et quand il y était, ce n'était certes pas pour s'occuper de son unique fille. Sa maman était une femme adorable mais snob. Elle passait ses journées entre coiffeurs, salons de beauté, magasins et thé avec les amies. C'est Maria-Pilar, la nounou espagnole, qui allait la chercher à l'école et s'occupait de lui faire faire ses devoirs de classe. Quand la maman revenait de son « éreintante » journée, le repas était prêt, la petite ensuite n'avait plus qu'à monter au lit. Charlène était une femme pour qui avoir un enfant n'avait de compliqué que l'achat de vêtements pour la vêtir à la dernière mode. Elle était une maman cool, qui laissait beaucoup de choix à sa progéniture, ne la réprimant pour ainsi dire jamais. Elle était partisane de ces derniers articles publiés dans ses magasines de mode préférés, à savoir qu'il faut très tôt laisser les enfants s'exprimer.

Laura grandit assez autonome, et aussi assez peste quand elle voulait obtenir quelque chose. De toutes manières, rien ne lui était jamais refusé. Au contraire de Larry, chez elle un non était un "oui mais pas maintenant", et sa seule insistance influençait le délai d'attente à la baisse.

Quand Charlotte vint au monde, Larry prit toute suite les choses en main car il avait déjà décelé et reconnu son désaccord sur la manière dont sa femme pourrait élever la petite. Il fit preuve d'autorité aussi bien avec Laura qu'avec Charlotte. Laura n'eut mot dire. Elle tenta de donner tout son amour à sa fille, l'autorisant le maximum quand le papa n'y était pas, mais laissant à Larry l'autorité qu'il désirait. La position d'une maman n'est pas toujours aussi facile que l'on aurait tendance à le supposer.

Charlotte grandissait entre deux pôles opposés, une maman permissive à souhait, et un papa dur comme le fer.

Quand certains rôles sont en place, il est difficile d'en changer. Laura désapprouvait les méthodes de son mari qu'elle trouvait ancestrales et totalement démodées, à l'encontre de l'avis des pédopsychologues qui publiaient dans les magazines. Elle se promit que si elle avait un deuxième enfant elle ne permettrait plus à Larry de s'occuper à sa manière de l'éducation du dernier-né. Pour Charlotte bébé c'était déjà hélas trop tard, elle se sentait incapable de changer la donne, Larry avait pris le dessus et rien ne pouvait être défait.

La naissance de Henry un peu plus tard provoqua l'arrivée d'un tsunami. Laura tint tête à son mari, et pour se faire dut avoir recours à des dizaines de discutions, disputes et soirées enflammées. Comme dans son enfance elle avait lors de désaccords toujours obtenu gain de cause, elle ne faiblit point, et après des nuits et des jours, des semaines et des mois de longues batailles, Larry n'eut d'autre choix que « d'abandonner » son fils à sa femme.

C'est comme cela que Charlotte fut élevée à l'ancienne école, et Henry à la nouvelle.

Au plus je connaissais Laura et ses histoires passées, et au plus je me rendais compte que les enfants étaient souvent le point de départ de querelles matrimoniales. Les enfants grandissaient, Charlotte fille à papa, Henry fils à maman, et le moindre problème de l'un ou l'autre déclenchait des disputes du genre *"tu vois, je te l'avais dit,… !"*.

C'est au dixième anniversaire de Charlotte que Laura compris que Larry avait une liaison avec la voisine. Vous savez, cette intuition féminine qui surprend un regard, un sourire, une parole ou un compliment. Elle en eut le cœur net le même soir après seulement quelques questions inopinées à son mari. Quand une femme soupçonne une histoire d'adultère, elle arrive à concentrer toute son intelligence au service de son enquête.

- C'est une jolie femme, notre voisine !

- Qui ? Répondit maladroitement Larry.

- Notre voisine, Margaret, c'est une jolie femme.

- Je ne sais pas, je ne l'ai pas regardé.

- ...et je pense qu'elle n'est pas indifférente à toi ?

- Qui ?

- Notre voisine, Margaret, la jolie femme !

- Tu crois ?

- Tu n'as pas remarqué qu'elle te regardait, j'avais l'impression qu'elle buvait tes paroles.

- Non, je n'ai rien vu. Mais tu sais moi je ne vois pas ces choses là !

N'empêche que Laura a bien remarqué la caresse dans le dos au moment où Larry la rhabilla pour le retour. Il y a de ces détails qui ne ratent pas. Oh, vous allez me dire, ce n'est pas une caresse dans le dos qui fait l'adultère, et vous aurez raison. Mais six mois plus tard c'est le mari de cette Margaret qui vint trouver Laura en tête-à tête pour lui parler d'un détail qu'il avait remarqué. Ce n'est pas non plus le fruit du hasard si les voisins mirent leur maison en vente et allèrent s'installer ailleurs. Et quant à ce cher voisin qui depuis un temps n'adressait plus la parole à Larry, serait-ce lui qui creva les pneus de la *Rover* un soir d'hiver.

Après Margaret, ce fut le tour de Debbie la fausse blonde, une femme à qui Larry avait vendu un appartement. Après Debbie ce fut Alice aux gros seins, celle qui vendait des arbustes, et puis Kathleen, la dernière en date que nous connaissons tous. Ceci, c'est seulement ce que Laura connaît. Les femmes d'un soir ou d'un week-end de « travail » en Écosse ne rentrent pas ici en ligne de compte.

Aurait-elle voulu dénoncer ces liaisons ? Il y a des gens comme cela. L'acceptait-elle ?

Physiquement elle restait avec Larry et vivait sous le même toit, mais bien qu'elle soit toujours mariée avec lui elle n'avait plus aucun espoir dans le couple. Il lui a fallu l'arrivée de Kathleen l'hystérique pour jeter l'éponge. Ce que Larry ne sait pas, c'est que Kathleen n'était que le prétexte pour partir. Laura, elle, avait déjà pris sa décision il y a quelques années. La seule chose qui la retenait à la maison était ses enfants. Comme quoi le sacrifice d'une maman est souvent et secrètement au-delà de ce que nous les hommes pouvons comprendre.

Voilà pourquoi une femme qui à mon sens a tout pour plaire ne peut être en couple plus longtemps avec un homme aussi bon que le pain comme Larry. Comme je viens de l'expliquer notre homme n'a rien de ce qu'une femme recherche, et pourtant regardez-le agir avec Kathleen, écoutez-le raconter son amour et ce qui le rend heureux.

Bien que j'étais en relations avec Laura, je restais ami avec Larry, et jamais il ne m'a reproché quoi que ce soit ou fait ressentir une quelconque désapprobation. Il accepta de répondre à la même question assez honnêtement.

Quand nous nous sommes mariés, nous avions plein de points en commun, Laura et moi. Mais très tôt, à la naissance de Henry, les choses ont vite tourné au vinaigre. Elle s'est rebellée, a tenté d'étrangler mon autorité de père. Je n'ai pas compris pourquoi à ce moment là, elle était comme folle, tout ce que je disais était mal. Je n'avais le droit de ne rien dire quand il s'agissait de Henry, comme si je n'étais pas son père.

Je demandai à Larry pourquoi cette réduction d'autorité imposée par Laura n'avait-elle pas concerné Charlotte.

Je n'en sais rien. Je suppose que Henry est le fils à sa maman, qu'elle rêvait d'avoir un fils plus qu'une fille. A la naissance de Charlotte tout allait bien, mais avec Henry cela a été le déluge, on se disputait tous les jours. A la fin j'ai jeté l'éponge, elle s'occupait de son fils, et moi de ma fille. C'est comme cela que l'on a des enfants typiquement différent, et aussi que Charlotte est proche de moi, et Henry de sa mère. Ce n'est qu'au moment où j'ai accepté la défaite que les choses se sont arrangées entre nous, mais il a fallu des mois. Arrangé est un grand mot, pour moi il y avait quelque chose de cassé. Je me suis rendu compte que Laura était un enfant pourri qui avait toujours obtenu ce qu'il désirait. Moi je ne voulais pas de cette éducation pour mes enfants, et je me suis battu pour les protéger,... mais dans une famille il y a deux parents, deux points de vue qui dans notre cas étaient totalement différents.

Au moment de « l'armistice », j'ai décidé de rester avec elle pour les enfants, et surtout pour Charlotte qui avait aussi besoin d'une maman, mais je savais très bien que je ne pourrais plus jamais voir en Laura celle que j'avais aimé un jour. Tu sais Peter, quand tu parles avec une femme qui n'a pour but que dire le contraire de toutes tes affirmations, que tu n'y vois aucune logique, tout aussi ouvert que tu puisses être pour essayer de comprendre, mais que tu n'arrives à rien,... alors un jour tu jettes l'éponge. Je ne dis pas cela pour te faire peur, je suppose que cette Laura là n'existe plus aujourd'hui.

- C'est pour cela que tu avais des aventures ?

- C'est quand même pas elle qui t'envoie me poser ces questions ?

- Non, Larry, c'est simplement que tu m'as donné le goût d'essayer de comprendre les choses, je serai discret comme une tombe.

Pour répondre à ta questions sur les aventures, je te dirai que ce serait trop facile d'invoquer l'épisode de Henry pour me justifier, mais qu'il en est l'origine. Quand nous avons passé ces mois de querelles acharnées qui n'ont trouvé de quiétude que quand je me suis rendu, mon amour pour Laura s'était dilué tellement que je ne la désirais même plus physiquement. Je ne sais pas si elle m'aimait toujours, mais pour moi c'était fini. Je restais là seulement pour Charlotte. Quand on vit avec une femme que l'on n'aime plus, on cherche chez une autre ce qui nous manque à la maison. C'est malheureusement aussi simple que cela.

Si c'était à refaire, tu agirais pareil ?

Ce que j'ai vécu avec Laura à ce moment là, cette désillusion, je ne la souhaite à personne. J'ai été pris dans un engrenage. Je suppose que oui, je referais pareil car je n'avais pas d'autre choix. Je défendrais l'éducation de mes enfants comme je l'ai fait, et je resterais pour eux. Après ce que j'ai vécu je ne pourrais plus aimer Laura,... alors quelles seraient mes options Peter ?... m'annuler aussi en tant qu'homme ? Déjà que j'ai du m'annuler partiellement en tant que père et en tant que mari, dis-moi toi ce que tu en penses !

Je n'ai pas de réponse, c'est vrai que vu comme ceci, c'est une galère.

Il s'agissait aussi de ma vie Peter, je ne peux pas la mettre complètement entre parenthèses pendant vingt ans pour élever mes enfants. J'ai aussi droit moi au bonheur, ne crois-tu pas ?

Oui, je suis d'accord avec toi, mais ce bonheur tu l'as vraiment trouvé pendant tout ce temps ?

Bien franchement ? Non. Si on doit se cacher un soir ou une semaine cela peut être marrant, voire même excitant, mais si c'est pendant vingt ans, on en a marre. Je l'ai trompée, à chaque fois que c'était possible,... mais le bonheur que je cherchais chez les autres pour compenser mon déficit n'était pas au rendez-vous. Moi j'ai toujours cherché une vie simple Peter, je pensais l'avoir trouvée,... et soudain c'est l'heureuse arrivée d'un enfant qui fait tout chavirer. Quand mes parents recevaient des amis, moi je n'étais qu'un gosse à peine adolescent mais j'écoutais leurs conversations et j'entendais ces gens se plaindre de leurs différents à propos des schtroumfs. Je pensais que pour moi, je ferais très attention pour ne pas rentrer droit dans le mur, dans ces schémas que j'avais entendu encore et encore. Ce que je n'ai pas compris à l'époque, c'est que le simple fait que j'aie été élevé dans le respect des bonnes manières, face à Laura qui était une gosse pourrie, cela nous donnerait très vite des problèmes. Quand on rencontre une fille – une femme – on ne regarde pas ce genre de détail, on ne voit que l'amour que l'on vit, non ? Regarde, tu es avec Laura depuis peu, ce qui compte c'est ce que vous vivez maintenant. Qu'elle ait eu une enfance différente de la tienne n'est pas un problème. Pourtant, si vous comptiez faire des enfants, je te conseillerais de t'attarder un peu sur le sujet. Tu comprends ?

Oui, je comprends bien ce que tu veux me dire Larry,… en théorie je comprends, mais en pratique tu fais comment ? Suppose que Kathleen veut des enfants et que votre enfance est elle aussi différente, tu la laisserais tomber ?

Tu es chien avec tes questions, mais je vais y répondre. Tout d'abord pour être clair, Kathleen voudrait avoir des enfants, ce qui fait que ta question devient pertinente et qu'elle mérite d'être répondue. En premier, je me suis renseigné sur elle au début, avant *de me marier, et elle a les même principes que moi pour l'éducation de ses enfants. Elle provient d'une famille modeste où les bonnes manières étaient inculquées. Si ce n'était pas le cas, je refuserais catégoriquement d'avoir des enfants avec elle. Je ne regrette pas d'avoir eu mes enfants Peter, et tu sais à quel point j'aime Charlotte, mais l'arrivée de Henry a bousillé tous mes rêves pendant vingt ans. Et je ne lui en veux pas, le pauvre, il n'a rien fait. Pourtant, inconsciemment je lui fais payer, je ne l'aime pas comme je le devrais,... pas comme Charlotte, et tu le sais. Maintenant au sujet de Laura, je suppose qu'elle aussi avait ses rêves, et je n'ai pas pu lui offrir. Je regrette simplement que l'on ait eu cette grosse discordance au début, le reste, c'est arrivé par hasard, j'essayais de m'en sortir comme je pouvais. Si un jour je pouvais parler de cela ouvertement avec elle, je lui dirais que je suis désolé que notre histoire n'ait pas marché, mais à refaire j'agirais pareil. En fait ma grande erreur a été de ne jamais évoquer avec elle pendant nos fiançailles comment élever des enfants. Mais quand on est jeune, on ne parle pas de ces choses là. C'est dur la vie Peter ! Je suis content d'avoir l'âge que j'ai et l'expérience que j'ai. Aujourd'hui je ne répéterais pas les erreurs d'hier, c'est sûr. Mais quand on a vingt ans, que savons-nous de la vie !*

Depuis que je connais Larry, il a toujours été un gars très agréable à mes yeux, avec de belles histoires à raconter. Aujourd'hui il est devenu tellement honnête et ouvert dans ses explications que cela me fait presque peur de parler avec lui. Je sais que je ne lui arrive qu'à la cheville, et secrètement je le jalouse. Comme j'aimerais pouvoir parler comme lui, aussi explicitement, aussi sagement, aussi posément.

Larry me fit part d'autres observations dont il est seulement capable de comprendre aujourd'hui. En s'effaçant en tant que père et mari il n'était plus lui-même et souffrait intérieurement. Il me dit « *L'être humain est capable de supporter les pires souffrances pour autant qu'elles lui sont justifiées. L'acceptation de ces souffrances annule l'urgence de changement* ». En fait, sa justification était le bien-être de ses enfants en premier, et pour cela il était prêt à endurer. Une fois ses enfants grandis et presque indépendants vint « l'urgence de changement ». Bien que cette observation est le fruit ses « études », Laura inconsciemment avait aussi agi de la sorte.

Cette petite histoire nous explique également que pour la même aventure racontée le plus correctement par ses deux acteurs, les visions et conclusions diffèrent, au même titre que la vision de chacun au moment des faits. Si nous voulons comprendre vraiment ce qui s'est passé ou ce qui se passe nous avons besoin de la représentation de toutes les parties.

Notre couple Larry - Laura, partageait une priorité, le bonheur de leurs enfants. C'est dommage qu'ils ne se soient pas rendus compte de leurs différences avant, mais d'un autre côté quand deux êtres ont une conception aussi distincte, il ne peut résulter que l'effacement d'un des acteurs.

Peter Stenot

13

Cela fait dix-huit mois tout juste depuis ce fameux jour noir de novembre, et nous sommes tous invités par Larry à une soirée privée dans son restaurant. Laura et moi répondons présents, ainsi que Charlotte et Henry, Melson Dantes et d'autres que je ne connais point. Kathleen était très jolie ce soir là, épanouie et très proche de ses invités. Laura et moi vivions un bonheur intense, sans trop penser au lendemain. L'important pour nous était de se voir le plus souvent possible. Elle avait décidé d'investir avec une amie dans une petite boutique de compléments vestimentaires, elle y passait quelques heures par semaine et se sentait ainsi plus « utile ». En tous cas je notai une grande différence entre la Laura qui un peu à l'image de sa maman passait de coiffeurs en boutiques, et celle d'aujourd'hui qui me racontait sa journée, ses clients, ses ventes.

J'avais accepté une réduction de mes horaires et honoraires à la mairie suite à une volonté de réduction des coûts. Je travaillais à quatre cinquième, ce qui me laissait plus de temps libre. Alors avec Laura nous allions parfois acheter pour la boutique ou je faisais quelques livraisons. Je voulais l'aider dans son commerce et j'y prenais moi aussi plaisir. Elle se sentait épaulée, aimée, et s'épanouissait dans ce nouveau passe-temps. Elle savait très bien qu'elle ne ferait pas cela toute sa vie, l'idée c'est son amie qui l'avait eu, mais les finances venaient de Laura. Quand toute l'entreprise serait rodée, Lisbeth rachèterait l'autre part pour poursuivre seule, c'est en tous cas ce qu'elles avaient décidé au moment de se lancer. Ce que je peux vous dire, c'est qu'il n'y a rien de mieux que de monter un commerce sans en avoir besoin pour vivre. Il n'y a pas de stress et les choses coulent de source dans une ambiance bon-enfant, le but n'étant pas de faire de l'argent sinon que de passer de bons moments. Il est clair que Lisbeth le voyait d'un autre œil et parfois on la sentait anxieuse en comptant la caisse de la semaine.

On n'a que le stress que l'on se crée !

Ce n'est pas cette tension qui fera entrer plus de clients ou augmenter les bénéfices, que du contraire. Mais comment expliquer cette belle philosophie à une personne qui a besoin de cet argent pour vivre ? Comment enseigner un point de vue zen à une femme qui ne pense qu'au futur, à investir aujourd'hui pour être heureuse plus tard ? Avec Laura, nous étions sauvés, Larry nous avait montré le bon chemin, et bien que l'attitude de Lisbeth dans le magasin puisse être contagieuse, nous étions immunisés. Que du bonheur.

Malgré la demande de son père pour garder la fête la plus privée possible, Henry avait insisté pour venir avec un ami. Personne ne comprenait cette insistance, mais comme Henry avait pour habitude de n'en faire qu'à sa tête, il obtenait toujours ce qu'il voulait. Il était là avec son ami, seuls à une table, avec une bougie au milieu, comme s'ils étaient un couple ! Charlotte vint à notre table, c'était toujours un plaisir que sa compagnie. Elle était déjà à sa dernière année de droit à l'unif. Tout allait bien pour elle, bonnes notes et appréciée de ses profs. Cette année, elle devait faire un stage de trois mois en entreprise. Je luis suggérai d'en parler à son papa pour travailler avec Melson, pourquoi pas.

Larry ne fit pas de *speach* au sujet de cet anniversaire étrange, et je le comprends. Comment pourrait-il dire devant tout le monde que ce jour là fut un des meilleurs de sa vie, Laura faisant partie de l'audience, et que ce fameux jour fut aussi marqué par son départ. Une rumeur circula vite fait, ce qui pour moi était plus la raison de cette invitation, car qui aurait idée de célébrer les dix-huit mois de quelque chose ? Larry voulait que nous sachions tous que Kathleen et lui avaient décidé d'avoir un enfant et qu'il était déjà en route. Quand l'information arriva à notre table, il n'y eu point d'explosion de joie. Bien que je sois heureux de l'événement, je sentais que pour Laura il restait encore une certaine trace de la vie passée. Comme je le disais avant, nous les hommes tournons vite une page, mais une femme doit passer par une période de deuil.

Charlotte en parla sans que je ne puisse déceler ni joie ni peine. Elle pesait le pour et le contre pour elle, mais sans faire aucun commentaire sur l'âge de son père ou quoi que ce soit d'autre. Après un moment Laura s'excusa de sa réaction, et je suppose qu'une fois la surprise reposée elle m'avoua que finalement c'est le problème de Larry, et que s'il a décidé de la sorte il est assez grand pour savoir ce que cela implique.

A part ce léger froid la soirée se passait dans une ambiance très agréable, bonne bouffe, bonne musique, bonne humeur, rires. Cinq mois que le restaurant était ouvert, Larry enfin porta un toast, boisson aidant.

Je voudrais vous remercier tous d'être là. Tout d'abord mon fils Henry et ma fille Charlotte dont je suis très fier, mon ex-femme Laura qui me fait l'honneur de son amitié malgré ce que nous avons vécu, mes amis de longue date à cette table, et un ami spécial, Peter. Je ne voudrais pas oublier bien entendu Kathleen qui m'accompagne dans ce chemin de vie tout nouveau pour moi, et qui porte en son ventre le fruit de notre amour. Cinq mois que nous sommes ici à servir à manger et cela nous va à ravir. Un autre "scoop" c'est que Kathleen vient de remettre son préavis à La Regent Estates et qu'elle sera libérée de ses obligations le 31 juin prochain. Grâce à vous tous, ma vie est enfin celle que je cherchais depuis longtemps. Cette petite fête c'est pour vous remercier tous d'avoir directement ou indirectement contribué à ce que je suis aujourd'hui, un homme comblé. A votre bonne santé à tous, et amusez-vous bien.

C'est étrange comme Henry est distant, je ne le reconnais plus, m'avoua-t-elle.

Henry était un jeune garçon au regard doux, sympathique au premier abord. Il avait une étrange manière de me regarder, mais je supposai que le fait de sortir avec sa mère ne devait pas lui sembler agréable. C'est vrai qu'il était un peu aigri et que la relation avec sa maman n'était pas des plus facile. Il était toujours bien habillé, très soigné, et souvent accompagné d'amis de la fac dans ses apparitions.

Il parlait rarement de ses études d'ingénieur commercial, mais bien de soirées sympa ou même de mode. Il était toujours bien coiffé, façon magasines, et bien habillé jusque dans les moindres détails. Henry était mince et élancé, vêtait des pantalons cintrés. Autour du cou, il portait la fine chaîne en or de son papa.

A mon avis, et ce n'est que mon avis, il manquait souvent de respect envers sa maman, mais elle l'acceptait. Elle me dit un jour, alors que Henry avait été particulièrement incisif avec elle, qu'il était un garçon qu'il ne fallait pas contrarier. Depuis tout jeune il avait un caractère fort et portait haut ses idées, même les plus saugrenues. Il me vint à penser que ces comportements devaient être en étroite relation avec son éducation à la « laisser s'exprimer » !

Durant la soirée je pus m'isoler avec Larry.

> - Dis donc mon vieux, la dernière fois que je te vois, tu me dis que Kathleen aimerait avoir un enfant, et le lendemain elle est enceinte ?
>
> - Pourquoi pas ?

- Oui, pourquoi pas. Mais toi, tu n'es plus tout jeune.

- Tu sais, pour nous les hommes la limite d'âge n'est conditionnée que par notre désir de les avoir. La graine, que l'on ait vingt ans ou soixante est toujours de la même qualité.

- Et cela ne te fait pas peur de recommencer tout à zéro ?

- Tout ? Tu veux dire avoir un enfant je suppose ? Et bien je serai honnête en t'avouant que je suis au moins à 90% confiant. Mais je pense aussi que s'il fallait attendre complètement sûr, notre espèce serait en danger d'extinction, ne crois-tu pas ? Et toi, tu comptes en avoir avec Laura ?

- En voilà une question ! Tu sais moi je ne suis pas trop pour,… et puis Laura n'est pas quinze ans plus jeune que moi. De toutes manières ce n'est pas une idée qui nous a effleuré l'esprit. Et Kathleen, est-elle toujours aussi heureuse ?

- Comment voudrais-tu qu'elle ne le soit pas, Peter ?

- Ben oui, je comprends. Mais après un enfant, que vas-tu trouver comme subterfuge pour son bonheur ?

- Ne sois pas si dur avec moi, ou avec elle, tu veux ! On est bien comme çà, et ces choses là, je les veux moi aussi.

Laura décida d'inviter ses enfants pour son anniversaire, rien que nous quatre. Malheureusement Charlotte avait déjà un autre compromis avec son papa. Henry ne voulut pas se prononcer avant d'avoir une discussion avec sa mère, rendez-vous pris pour le samedi suivant.

Ce jour là je décidai de ne pas être présent. La chose semblait sérieuse et je ne voulais rien influencer. Laura était nerveuse car elle sentait venir les reproches à mon sujet. Il est vrai que Henry a toujours reçu le support total et inconditionnel de sa maman, il était le roi de la maison,…tout au moins jusqu'à mon arrivée !

Au moment de sa séparation, Laura avait loué un petit appartement près de la Tamise, et aménagé toutes les affaires de Henry. Quant à lui, il avait déjà son petit studio d'étudiant non loin de l'université et ne venait jamais passer la nuit chez sa maman. Tout au plus il passait la saluer et lui demander de l'argent. Il était déjà très indépendant. Je souligné ce détail à Laura pour lui affirmer que Henry n'a pas trop le droit à me jalouser puisque de toutes manières il venait à peine la voir. Mon commentaire ne suffit point.

Cette journée passa, et je ne reçu de nouvelles de Laura qu'une fois la nuit tombée. Elle ne voulut rien me dire par téléphone, mais insista pour que j'aille passer la nuit chez elle, elle avait besoin de l'ami et confident. Dans la relation entre deux personnes, il y a à mon sens cinq alternatives possibles ; Amis, Confidents, Complices, Amants, et Couple. Chacun de ces quatre premiers rapports peut être vécu séparément. Par exemple on peut être ami et confident avec une personne sans rien de plus. On peut être seulement amant avec une autre, ou encore amis, confidents et complices sans être amants. Pour former une relation de couple, il est indispensable de rassembler les quatre autres formes de relation. Si ceci n'est pas atteint, je lui donne très peu de chances. Bon, Laura et moi rassemblions toutes ces qualités, mais ce n'est pas pour cela que toutes ces connexions étaient vécues tous les jours.

Nous parlâmes presque toute la nuit, principalement de Henry, mais aussi de la vie en général, du monde dans lequel on vit, et des changements du 21e siècle. Henry abandonnait ses études, il n'en voulait plus. Il réclamait l'indépendance totale sous peu. Il voulait travailler avec un ami dans la restauration. Mais ce qu'il voulait annoncer ou discuter avec sa mère ce jour là n'avait absolument rien à voir avec mon apparition. Henry n'en n'avait que faire de la vie privée de sa maman, et il lui fit savoir clairement. Henry voulait cuisiner, point final. Enfin, presque final, il n'y avait pas que cela. Sa présence à l'anniversaire était conditionnée et Laura résistait à m'en parler. Je lui soulignai ma condition de confident, en même temps que celle d'ami.

> - Il me met dans une position difficile à accepter, trop difficile pour une maman.

> - Je ne comprends pas Laura, tu dois m'en dire plus.

> - Il veut venir à l'anniversaire mais à la condition de venir avec un ami.

> - C'est juste cela ton problème ? Cela ne me dérange pas qu'il vienne avec un ami.

- C'est que c'est mon anniversaire Peter, c'est pas pareil.

- Oui, j'ai bien compris la différence, et je ne vois pas trop ce que l'ami va faire ici à part s'ennuyer, mais si c'est ce qu'il veut !

- Tu ne comprends pas Peter.

Je marquai une pause. Il est vrai que je ne comprenais pas grand-chose à ce renvois d'objections.

- C'est qu'il veut venir avec son ami Peter.

- Oui, avec son ami, et alors ?

- C'est qu'il veut me le présenter !

- C'est normal, à moins que tu ne veuilles passer la soirée sans savoir son nom, faudra bien qu'il te le présente, non ?

- Tu le fais exprès Peter, ou tu es dur du chou ?

- Laura, je suis un peu fatigué de cette soirée, pas de notre conversation mais il est quatre heure du matin. A cette heure aussi tardive, je me passe volontiers des devinettes, s'il y a quelque chose d'aussi évident et que manifestement je ne capte pas, dis-le moi et on gagnera du temps.

Laura marqua une pause à son tour, puis ajouta;

- Henry est gay, c'est avec *son* ami qu'il veut venir, pour me le présenter.

- Ah, merde !

- Comme tu dis.

- Ceci explique tout !

- Tout quoi ?

- Tout ce que j'ai vu jusque là, sa manière de s'habiller, de se coiffer, sa distance. Mais jamais je n'aurais pu imaginer cela.

- Et moi donc !

- Et pour l'anniversaire tu décides quoi alors ?

- C'est pour cela que je voulais t'en parler, tu ferais quoi à ma place, Peter ?

Je n'étais pas à sa place, je ne suis pas sa mère !

Nous reparlâmes du sujet pendant quelques jours. Il est clair que Henry, malgré sa décision, n'est pas moins son fils qu'avant. De toutes manières il faudra bien s'y faire tôt ou tard. Ne pas l'accepter n'est pas une option, notre problème est plutôt de timing.

Accepter son fils tel qu'il est c'est renouer avec lui. Ne pas l'accepter, c'est le perdre. Alors je me mis à blaguer avec Laura sur l'homosexualité de son fils, petit à petit. Pas pour me moquer de lui, tout le contraire, mais pour nous habituer à ce changement de cap. "*Au moins il ne te demandera pas de garder les enfants ! A ton avis qui fera la cuisine ? Ils n'aura pas le problème des règles, de semaine pré, ou celle d'après ! Et puis si ils veulent monter une cuisine équipée ils ne m'appelleront pas !*" Au plus on riait de ces blagues et au plus on se préparait au choc de l'anniversaire.

Au matin du fameux jour, nous nous répétions sans cesse les pièges à éviter, les conversations à esquiver. L'odeur de quelques gambas fraîches prêtes à être grillées avec un peu d'ail et d'huile d'olive baignait le salon. La bouteille de mousseux au frais, les flûtes sans traces de doigts, la nappe immaculée, les bougies allumées,... une vraie ambiance d'anniversaire, quoi ! Laura avait mis les petits plats dans les grands, astiquait tout ce qui pour moi brillait déjà, chaque détail en place. Je ne la connaissais pas sous cet aspect, perfectionniste, mais je rentrai dans son jeu, apportant moi aussi une touche, ce qui lui procurait un immense plaisir. Elle me le rendais par des regards, des sourires, des bisous, des paroles tendres, et ma journée se remplissait de bonheur.

C'était sans compter sur l'arrivée de Henry.

Pourquoi avons-nous toujours besoin d'essayer de nous imaginer le futur ? Nous désirions tous deux que cet ami lui ressemble en tous points, soit agréable, intéressant, et instruit. J'ouvris la porte et fus le premier à subir le choc. Choc de générations, de mœurs, ou simplement désillusion, je vais vous expliquer.

Gaël était tout l'opposé de Henry. Il semblait sortir d'une mode punk décalée, à peine douché, accompagné d'une odeur semblable au Patchouli. Il avait les cheveux longs et d'apparence grasse, quelques piercings sur le visage, et je suppose sur d'autres parties du corps. Ses habits faisaient appel à plusieurs modes, entre Heavy, Grunch, Punk et Goth. Il avait les yeux marqués noir, était-ce du maquillage ou un signe de consommation de poudre ? Après les brèves présentations devant la porte d'entrée, je criai à Laura occupée devant les fourneaux; *Ils sont là !* Elle posa ses outils pour nous rejoindre et embrasser son fils. Elle approchait face à moi dans le couloir alors que les jeunes me suivaient, je lui fis des signes du regard dans un ultime effort pour la préparer,…et pouf ! Voilà la surprise de la journée.

- Maman, je te présente mon ami, Gaël.

Laura, marqua une pause d'une seconde qui dans ces cas là paraît une éternité. A sa rencontre avec l'homme du troisième type, elle échangea vite son sourire de femme comblée pour un autre plus… « commercial » dirons-nous !

- Heureuse de faire votre connaissance, et bienvenue. Heuuu… je vais nous servir une coupe.

Nous en avions bien besoin elle et moi. Une fois à table, l'inévitable questionnaire débuta.

- Et… que faites-vous dans la vie Gaël ?

- Avec des potes on va monter un groupe rock.

- Ah, vous jouez d'un instrument ? Vous êtes artiste alors.

- Non, moi je ne joue pas, mais je suis toujours avec eux. On a eu l'idée tous ensembles.

- Vous allez faire quoi alors dans le groupe si vous ne jouez pas d'un instrument ?

- Je vais les suivre, leur apporter à boire, conduire la camionnette, leur préparer leurs joints, des trucs comme çà. Le principal c'est de prendre son pied ?

- Oui, je suppose, répondis-je avant d'ajouter; Je me souviens que quand j'étais jeune je suivais un groupe d'amis qui jouait et on s'amusait bien. Le seul problème c'est que cela ne rapportait pas d'argent, on était toujours fauchés.

Voilà de quoi j'étais capable, de tentative de messages subliminaux. On se rend compte que Henry sort avec un paumé de la vie, alors que l'on ne connaît son homosexualité que depuis deux semaines. Mais que pouvait-il donc lui trouver ? Je suppose que c'est pour marquer un point fort dans sa « rébellion », celle de changer de bord. J'ose espérer qu'il ne lui faille que peu de temps pour se rendre compte qu'il n'est nul besoin de contrarier sa maman pour qu'on l'accepte tel qu'il est.

La journée se passa sans encombres une fois avalée la stupeur provoquée par l'arrivée du « beau-fils » ! Heureusement que la cuisine et les vins compensaient largement la compagnie. Laura était une maîtresse aux fourneaux, une vraie petite chef à elle toute seule. Elle cuisinait avec amour, tendresse, dressait les assiettes comme dans les programmes télé ou les meilleurs restaurants. Les jeunes s'effacèrent vers vingt heures.

> - Henry est un gars intelligent, il retombera vite sur ses pattes, tu sais Laura. Tu ne dois pas t'en faire.

> - Tu crois ?

> - J'en suis persuadé.

> - Mais si il devenait comme will, qu'il se mette à fumer des joints à longueur de journée en se laissant aller ?

> - As-tu la possibilité de l'en empêcher ?

> - Je suppose que s'il agit par rébellion, non.

- Alors croisons les doigts pour qu'il se rende vite compte de son erreur. Mais se mettre en travers ou critiquer ne ferait qu'empirer la situation.

- Être une maman et voir cela, çà fait mal Peter.

- J'imagine. Allez, viens, on va dormir. Et bon anniversaire quand même.

Heureusement que Charlotte de son côté filait droit, droit vers la fin de ses études et une belle promesse professionnelle. Fin mai cela faisait trois semaines qu'elle faisait son stage chez Dantes et Escribano, et tout se passait tellement bien que Melson lui avait déjà fait une proposition d'embauche pour après juin, à la fin de ses études. Il est vrai aussi que Charlotte possédait l'honnêteté de son papa et lui ressemblait beaucoup.

Pour parler de ce procès, la *Regent Estates* avait revu sa demande à la baisse suite à un commentaire du juge lors d'une tentative de conciliation. Ils demandaient maintenant cinq-cent milles livres en lieu et place des stupides premiers cinq millions.

Larry et Melson ne parlaient jamais de l'affaire en dehors du bureau, c'est Larry qui avait établi ces règles.

- Un agent immobilier comme vous doit-il toujours faire des copies des dossiers ?

- En fait le dossier original ne doit jamais sortir du bureau car il appartient à l'entreprise.

- Mais vous l'aviez pris dans votre mallette, si je me souviens bien ?

- Oui, je voulais le réviser.

- Normalement, comment faudrait-il faire ? En faire un copie et réviser la copie, je suppose ?

- Oui, mais on ne faisait jamais de copies à la *Regent*, par soucis d'économies.

- Vous pouvez le prouver ?

- A travers de Kathleen, oui, mais je ne veux pas l'utiliser, même si je dois perdre mon procès.

- Je comprends Larry, mais vous devez me donner quelque chose. Si vous faites une erreur dans votre travail, avez vous des assurances responsabilités professionnelles comme les hommes de métier ou les médecins ?

- Oui, on en a.

- Alors n'ayez crainte Larry, l'assurance payera. Car si la *Regent* arrive à prouver une faute professionnelle grave devant un tribunal, l'assurance ne pourra se débiner, elle devra obligatoirement payer. Donc que vous gagniez ou perdiez, vous serez épargné.

- Il y a un seul petit soucis, Melson.

- Quoi donc ?

- Je n'avais pas d'assurance !

- Quoi ? Pas d'assurance ? Êtes-vous inconscient ?

Melson marqua un temps de réflexion d'environ deux minutes, puis enchaîna.

- Le restaurant, est-il à vous ?

- Non, c'est Kathleen la propriétaire.

- Juste Kathleen, ou vous avez des parts ?

- Juste Kathleen.

- Votre maison ?

- C'est un appartement en location.

- Possédez-vous des titres saisissables ou un compte en banque bien fourni ?

- Non.

- Des biens que je ne vous ait pas demandé ?

- Non, rien de rien. Mais pourquoi toutes ces questions personnelles ?

- Parce que sur le plan professionnel ce n'est pas un cas facile à défendre.

Melson prit un autre temps mort, un de ces silences qui pèsent. Larry attendait inquiet le verdict du maître. Après trois longues minutes, Melson lui fit un sourire et ajouta;

- Ne vous en faites pas Larry, je m'occupe de cette affaire, vous n'avez plus rien à craindre.

- Je peux savoir ?

- Ne vous en faites pas, c'est tout ce qu'il vous faut savoir. Je vous informerai de l'avancement quand il y a lieu. Passez une bonne journée.

Larry se leva, lui serra la pince, et s'en alla perplexe. Dans l'amitié qu'ils avaient développée, Larry avait appris à avoir confiance. Il le laissa professer sans plus jamais lui poser de questions.

Mais nous étions en train de parler de Charlotte. Sur le plan personnel elle a bien un petit-ami de temps en temps, mais rien de sérieux. Elle ne veut pas se lancer dans une aventure à long terme sans avoir d'avenir professionnel assuré. Je suppose que des années d'oreilles rabattues dans ce sens font que, même si la donne a aujourd'hui changé, elle continue dans son idée. Elle ne veut pas dépendre financièrement d'un homme, et compte bien ne pas déroger à cette règle, même si une personne charmante frappe à sa porte.

Comme nous l'avions discuté, Laura n'essaya en rien d'influencer les choix de son fils, priant en secret un changement de cap. Non pas qu'elle désirait qu'il redevienne hétérosexuel, car ce choix là elle le respectait. Ce dont elle rêvait, c'est que Henry réalise que ce Gaël ne pouvait pas représenter une bonne influence. Il est clair qu'il est toujours préférable de s'adapter à une situation plutôt que de préférer la changer. L'homosexualité est aussi visible aujourd'hui que la sexualité il y a un siècle. Pour des parents, cette nouvelle n'est pas des mieux venues et provoque toujours un choc. Pour pouvoir aider Laura dans ce passage compliqué, je décidai de rendre visite à Larry.

- Tu en penses quoi, toi Larry, de l'histoire de ton fils ?

- Il est venu ici aussi avec son Gaël, que veux-tu que j'en pense ? Quand on élève des enfants on espère toujours le meilleur pour eux.

- Comme quoi ce ne sont pas toujours nos attitudes qui transforment les enfants en homosexuels, il y en a qui probablement naissent ainsi.

- Tu dois avoir raison, j'ai vu un programme là-dessus. Laura ne va pas trop bien depuis cette histoire.

- Alors j'ai un scoop pour elle, j'ai appris hier par Charlotte que Henry ne s'entendait plus trop bien avec son Punk.

Je m'empressai de faire part de la nouvelle à ma compagne. Cette nuit là elle dormit comme un bébé. Elle et moi vivions un grand amour sans doutes, sans questions, sans points sombres, sans craintes. Les seuls moments de tension c'est quand il y avait implication de Henry. Je suppose qu'ils étaient maintenant en passe de se résoudre, en tous cas je le désirais du fond du cœur. Comme quoi il est vrai que le malheur des uns fait le bonheur des autres.

Le petit commerce de compléments marchait bien et la période après l'été s'est très bien passée. Il y a parfois des secteurs en crise pendant que d'autres se portent bien. Il suffit juste de se donner sur la bonne chose au bon moment car quelle que soit la crise, les gens achètent toujours.

14

Au plus les mois passaient à la mairie et au plus naissait en moi un ras-le-bol. Ce n'était pas le boulot en lui-même, car être fonctionnaire, que ce soit dans n'importe quel pays, n'est pas vraiment fatiguant ! J'enchaînais quelques minutes d'ordinateur, avec un rendez-vous court, une tasse de café, un conversation inintéressante avec mes collègues sur le programme télé, quelques minutes d'ordinateur, etc… Et ce, quatre jours par semaines pour un salaire somme toute plus que raisonnable. Qui se plaindrait ? Et bien moi. Je réalise que l'une des plus grandes satisfactions du fonctionnaire, au contraire de l'entrepreneur, c'est d'en faire moins pour le même prix. Comme la paye de l'employé administratif ne peut être augmentée (mis à part l'indexation annuelle), au moins on en fait et au plus on a l'impression de gagner plus. Je ne sais pas si je me fais bien comprendre, c'est un peu comme si notre salaire était proportionnel à la sueur de notre front et non pas aux heures prestées. Et au moins on travaille au plus on gagne. Quant à l'entrepreneur duquel je parlais juste avant, lui doit travailler plus pour gagner plus. La grande différence donc entre ces deux types, c'est que pour l'entrepreneur le travail est récompensé, tandis que pour le fonctionnaire, c'est l'oisiveté.

Bref, je m'ennuyais dans mon boulot et n'arrivais pas à partager ce malaise avec ma compagne. J'en avais peur. Il existe chez toute femme une recherche de stabilité et de sécurité qui la prédispose à un emploi administratif. Laura était devenue indépendante avec sa boutique d'accessoires, et moi je représentais la stabilité en personne. Alors que ses revenus dépendaient uniquement de l'entrée de clients dans son magasin, moi je n'avais qu'à tendre la main à la fin du mois, que je sois occupé à mes tâches ou non.

J'avais lu un jour que les gens sont beaucoup plus malheureux que l'on ne le pense. Moi, j'avais tout pour être heureux, et pourtant je ne l'étais pas. J'avais trouvé une compagne adorable, intéressante, intelligente, douce, attentionnée. J'avais un boulot stable (sa plus grande qualité !), un endroit agréable pour vivre, des amis,… bref, tout pour être heureux. Cependant, au fond de moi, il y avait une bougie sans flamme, une cheminée sans feu. Comment expliquer ce manque ? Depuis un temps déjà, je rêvais de faire quelque chose de mes mains, comme le faisait mon père de son vivant. Il était simple menuisier et possédait sa petite entreprise. J'avais donc grandi dans l'odeur du bois, je pouvais reconnaître les essences de loin. Je me souviens de voir des escaliers prendre forme dans l'atelier, ainsi que des portes ou des meubles. De simples bouts de bois devenaient des objet d'utilisation journalière, et parfois même des œuvres d'art. Tout cela à la force de coups de crayons savamment tracés, de coupes précises et d'assemblages intelligents. Moi, je donnais des coups de crayons, sur des plans mais je n'en voyais jamais leur conséquences. Je regardais des plans, les approuvais, les passais à un autre bureau où il devait y avoir le même imbécile que moi faisant le même boulot, qui me les renvoyait deux semaines plus tard. Je les remettais alors au "client" qui pouvait se mettre à construire. Lui au moins fabriquait des choses de ses mains, il mettait des briques,… et vingt-mil briques ensembles font une maison.

Ne fusse que faire de la confiture, la mettre en pots et la vendre me donnerait déjà l'impression d'être plus utile à la société que ce que je fais en ce moment. Un amis comptable en était arrivé à cette conclusion. Je suppose qu'il y a aussi un rapport avec cette fameuse crise de la quarantaine (où suis-je, que fais-je, dans quel état j'erre !), ce moment précis de la vie où l'on se pose un tas de questions existentielles. En anglais elle s'appelle « la crise de la moitié de vie », ce qui me semble plus approprié, car elle n'a rien à voir avec l'âge, mais bien quand on réalise que l'on est à moitié. Je suis arrivé au point où je comprends que ma vie sera *toujours* ce que je fais maintenant, approuver des plans, boire mon café et discuter avec mes collègues sur le programme d'hier. Car si je fais cela depuis dix ans, il n'y a rien qui m'en changera. Mais ce boulot – cette vie – correspond-il à mes rêves de gosse ?

Je voulais être pilote de ligne,… et le plus que je me sois rapproché de ce rêve a été de voyager à Mallorca avec *Ryanair* !!! Ce qui revient à dire que vous vous êtes tous approchés de mon rêve autant que moi. Quelle frustration !

Mais qu'ai-je donc fait de ma vie ?

Serai-je un de ces aigris qui ont pendant tout le chemin marché à côté de la plaque ? Devrai-je continuer ce travail qui n'ennuye simplement parce que je n'arrive pas à parler à mon amie. Pourquoi en ai-je si peur ? Dois-je continuer à mépriser mon boulot pour ne pas la déplaire ? Si au moins elle pouvait entendre ce désarroi qui m'habite, m'appuyer dans mon besoin urgent de changement.

Comme j'aimerais trouver la force en moi pour pouvoir lui parler de ce que je ressens. Mais elle ne comprendra pas, elle ne cesse de me citer les avantages de ma condition.

Je la vois vraiment heureuse, alors que moi je me traîne derrière elle. Oh, je n'ai aucun tracas professionnel, et cela me permet de vivre l'instant présent quand mon week-end arrive, ce qui veut dire le jeudi soir. Mon malaise, il me gangrène lentement mais sûrement. Heureusement que mon père est mort il y a bien longtemps, le pauvre n'aurait jamais compris mon choix. Mais était-ce vraiment mon choix ? Quand on est jeune, fraîchement sorti des études, on s'accroche au premier emploi qui nous sourit. Pour moi c'était la mairie de Walcourt en Belgique, puis celle de Londres, grâce à mon anglais bien développé, waw ! Mon avenir était déjà assuré, à seulement vingt-cinq ans.

Pourtant, si je regarde honnêtement le passé, je me rends compte que ce qui m'arrive est de ma faute. J'ai choisi la facilité. Pour accomplir ses rêves, il faut du courage, ne pas avoir froid aux yeux, et se lancer dans l'aventure. Je réalise que je n'ai rien de ces personnes qui entreprennent, qui se risquent, et qu'après je récolte seulement le fruit de mon investissement.

C'est juste au moment où j'étais affaibli par ces pensées que je reçu un SMS de Larry.

"Morgan, huit livres, vient de voir la lumière du jour pour la première fois à 4h30 ce matin. Ses grands yeux sourient déjà comme ceux de sa maman qui se porte à merveille. Énergie et amour les accompagnent"

J'étais heureux pour Larry et Kathleen. Nous décidâmes Laura et moi d'aller les visiter à la maternité. Un pas compliqué de plus pour Laura, sera-t-elle toujours en train de faire le deuil de sa relation avec Larry ? Ou alors c'est cette Kathleen qui acquiert des lettres de noblesse et commence petit à petit à l'égaler ? Je ne saurai hélas jamais les sentiments qui habitent la femme remplacée. Kathleen est plus jeune, et par logique, les choses tiennent mieux en place. La gravité terrestre chez une femme – et aussi chez un homme quand il s'agit de son ventre – est proportionnelle à l'âge ! Je suis un homme comblé avec Laura,… mais elle jalouse secrètement Kathleen ou toute femme plus jeune qu'elle qui pourrait s'approcher de moi. C'est étrange à dire, mais bien que j'essaye de la rassurer sur ce point, elle ne croit pas en mes propos et continue à confier en son intuition de femme (et à son manque de confiance en elle).

Comme quoi nos craintes ne sont basées que sur le reflets de nos peurs et ne prennent pas en compte les avis et goûts des autres.

Larry était rayonnant, aux petits soins avec sa femme – entendez Kathleen – et non peu fier de sa progéniture, Morgan. Je suis toujours aussi étonné de la fascination presque universelle pour la beauté d'un nouveau né, moi je les trouve un peu difformes, la tête enflée et trop grosse par rapport au corps. Peut-être dis-je tout haut ce que certains pensent tout bas ? Allez savoir. Je ne parle pas de ce que représente un bébé et une naissance aux yeux des parents et même du monde en général, car c'est bien beau et nous en conviendrons tous, je suppose, mais de son aspect purement physique. *"Oh qu'elle est belle, oh qu'il est beau !"* disent les gens en général. Pour moi cela ressemble plus à un mensonge socialement poli. Bref, je ne saurai jamais si les gens mentent à la maternité. Puis, il y en a d'autres qui essayent déjà de trouver des ressemblances avec les parents, c'est peut être même pour cela que l'aventure d'en avoir ne me tente pas ! *"Oh on dirait tout son papa !"*, disent certains. Si dans le cas de Kathleen et Larry on comprend bien que cet enfant est le fruit de l'amour, il n'en n'est malheureusement pas toujours ainsi. Certains bébés qui sont d'une origine inconnue, parfois même acceptée par le papa "adoptif" qui, pour des raisons morales ou sociales, tait la vérité. Dans tels cas, ces derniers commentaires sont absolument inappropriés. Dit-on ce genre de truc pour faire plaisir, par politesse, ou parce que l'on manque de conversation ?

Pour la petite Morgan, je suppose qu'il y avait d'abord ce combat pour survivre auquel doivent faire face tous les nouveaux nés, c'est-à-dire respirer, avaler, ou bouger, plein de choses certainement douloureuses quand on est violemment propulsé d'une vie en cocon confortable et isolé « sensoriellement » vers une autre bruyante, visité par des inconnus qui nous font des grimaces et qui nous empêchent de dormir, sans évoquer les infirmières qui nous flanquent des thermomètres froids dans nos endroits intimes. Heureusement que nous sommes inconscients à cet âge, sans quoi on en voudrait déjà à la terre entière.

- Regarde ce petit monstre. Me fit Larry isolé avec moi dans la petite chambre de Morgan.

- C'est beau, répondis-je hypocritement.

- C'est la vie, Peter.

- En effet, bien en vie,… bientôt elle fera même des dents !

- Que tu es négatif !

- Réaliste, nuance, je ne suis que réaliste.

- Je suppose que tu as raison, elle fera tôt ou tard des dents, c'est un processus inévitable, hélas ! Mais je préfère l'imaginer avec des dents que sans !

Laura pendant ce temps faisait la causette avec Kathleen sur leur expérience en commun, je veux dire l'accouchement, pas le fait d'avoir un enfant de Larry !!!

- Ce que je veux te montrer avec Morgan, c'est que quand on vient au monde, on arrive sans rien,… alors pourquoi voudrait-on emmagasiner jusqu'à notre départ, sachant que l'on repartira aussi sans rien ?

- J'en sais rien Larry, je suppose que la vie est ainsi faite.

- La vie c'est ce que l'on en fait. Les gens emmagasinent du pognon jusqu'à leur mort en oubliant de vivre. Pourtant la vie c'est cela, regarde-la !

- Tu as raison Larry, comme toujours.

- Je ne veux pas toujours avoir raison, mais tu vois, le restaurant, Kathleen, maintenant Morgan, c'est du bonheur, rien que du bonheur. Alors ce qui se passera après ma mort, je n'en ai rien à cirer. Mais en tous cas je ne compte pas faire de l'argent comme les autres. Moi je veux vivre.

- Et tu ne laisseras rien derrière toi ? A Morgan par exemple, ou à Charlotte et Henry,.. et même à Kathleen si elle te survit ?

- Ce n'est pas parce que je laisse qu'il m'aimeront plus ou moins. Ils se souviendront de la belle vie que j'ai eu et seront heureux pour moi, tu ne crois pas ?

- Pas si sûr Larry.

- Ah non ? Et ton papa, il a travaillé jusqu'à quel âge ?

- Jusqu'à l'âge de sa mort, trois semaines avant pour être précis.

- Et est-il parti avec son argent ?

- Non.

- Que voudrais-tu le plus au monde, son argent,... ou qu'il en ait profité un peu plus ?

- Je suppose que profité un peu plus,... mais tu sais mon père était heureux dans le travail, alors ce raisonnement ne compte pas trop.

- C'est comme moi Peter, il est probable que je travaille dans ce resto jusqu'à ma mort, mais par plaisir, pas pour faire de l'argent, elle est là la nuance. C'est comme toi, tu travailles aussi par plaisir, n'est-ce pas ?

- Tu es chien avec moi, Larry, je ne t'ai rien fait aujourd'hui. Lâche-moi la grappe.

- C'est parce que je t'aime bien que je te dis tout cela. Quand est-ce que tu vas prendre ta vie en main ? Vas-tu faire ce boulot qui ne t'apporte que de l'argent le restant de tes jours ?

Je suppose qu'il dit vrai, il le fait par amour pour moi. Me flanquer un coup de pied au derrière, c'est seulement pour que je parvienne à l'épanouissement comme lui. Je le crois sincère dans ses explications. Il veut me savoir heureux et accompli.

Un jour je lui demandai pourquoi il était aussi différent, maintenant, alors qu'avant il me semblait un homme d'affaire à la réussite démontrée, mais pareil à tous ses confrères. Sa réponse fut un peu étrange.

- J'ai eu des professeurs différents.

- A quoi fais-tu allusions, à tes études ?

- Non, c'est une manière de parler. En fait dans la vie on reçoit des enseignements, que ce soit des professeurs du collège ou de l'université, mais aussi de nos employeurs, de nos parents, de nos frères et sœurs, etc… Toutes ces personnes influencent notre vie, et nous, nous influençons les leurs. Tu me suis ?

- Oui, c'est un peu comme la règle de l'univers, on est part indissociable.

- Tout juste. Et bien si je suis comme je suis, c'est parce que mes professeurs – les personnes qui m'ont influencées – étaient différentes des tiennes, ou différentes de la majorité.

Il est clair que nous tirons tous nos enseignements des éléments ou personnes qui nous entourent, et de nos expériences. Si on réfléchit bien, cette soirée avec l'interruption de Mr X au moment de l'arrivée de notre foie gras, je l'ai vécue de la même manière que lui. La seule et unique différence entre l'histoire de Larry et la mienne, c'est que l'énergumène s'en prenait à lui, mais nous avons tous deux été jetés du restaurant, embarqués par la police, et avons passé la nuit au trou. Il n'a pas été plus ou moins ennuyé que moi ce soir là.

Alors, pourquoi en tirons-nous des enseignements totalement différents ?

Simplement que pour Larry, les choses se sont compliquées dès le lendemain, à la Régent, au retour chez lui, sa liaison avec « l'hystérique » Kathleen, ou encore le fait que tout le monde utilisait la même banque ou les mêmes avocats. Un concours de circonstances malheureux qui fait que !

Maintenant, pour continuer dans les différences, l'histoire complète de Larry – c'est-à-dire du lendemain – vécue par un autre, ne donnera pas nécessairement naissance à un changement radical comme celui que nous connaissons. Il me semble que ce sont non seulement les circonstances, mais aussi probablement un ras-le-bol dans la vie de notre ami qui sont les facteurs qui font qu'il se soit ainsi projeté dans un autre futur totalement différent de celui qui lui était normalement destiné. Il est bon de considérer que non seulement la programmation de la personne fait la différence, mais aussi la fameuse notion de temps. Si j'avais vécu son histoire à ce moment là, je veux dire à ce stade de la vie, j'en aurais certainement pris plein la figure. Si cette mésaventure se présentait à ma porte aujourd'hui, les conséquences seraient sans doute différentes, car j'en suis arrivé à un point d'inflexion, là où un simple souffle pourrait changer mon orientation.

Nous fûmes tous conviés au baptême, deux semaines plus tard. Charlotte est venue avec une amie, et Henry avec un ami,… qui heureusement n'était plus ce Gaël. Nous étions tous en train de prendre l'apéritif, un délicieux *Moët* avec quelques amuse-bouches.

- J'espère seulement que Charlotte n'est pas passé de l'autre côté elle aussi ! Me lança Laura discrètement.

- Tu crois vraiment ? Elle n'en a pas l'air.

- Je ne pense pas non plus, mais qui sait. Tu sais de nos jours…

- Je vais lui demander !

- Quoi ? Mais tu es fou Peter, on ne demande pas ces choses là.

- Ne t'en fais pas, il vaut mieux une question directe que ne pas dormir pendant des semaines, ne crois-tu pas ?

- Mais tu ne vas pas le faire ! Attends, me dit-elle sur un ton blagueur semi-effrayé.

- Je reviens.

Je m'empressai d'aller leur demander. Charlotte est une fille sympa avec qui on peut parler ouvertement.

- Les bruits courent qu'après le baptême on organise une soirée bi, une sorte d'orgie où tout le monde s'envoie tout le monde,… j'ai hâte ! Fis-je avec un grand sourire en me frottant les mains. Au fait, je suis Peter, le « beau-père » de Charlotte.

- Marlène,… amie de Charlotte.

- Amie, juste amie, ou amie, vraiment amie ? J'ai besoin de connaître votre orientation sexuelle pour m'organiser. En fait je pose la même question à tout le monde.

- Mais tu en es un, toi. Et maman, elle est au courant ? Me lança Charlotte, embrayant dans mon jeu.

- Au courant de l'orgie, ou de ma préparation ?

- Les deux, petit pervers ! Eh, tu vas aussi poser la question au petit copain de Henry ?

- Heuuu… Fis-je. Mais depuis quand réponds-tu à une question par une question, Charlotte ?

- Depuis que mon pervers de « joli-papa » pose des questions indiscrètes à mes amies.

- …desquelles il n'obtient pas réponse, soit dit en passant !

- Nous sommes amies, vraiment amies,… mais on ne joue pas au Velcro, me rétorqua Marlène.

- Velcro, c'est assez imagé, je suppose que cela vient de ces petits poils qui s'accrochent les uns aux autres !

- Il est subtil le bougre, quand il s'agit de sexe il comprend tout de suite, répondit Charlotte à son amie. Allez, va rejoindre ma maman, tu ne vois pas qu'elle s'ennuie toute seule !

Je fis part mot pour mot de ma conversation avec les filles, et Laura ne me crut point ! Je lui jurai que c'était la vérité, toute la vérité,… rien à faire.

La petite Morgan fit son entrée par la grande porte, accompagnée d'un « ahhhh » général, . N'allez pas croire qu'elle est arrivée toute seule, on n'en n'est encore qu'à son baptême.

- Et depuis quand tu t'en remets à l'église pour officialiser les choses, demandai-je à Larry.

- Je me suis marié avec Laura à l'église et tant Henry que Charlotte ont été baptisés,… ils ont même fait leur communion.

- Mais tu ne m'as pas dit que tu étais « contre » l'église récemment ?

En fait, Larry et moi partagions les mêmes idées, nous n'étions pas « contre » la religion, mais bien contre la mal-interprétation de la bible à des fins d'enrichissement de l'église ou de division des peuples. La religion devrait unir, et c'est probablement ce qu'essayait de faire l'ancien testament.

Larry s'était bien promis de bannir tout acte religieux de sa vie, mais c'était avant de commencer cette belle histoire avec Kathleen. Pas qu'elle soit croyante et pratiquante, mais simplement qu'elle – comme la majorité des personnes aujourd'hui – a encore besoin d'officialiser une union ou une naissance, et je suppose qu'il s'agira ici d'une tradition qui prendra son temps à se dissiper.

- Cela rend Kathleen heureuse, alors on baptise, Peter.

- Aussi simple que cela ?

- Aussi simple que cela ! Baptiser Morgan ne fait pas de moi un pratiquant, ni d'elle par ailleurs. Morgan aura tout le privilège de choisir sa voie, sa propre voie quand la question se posera.

Bien des enfants se communient pour la fête et les cadeaux, sans avoir aucune idée de « l'engagement » envers Dieu que cet acte signifie. On propose le renouvellement des vœux du baptême à un âge où les enfants ne peuvent que dire oui.

Nos enfants sont alors envahis par des cadeaux plus beaux les uns que les autres, avec lesquels ils ne joueront probablement jamais. En fait on remarque souvent que le bonheur dans les cadeaux n'appartient qu'à l'attente de ceux-ci, une fois bel et bien présents, le bonheur qui leur était associé disparaît. Nous vivons hélas dans un monde qui place majoritairement le bonheur dans ce que l'on n'a pas. Une fois obtenu l'objet tant convoité, ce bonheur se dissipe pour être reporté sur un autre objet de convoitise. A ce jeu, nous ne sommes jamais satisfaits et vivons dans un désir constant jamais assouvi.

Cela se passe aussi pour le célibataire qui enfin trouve la personne de sa vie. L'illusion du bonheur étant dans l'espoir de la rencontre, une fois trouvée cette personne et passée la fraîcheur du moment, le bonheur se déplace alors pour se retrouver dans l'illusion qu'une autre personne pourra lui l'apporter. La vie est ainsi faite, et assez tordue.

Alors comment ne pas projeter nos espoirs sur une autre personne ?

C'est assez simple. Concentrons-nous sur ses innombrables qualités, acceptons ses défauts qui ne sont pas si importants. Apprenons à tolérer. Espérons et attendons de l'autre un peu moins, aimons un peu plus. Demandons les choses au lieu d'espérer que l'autre les devine. Provoquons les choses au lieu d'espérer que l'autre les commence. Si pour nous la sincérité est importante, alors commençons par nous-mêmes. Si nous devons discuter un point de désaccord, apprenons d'abord à savoir ce que nous aimerions obtenir de cette discussion, ravalons notre fierté et restons concentrés sur ce point sans dévier. Pour obtenir les choses, nous devons offrir des choses en échange. Pour que le navire avance, il faut que le capitaine et le mécano veuillent le faire avancer, pour ce faire il faudra répondre positivement à la requête des deux. Apprenons à nous mettre à la place de l'autre et comprendre son désaccord, cela nous aidera à trouver plus vite une solution satisfaisante pour les deux.

Pour en revenir à notre petite histoire. Laura et moi sommes rentrés dans une spirale de sincérité qui fait qu'au plus on se raconte notre ressenti, et au plus on comprend l'autre (inclues les différences). La compréhension de l'autre nous aide à éliminer nos malentendus, car quand il y a amour, l'autre agit *toujours* pour nous satisfaire. N'en doutons pas.

Il est étrange de se rendre compte que quand nous vivons heureux et en harmonie, notre corps ne se déglingue pas, nous ne tombons pas malade. Je fis la réflexion à Larry un jour et il me tint à peu près ce langage.

Une maladie traduit un déséquilibre, un mal-être, une insatisfaction, une frustration, une angoisse, une haine,... bref, quelconque état ou sentiment négatif. Une maladie incurable surgit au moment où la vie nous apporte plus de négatif que de positif, au moment où nous portons plus d'espoir dans l'après-vie que dans la vie elle-même. Elle survient aussi quand nous pensons de manière absolue que nos problèmes n'ont pas de solution. Le corps fabrique alors la maladie qui correspond à ce que nous désirons (consciemment ou inconsciemment). Un malade qui n'attend plus rien de la vie mais beaucoup de la mort mourra vite. Un autre qui prend conscience de l'immense valeur de sa vie guérira. Pour tous ceux qui traînent leur maladie en longueur, c'est simplement qu'ils sont divisés entre la perte d'espoir en la volonté de lutter. Pour ceux qui guérissent puis rechutent, il s'agit d'un espoir dans la vie qui retombe en routine, ou de problèmes que l'on croyait réglés et qui ne le sont pas vraiment.

Quant à ce que je pense de la chimiothérapie, je te l'ai déjà expliqué Peter, C'est comme pulvériser du désherbant sur toute ta pelouse pour un simple chardon. Tu le tueras probablement, mais que restera-t-il de ta pelouse ? Oh, elle repoussera un jour, c'est comme les cheveux, timidement au début,... et après quelques années je suppose que ta pelouse se portera à nouveau presque bien.

C'est ce que je pense Peter, et ceci n'engage que moi !

Moi j'y crois à ces choses là. Avant, je prenais des anti-dépresseurs, des aspirines, et des somnifères. Je suppose que c'était pour mieux supporter ma vie misérable. Aujourd'hui je ne prends plus rien de tout cela, je me porte comme un charme et dors comme un bébé. Je pense aussi que parfois, c'est quand on arrête les médicaments que l'on va mieux !

La nature a été créée sans industrie pharmaceutique. Oh, il y a bien eu assez vite des guérisseurs ou apothicaires, mais ils se servaient de plantes le plus souvent anodines, et je suppose que la guérison commençait d'abord par l'attention portée au malade, ce qui en soi est très thérapeutique.

Le médecin d'antan avait peu de moyens mais beaucoup de temps, il arrivait à des résultats qui étaient sans doutes plus attribuables à son attention qu'aux plantes prescrites. Le médecin d'aujourd'hui a plein de moyens mais pas de temps, son attention étant quasi inexistante, les résultats sont obtenus par des médicaments de plus en plus puissants et par l'envie de guérir du patient lui-même. En effet, on tombera malade quand la maladie nous arrangera, et on guérira quand la guérison nous arrangera, c'est aussi simple que cela.

Une grippe par exemple nous sert à nous forcer de prendre le temps de penser à nous et de régler nos problèmes latents, on guérira une fois les décisions prises.

Pour comprendre une femme, analyse le vol du papillon. Il sait où il va, c'est sûr, mais la ligne droite n'est pas envisageable !

C'était un commentaire pour détendre l'atmosphère.

Il me faisait bien rire ce Larry quand il parlait des femmes. Et de plus il avait l'air d'en connaître un bout sur la chose. Comme ses théories sur la santé et la psychologie attachée,… le fameux psychosomatique. Il est vrai que cela tient quand même bien la route. Il suffit de nous déprogrammer, et d'essayer de trouver toujours une explication interne à ce qui nous arrive. Il est par contre tellement plus simple d'évoquer un froid, une fatigue, un aliment que l'on a mangé ou un antécédent dans la famille pour justifier nos maladies. Leurs symptômes seront réduits à néant à coups d'anti-inflammatoires ou d'antibiotiques. Du même coups, puisque la maladie nous est tombée dessus, nous serons plus à plaindre qu'à critiquer. *Pauvre petite, elle n'a rien fait pour mériter cela !* Et qu'en savons-nous ?

Si nous tuons les symptômes par des produits chimiques, les causes réelles de la maladie restent présentes et resurgiront tôt ou tard si personne ne s'y attarde. C'est comme cela que certaines personnes développeraient des maladies chroniques.

Un jour je me rendis au garage avec ma voiture car une ampoule s'allumait souvent au tableau de bord, c'était celle de température moteur. Après une heure d'attente et une facture de 40 Euros, je demandai au garagiste quelle en était la cause.

- Je ne sais pas, mais cela ne se reproduira plus, vous pouvez aller tranquille.

- Comment pouvez-vous en être si sûr ?

- J'ai enlevé l'ampoule, elle ne s'allumera plus !

La médecine symptomatique s'appuierait sur ce principe, enlever les ampoules sans s'occuper de la cause. Est-ce dangereux docteur ?

Peter Stenot

15

Laura me surprenait de jour en jour. Déjà un an que nous étions en couple. Nous gardions chacun notre chez soi, mais en étant le plus possible unis. Son petit commerce marchait à merveille mais elle sentait qu'il était temps qu'elle cède sa part à Lisbeth. Ce n'est pas qu'elles aient des visions différentes, sinon que la boutique d'accessoires était principalement le rêve de son associée. Laura avait envie de faire quelque chose de sa vie – et de son argent – mais pas nécessairement ce type de commerce.

Quand je lui posais des questions sur son avenir, elle me disait qu'elle n'avait pas vraiment de projets mais qu'il lui semblait indispensable de faire quelque chose.

> - En fait, ce qui m'a toujours fait rêver, c'est d'aller vivre dans un pays chaud.

- En Angleterre il peut faire chaud Laura !

- Ah ah, très amusant. En fait, ce n'est pas seulement un pays chaud, mais aussi en contact avec la nature, le vert, l'espace. Ici il me semble que j'étouffe, que ma vie est toute petite, que mes loisirs sont plus des passe-temps pour ne pas m'ennuyer.

- Tu dis cela pour moi ?

- Mais non Peter, ce n'est pas toi, gros bêta. C'est simplement que quand j'étais gamine je regardais *La petite maison dans la prairie* et cela me faisait rêver. Regarde ma vie aujourd'hui, je ne suis jamais sortie de ma banlieue. J'aimerais maintenant aller vivre là où les autres vont en vacances. C'est beaucoup demander ?

- Je suppose que si on le veut vraiment on peut y arriver, pourquoi pas. Mais un pays chaud où l'on parle anglais, c'est soit le Texas, l'Afrique du Sud, l'Australie,... ah tiens, l'Australie, pourquoi pas. Il y a de l'espace, de la nature et c'est chaud.

- ...Sauf que je me retrouverais à vingt heures d'avion de mes enfants.

- Alors je crains fort que tu ne doivent apprendre les langues !

- Mais je connais les langues Peter !

- Décidément, après un an, tu vas m'apprendre que tu parles d'autres langues ? Tu en as d'autres comme çà ?

- Je joue du Piano.

Comme quoi on peut être encore surpris dans le bon sens après un an de relation avec une personne. Oh, je pourrais me plaindre de certains détails typiquement féminins, mais à quoi cela me servirait-il ? Et puis, je vous assure que ce que je vis avec elle est unique.

- Et tu parles quoi comme langue ?

- L'espagnol, presque couramment.

- Mais d'où vient cet espagnol, ce n'est pas une langue aussi courante que cela ?

- La deuxième langue la plus parlée au monde, qui ouvre la porte à une multitude de pays. Dans mon enfance j'avais une nounou espagnole qui me parlait toujours dans sa langue natale, pendant que ma maman faisait les magasins. Ça aide !

- Les magasins ?

- Mais non, que tu es bête ! Tu sais que je parlais en espagnol avec elle et en anglais avec tout le reste sans même m'en apercevoir. C'est d'ailleurs pour cela que cette nounou est restée des années, et aussi parce que ma maman avait tout son temps pour elle. En fait je suis plus espagnole d'éducation qu'anglaise.

- Tu rigoles !

- C'est une manière de dire,… mais ma maman c'est plus Maria-Pilar qu'une autre.

- Moi aussi j'aimerais vivre dans un autre pays, j'en ai marre de cette Angleterre pathétique, de mon boulot de minable à la mairie.

- Je pensais que cela te plaisait d'être fonctionnaire ?

- Que nenni, cela m'horripile. J'ai moi aussi envie d'espace, de vert et de soleil. Qui n'en n'a pas envie d'ailleurs ? C'est un rêve universel.

- On se casse d'ici, Peter ?

Facile à dire, difficile à faire. Je suis fonctionnaire, même si cela ne me plaît pas. Ça veut dire que à chaque fin de mois, je tends la main, et on me dépose de l'argent dedans, toujours la même somme, sans surprises. Vivre à l'étranger, c'est attirant, mais vivre de quoi ? Et ma pension, qui va me la payer ? Et puis, la sécurité sociale, comment marche-t-elle pour les émigrants ? je ne me sens pas prêt pour un exercice de cette taille. De plus, si on ne réussissait pas notre installation, on devrait revenir au pays ? Je pense que si on annonce une nouvelle du genre, à la famille ou aux amis, on se doit d'aller jusqu'au bout, mais qu'est-ce qui se passera si en route nous changeons d'avis ?

Je suppose que si Laura a dit « on se casse » c'est pour me taquiner. Elle n'en n'a pas plus envie que moi. Mais sincèrement ce n'est pas l'envie qui manque. Et si aller vivre dans un autre pays était comme tout le reste ? Je veux dire si une fois que l'on y est, que c'est acquis, cela ne nous plaît plus, et que l'on n'y trouve plus notre bonheur ? Et puis, on a un système de santé du tonnerre, des salaires élevés, des transports en commun qui fonctionnent à merveille, enfin la plupart du temps. On a aussi de belles pensions, des aides, tout est prévu en cas d'invalidité. Et puis ici on parle une langue que je connais, on connaît les administrations, leur fonctionnement, et on sait où aller demander les choses. On connaît nos droits et on sait les faire valoir. Si on se retrouve sans travail on a aussi droit au chômage, et « *last but not least* », ici on roule du bon côté de la route ! Il est vrai qu'en quelques années, je suis devenu plus Anglais que Belge !

Je rentrai dans le jeu de Laura ce soir là, mais en profitai pour lui faire part de mes inquiétudes. En parlant avec elle, j'avais l'impression de me faire sermonner par Larry et ses nouvelles règles de vie.

- Invalide ?

- Oui, si on devient invalide, qu'est-ce qu'on fait ?

- Et selon toi, Peter, quelles sont les chances de devenir invalide ?

- Je ne sais pas moi, une sur mille. Mais si cela arrive !

- Tu es en train de me dire que tu ne ferais pas une chose qui te tient à cœur parce que il y a une chance sur mille que cela tourne mal ?

- Et le boulot, alors, on ferait quoi ?

- Je n'en sais rien, mais est-ce si important de garder autant de contrôle sur tout ? Ne deviendrait-elle pas austère la vie en l'absence d'aventures ?

- Peut-être, mais ce n'est pas pour cela que l'on doit y risquer notre peau.

- Peter, ce n'est pas parce que l'on va vivre dans un autre pays que l'on risque sa peau !

Je compris durant la conversation que cette histoire n'avait pas été lancée de manière anodine. Elle venait du fond du cœur, et je supposai que Laura avait déjà pesé les pours et les contres. Je m'empressai d'aller voir Larry un midi.

- Et si on tombe malade, on fait quoi Larry ?

- Tu payes une médecine privée, pourquoi pas.

- Attends, si tu as un cancer, c'est impossible de payer un traitement privé, cela coûte une fortune.

- Tu as envie d'attraper un cancer, Peter ?

- Non, bien sûr que non, mais si cela arrivait ?

- Ah, tu continue à penser que c'est une maladie qu'on attrape par hasard, n'est-ce-pas ? Si aller vivre à l'étranger correspond à un rêve d'enfance comme tu dis, et que tu ne le réalises jamais en restant ici, alors oui, tu risqueras de l'attraper, ton cancer !

- C'est pas marrant Larry.

- Je ne rigole pas, je voudrais simplement te faire comprendre que la maladie peut être le résultat d'une vie frustrée, et que vivre dans un pays chaud pourrait aussi en être l'antidote.

Décidément, j'étais plus à la recherche d'attitudes inquiètes que de personnes pour me botter le derrière. J'ai tout de même raison, on ne peut pas partir à l'étranger sur un simple coup de tête. On ne peut pas risquer tout son acquis pour un simple rêve d'enfant. J'en parlai avec mes collègues de bureau.

- Mais tu es fou, ne fais jamais çà !

- Bien oui, il me semble bien à moi aussi que ce n'est pas raisonnable.

- C'est même complètement déraisonnable, irrationnel. Tu as un super boulot ici, une sécurité de l'emploi, une carrière. Et si tu tombais malade, tu y as pensé ? Tu ferais, toi, confiance à des médecins d'un autre pays, qui parlent chinois. A des noirs ou des Arabes ? Et de toutes manières, tu irais où ?

- Je n'en sais rien, on n'en a même pas parlé.

- Et si tu avais un accident et devenais infirme, tu ferais quoi par là ? Ici tu as une sécurité sociale, on prendrait soin de toi.

C'est vrai que Liz avait tous les arguments en faveur de mes inquiétudes, en trois minutes elle avait mis le doigt sur mes principales préoccupations. Enfin une personne qui me comprend, qui entend mon désarroi face au danger. Heureusement qu'elle est là pour me défendre. Je l'aime bien Larry, mais il ne faut quand même pas pousser. Quant à Laura je parlerai avec elle ce soir même, nous devons couper court à ces idioties au plus vite. Nous sommes des personnes adultes et responsables. Nous devons assurer notre présent et notre avenir, et nous prévenir de tout acte stupide du genre. Je n'irai pas m'installer à l'étranger, et après ce soir je ne veux plus qu'on en reparle.

- Laura, cette idée d'aller s'installer à l'étranger, ce n'est pas sérieux n'est-ce pas ?

- Si, c'est une bonne idée, pourquoi tu me poses cette question ?

- Parce qu'il me semble que tu n'as pas réfléchi aux conséquences de tel acte.

- C'est possible, mais on n'en a même pas vraiment parlé toi et moi. Ce que je sais par contre, c'est que si je ne le fais pas, je deviendrai probablement une vieille araignée qui se plaindra de tout.

- Parce que tu n'auras pas accompli un rêve vieux de quarante ans, alors que tu n'étais qu'une simple gamine ?

- Tu ne voudrais pas, toi, revivre cette insouciance du passé, quand on pouvait penser et rêver n'importe quoi ?

- Mais ce n'est plus de notre âge, Laura, ressaisis-toi.

- Charlotte pense aussi que ce n'est plus de mon âge d'avoir des relations sexuelles, tu en penses quoi, toi ?

- Qu'elle est folle, que les relations sexuelles c'est bon à tout âge, tu n'es pas de mon avis ?

- Et l'amour ?

- Aussi !

- Mais pas les rêves, Peter. Pourquoi pas les rêves ?

- Parce que les rêves ne nous mènent à rien, sinon qu'à des frustrations quand ils ne s'accomplissent pas.

- Et tu m'as déjà vu rêvasser d'une chose qui n'était pas à ma portée ? Tu m'as déjà vu être déraisonnable ? Tu m'as déjà vu parler dans le vide ?

- Non, mais enfin, on a passé l'âge toi et moi d'aller s'installer dans un autre pays.

- Tu crois cela ? Et toi, tu es bien venu vivre en Angleterre il y a quinze ans. Alors, selon toi, on a l'âge pour quoi ? Pour attendre la pension, faire un potager, s'inscrire au club des trois-fois-vingt ?

- Oh, Laura, pourquoi tu ironises comme ça ?

- J'ai quarante-quatre ans Peter, presque comme toi, et je préfère me sentir l'âme de trente que celle de soixante !

- Mais tu n'as plus trente ans !

- Et pas encore soixante, merci ! Ce n'est pas grave Peter, moi je continue mon rêve, que je mettrai peut-être à exécution, et toi le tien. Je te laisserai planter ton potager et regarder le foot à la télé en touchant ta pension de fonctionnaire, pendant que j'irai vendre mes T-shirts sur les marchés d'Ibiza. Moi, je n'ai pas l'intention de briser *tes* rêves d'enfance, je les respecterai !

Ce soir là, devant l'arrogance manifeste de Laura, je décidai de rentrer chez moi. Je le faisais toujours quand nous étions en désaccord, une manière de lui faire payer ma colère. Elle adorait dormir avec moi,… et moi aussi faut bien l'avouer, mais pas quand nous étions en chamaille. En plus, vous avez vu pourquoi, elle ne va quand même me faire abandonner toute ma vie professionnelle pour ses rêves d'enfance ! Que mon boulot me pèse est une chose, mais ce n'est certes pas pour cela que je vais le lâcher. Larry m'a bien fait comprendre pourquoi j'allais au travail, et je défendrai corps et âme cette position, coûte que coûte.

- Et même si cela brise ton couple ? Me demanda Larry.

- On n'en est pas là, n'exagère pas.

- Alors tu devras m'expliquer comment vous aller faire si son rêve est d'aller à l'étranger pendant que toi tu continueras ta vie de fonctionnaire ici !

- Je n'en sais rien, on trouvera un juste milieu.

- A mi-chemin ? C'était quoi Peter, tes rêves d'enfant ?

- Voler.

- Et tu ne l'as jamais fait, n'est-ce pas ?

- Cela me démange à chaque fois que je vois un *Cessna* passer au dessus de ma tête.

- Tu penses qu'il est trop tard pour le faire ?

- C'était un rêve d'enfant, Larry, simplement un rêve d'enfant.

- …qui continue à te démanger aujourd'hui ! Et pourquoi tu ne prends pas des cours ?

- Tu as vu notre beau ciel anglais, ça te donnerait envie de voler, toi ?

- Alors va voler dans un autre pays, qui t'en empêche ?

- Oh toi, je vois bien que tu es de mèche avec ton ex pour me convaincre, mais vous n'y arriverez pas.

- C'est ta fierté maintenant qui parle ? Je n'ai pas à te convaincre de l'idée de quelqu'un d'autre Peter, ces choses là sont en toi ou ne le sont pas. Cela dépend simplement si tu as envie de voler ou pas, sous des cieux cléments ou pas.

- Mais oui, j'en rêve parfois.

- Alors fais-le Peter.

- Mais enfin Larry, arrête de déconner, il me faut des vacances, apprendre la langue du pays, etc…

- Va en France, tu parles français.

- Ce n'est pas si simple,… mon rêve n'était pas simplement de voler, sinon que d'avoir mon avion et une piste chez moi. Louer un avion une heure, ce n'est pas ce que je veux.

- Je vois, alors tu devras acheter du terrain et construire une piste.

- …et gagner à la loterie aussi !

- Tu crois ?

- Sûr !

- Tu permets que je fasse un petit calcul Peter ?

- En avant !

- Tu es propriétaire de ton appartement, n'est-ce-pas, il est payé. Combien vaut-il sur le marché actuel ?

- Environ six-cent mille livres.

Larry siffla en guise d'impression. Il est vrai que j'avais fait une bonne affaire. En quinze ans, les prix à Londres s'étaient enflammés. D'un achat de cent trente-cinq mille, j'étais passé à plus de quatre fois l'investissement.

- Il faut une piste de combien de mètres pour atterrir l'engin de tes rêves ?

- Deux-cent.

- Sur ?

- Cinquante.

- Cela nous fait un hectare de terrain.

- Si on trouve la bonne dimension, oui. Deux terrains de foot enfilés.

- C'est où qu'elle aimerait aller, Laura ?

- On n'en a pas vraiment parlé mais elle a cité Ibiza.

- Donne-moi deux minutes, je vais sur internet. Bois ton café, il va refroidir.

Larry revint après cinq bonnes minutes durant lesquelles je me surpris à rêver de mon petit avion sur ma piste. Il y a, même dans tout adulte responsable, un gamin qui sommeille.

- A Ibiza, j'ai trouvé deux hectares pour cinq-cent mille Livres.

- Tu vois qu'il me faut gagner au Loto.

- …mais en Espagne, je veux dire pas sur une île et pas sur la côte, j'ai trouvé un terrain plat de cinq hectares pour cent-cinquante mil £.

- cela doit être une horreur de terrain.

- Non, c'est en montagnes, à huit-cent mètres d'altitude et seulement trente kilomètres de la côte, c'est même très beau, je l'ai imprimé pour toi.

Larry sortit de son tas de feuilles une annonce d'une agence immobilière, rédigée dans notre langue, qui disait:

Magnifique terrain en majorité plat de 48.600 mètres carrés en zone rurale, à trois kilomètres du village et seulement trente kilomètres de la côte. Source à proximité, accès par route asphaltée, possibilité d'électricité, cent-cinquante mil £ négociables.

- Je continue ?

- Je t'en prie Larry.

- Combien coûte l'engin de tes rêves ?

- En avion, c'est impossible car il faut une piste agréée, mais en version ultra-léger, compte cinquante mille.

- On en est à deux-cent, non ? Une maison de cent mètres carrés coûte cent-mille Euros, voici l'annonce d'une maison clé sur porte.

Ah, c'est non compris la piscine, l'accès et les raccordements.

- Waw ! En plus c'est beau, çà fait rêver.

- Bon, et bien Peter, je viens de dépenser trois-cent mil Livres Sterling de tes six-cent mille, tu vois qu'il reste de la marge, presque ton salaire pendant dix ans.

- Et puis plus rien ! Que dois-je faire une fois que tout mon argent aura fondu au soleil ?

- Tu as oublié une chose très importante Peter, c'est que dix ans de salaire ici te permettent de vivre vingt ans là-bas ! Et que pendant ces vingt ans, rien ne t'empêche de trouver un petit boulot, juste pour ne pas t'ennuyer. Tu ne vas quand même pas t'asseoir sur ta piste pendant vingt ans sans rien faire !

- C'est juste. Laisse-moi penser à tout cela. Mais tu viens de marquer des points Larry.

Je rentrai chez moi, pris une feuille blanche, traçai une grande ligne verticale en guise de deux colonnes, et j'inscris *Avantages* – *Inconvénients*. Ce soir là marqua le début d'une grande prise de conscience. Il est vrai que la liste des inconvénients se remplissait plus vite que l'autre, on y trouvait tous ces acquis, ces droits, ces sécurités, choses pour lesquelles on se bat depuis des décennies à coups de manifestations. Du côté avantages il y avait des choses impalpables du genre bonheur, vie cool, voler, vivre, temps, soleil, nature, espace, liberté, etc…

Mais tous ces avantages pourraient-ils compenser ces inconvénients ?

- Assurance santé privée, répondit Laura.

- Et pour le chômage ?

- Travail en noir, pas de chômage.

- Face à une possible invalidité ?

- On vend tout et on revient, mais seulement si on ne peut pas surmonter le problème sur place. Laura avait réponse à tout.

- Travail ?

- On n'a pas vraiment besoin d'argent, ou en tous cas très peu.

- Et si on s'ennuie ?

- A part voler, il n'y a rien d'autre que tu ferais si tu disposais d'énormément de temps ?

- Écrire un livre.

- Ah oui, cool, et tu écrirais sur quoi ?

- J'ai bien ma petite idée depuis un temps mais je ne vais pas t'en parler maintenant.

- Je ne savais pas que tu avais un côté artiste, Peter !

- Et toi ?

- Je ferais un potager, pas celui des pensionnés où il n'y a que des trucs à manger, mais aussi des fleurs, des plantes et des arbres. Si ce n'est pas le terrain qui manque, mon imagination sera fertile, fais-moi confiance.

- Et pour rapporter un peu d'argent, tu ferais quoi ?

- S'il y a moyen de me construire un petit atelier avec une belle fenêtre, alors je voudrais créer des articles de mode.

- Des vêtements ?

- Oui, des tenues de soirée.

- Pourquoi pas. Par contre tu n'en portes jamais. Alors d'où vient cette soudaine passion ?

- Quand j'étais jeune au collège on avait des classes de couture et j'adorais cela. Tu sais si je vends une robe par mois, cela m'occuperait déjà. Et sinon, je pourrais me mettre à peindre.

A nous deux nous avions un million de livres sterling net d'impôts pour investir dans une propriété en Espagne, à condition que je vende mon appartement. Car en liquide je vivais plutôt au-jour-le-jour.

- Mais ce serait l'Espagne, Laura ?

- Çà sonne bien pour moi.

- Par contre pour moi, c'est une langue dont je ne connais absolument rien.

- Alors il faut t'y mettre dès maintenant.

- Oh oh, pas si vite. Ne crois-tu pas qu'avant de décider une telle aventure – et elle n'est pas décidée – ne faudrait-il pas aller passer une petite semaine sur place ?

- Je suis tout à fait d'accord, d'ailleurs *Ryanair* fait des promos sur les vols à Alicante.

- *Ryanair*, des promos ? Je voudrais bien voir cela ! Tu sais ceux-là, ils ne sont pas du genre à te donner un poil de leur derrière.

- Quatre-vingt livres sterling, deux personnes, aller-retour, et pour cent-dix livres de plus on a une voiture de location, pour l'hôtel c'est deux-cent livres en demi-pension.

- Pour les deux ?

- Oui, chambre double avec grand lit et vue sur mer, à Benidorm.

- Dis-donc Laura, il semblerait que tu sois bien informée pour un simple projet duquel on avait à peine parlé.

- Me renseigner ne coûte rien, du 10 au 17, tu prends congé ?

- C'est dans deux semaines, pourquoi pas. J'ai un tas de récupérations à prendre de toutes manières. Je t'appelle demain pour te confirmer, et tu pourras réserver.

- Çà, c'est bouger !

Laura était ravie de la tournure des événements. C'était bien entendu sans compter sur mon éternelle faculté à esquiver la réalité ou les changements. C'est ainsi que quelques jours plus tard nous nous retrouvâmes en terres étrangères, là où l'on parle bizarre. C'est quand même étonnant qu'à seulement deux heures et de Londres on passe de la perpétuelle grisaille au soleil radieux. Je constatai aussi que de nos jours les gens préfèrent payer des traites mensuelles de six-cents livres pour une belle voiture alors qu'ils pourraient se contenter de moins et partir au moins un long week-end tous les mois au soleil d'Espagne ou d'Italie. Mais que sont devenues nos valeurs ?

Je ne parle pas hélas que pour les autres. Moi aussi je pourrais me permettre de partir une fois par mois et pourtant je ne le fais pas.

Nous voici dans une petite voiture de location, sur une route nationale où les gens roulent de l'autre côté. Elle me raconta que le café était bon, et que si je voulais goûter on pourrait s'arrêter quelque part, ce que nous fîmes.

Il est vrai que le café est très bon, et quatre fois moins cher qu'en Angleterre, bienvenue en Espagne ! Par contre, ne regardez pas par terre, il semble que les espagnols jettent tout ce qu'ils touchent au pied même de leur tabouret, beurk. Laura demanda un jus d'orange, et à ma grande surprise, le garçon enfila quelques oranges dans une étrange machine qui les prend une par une, les coupe, les presse, et le jus sort en bas. Comment n'ai-je pas inventé une telle machine ? Sur le comptoir, une espèce de frigo présentoir d'à peine vingt centimètres de haut mais large d'un bon mètre cinquante expose des tapas, espèces de rations de nourriture de toutes sortes, et qui semblent d'une fraîcheur incontestable.

La route nous mena le long de la côte jusqu'à une ville affolante, Benidorm. Trois millions de touriste par an, quatre-vingt discothèques, huit-cents bars et restaurants, trois mille boutiques,…

des chiffres à donner le vertige. Ici les gens viennent, en majorité d'Angleterre, pour les six kilomètres de plage de sable fin, et aussi pour boire sans limite horaire de la bière qui coûte le cinquième du prix de notre pays. Et c'est dans ce fouillis que nous avions une chambre réservée.

Cette nuit là fut assez mémorable. Non pas que Laura et moi célébrâmes ce premier lit étranger, mais que dans cette mégapole touristique il est impossible de dormir. Nous avons été chahutés jusqu'au petit matin par nos compatriotes – quelle honte – bourrés comme la Pologne et hurlant nos chansons les plus répugnantes, comme s'il s'agissait d'une beuverie d'étudiants. Autant nous sommes chez nous des personnes discrètes et respectueuses, autant la relâche est déshonorante. Quand vient enfin le chant du coq – et des camions à ordures – tout ce petit monde disparaît comme par miracle et laisse place à une cité paisible.

Nous déjeunâmes face à la mer, quelques passants passaient – d'où leur nom ! – et ce soleil de juin qui chauffe diablement bien à cette heure matinale. Quel bonheur,… et quel dommage que nous ayons si peu dormi. Avec l'aide d'un brin d'amnésie, je pourrais même aimer cet endroit, mais je suis sûr que la nuit prochaine me ramènera sur terre. Nous avions rendez-vous à 11h30 dans une agence immobilière. Quelle drôle d'heure pour une rencontre professionnelle, ne mangent-ils pas par ici ?

Depuis que nous sommes arrivés en Espagne, Laura s'exerce dans cette langue qu'elle connaît depuis sa plus tendre enfance, mais il semblerait que les indigènes aient du mal à la comprendre. A la fin, c'est encore en anglais que l'on se fait le mieux comprendre, ce qui ne me déplaît pas. Au moins, je ne me sens pas ridicule face à ma compagne.

Nous arrivâmes à notre rendez-vous avec la ponctualité légendaire britannique, mais la boutique était fermée. Un écriteau disait "volvemos en 10 minutos", et Laura me confirma que "volvemos" signifie "on revient". Quand même, on fait deux milles bornes pour les rencontrer, on est à l'heure tapante, et eux ne sont pas là. Il y a du manque de respect dans tout ceci, non ? Après cette attente interminable, et mon ventre qui criait déjà famine à la rencontre des deux aiguilles sur le douze, une dame arriva, sans s'excuser pour son retard, et nous parla en espagnol. Laura tenta de répondre, et cette femme de la quarantaine ajouta dans notre langue : *heureusement que je parle anglais !* Ce petit commentaire n'était pas du genre qui à combler ma compagne, d'autant plus qu'elle faisait tous ses efforts.

Bref, nous n'étions pas là pour monter une polémique sur les principes d'éducation et de respect, mais bien pour visiter une propriété. Nous montâmes dans une espèce de micro-voiture tout-terrain, ce qui ne me dépaysait pas trop, et en route sur les petits chemins de montagne. Et on montait, et on tournait, et on klaxonnait, et on montait encore. Décidément, cela n'arrêtait pas de monter ! Notre conductrice pourrait au moins en profiter pour s'exercer comme guide touristique, mais non, on entendrait les mouches dans la voiture si nous étions débarrassés pour ce bruyant moteur à la peine. Nous quittâmes l'asphalte pour la terre, nous étions arrivés au bout du monde. J'en profitai pour demander à combien de kilomètres on était de Benidorm, et à quelle altitude on se trouvait.

En descendant de la voiture, Veronica m'indiqua avec son doigt une montagne:

> - Benidorm est juste là derrière, à vingt-cinq kilomètres. Et ici on est à +/- mil mètres d'altitude. Le terrain que vous vouliez voir commence ici, et va jusqu'aux pins, là tout au bout. Cela comprend la partie plate avec

les amandiers et les oliviers, et ces terrasses là-bas.

- Combien de mètres carrés cela fait ? Demandais-je. Veronica déplia quelques feuilles agrafées.

- 48.614 m2. Regardez, j'ai un plan où l'on voit bien les limites du terrain. Si vous voulez on peut marcher jusqu'au bout.

- Ce qui m'intéressait était la partie plate. Elle mesure combien d'un bout à l'autre ? Veronica commença à placer ses doigts et calculer.

- Un peu plus de trois cent mètres il me semble.

- Peut-on marcher d'un bout à l'autre ?

En fait j'avais besoin de voir si cette partie était vraiment plate, chose difficile à constater avec ces amandiers dans le chemin. Il était même impossible d'avoir une vision globale. Nous commençâmes à déambuler de long en large, et je faisais discrètement des grands pas, vous savez de ceux qui mesurent un mètre,... et je comptais mentalement pendant que Laura essayait de se faire comprendre, toujours sans succès.

La pauvre, elle n'y arrivait pas. Je voyais la tête de Veronica – qui essayait de comprendre, mais impossible de démarrer une conversation, même sur des trucs simples. Je constatais un désarroi grandissant chez ma partenaire, un peu comme la famine qui me taraudait l'estomac, il était déjà treize heures.

> - Ici en Espagne, l'heure du repas commence à 14h00, mais moi je mange vers 15h30 me lança Veronica, voyant que ma main caressait sans cesse mon estomac en guise de recherche de complicité.

Zut, une heure en plus à attendre. Mais comment font-ils pour patienter aussi longtemps ? J'espère que l'on va trouver un petit resto dans le coin, parce que si en plus il faut redescendre jusqu'à Benidorm, çà craint !

Après une heure de discutions, téléphone à la main, merci réseau GSM, Laura et moi nous lançâmes sans plus attendre dans l'aventure, arrachant ce terrain du bout du monde pour cent-vingt mil Livres, ce qui traduit en Pesetas représente un gros chiffre tout rond. C'était un coup de cœur en coup de vent sur un coup de tête, mais il y a parfois des décisions qui se prennent comme cela.

De retour en Angleterre, il ne me restait qu'à trouver les fonds pour notre passage chez le notaire un mois plus tard ! Nous décidâmes Laura et moi que j'allais acheter ce terrain à son nom, mais qu'elle m'avancerait l'argent pour le payement, j'allais lui rembourser dès la vente de mon bien. En fait comme tout bon citoyen qui se respecte, j'ai un inspecteur des impôts qui essaye de m'entuber et je ne voudrais pas qu'il me suive jusqu'en Espagne. Ceci est la raison pour laquelle je veux bien payer l'investissement à l'étranger, mais que la propriété soit au nom de Laura.

Contre l'avis de mes collègues de bureau ou de mes amis, je m'étais lancé tête baisée dans une aventure qui allait bouleverser mon destin. C'est un peu comme celui qui aimerait sauter en parachute, qui en rêve depuis dix ans, et qui soudain se retrouve dans l'avion à 3,000 mètres d'altitude, porte ouverte. Il lui reste le choix de le faire ou de ne pas le faire. La marche arrière à ce moment précis, si près du but, est assez difficile à accepter psychologiquement, car elle démontre une grande faiblesse de la personne. Et puis, que pourrions-nous raconter à nos petits-enfants (même si nous n'en n'avons pas) ? *J'étais dans l'avion, prêt à sauter, mais le courage m'a manqué !* Pathétique.

Si ce bout de terre ne nous avait pas plu, il est clair que nous aurions dit non, mais là, tout était parfait. Alors soit on se lance, soit on le regrette pour le restant de nos jours.

Je fis part de cette grande nouvelle à mon ami Larry le mercredi suivant. Il était heureux pour moi, mais en même temps triste de me sentir partir.

> – Larry, je ne pars pas demain, je dois encore vendre mon appartement, et par les temps qui courent, cela peut prendre du temps.

> – Tu as envie de rester ici encore longtemps, à faire ton travail administratif que tu n'aimes plus ? Je te pose cette question car je vois du soleil dans tes yeux.

> – Tu as raison, je voudrais déjà y être, c'est bizarre. Autant j'ai résisté à cette tentation, et maintenant que je me suis compromis, je voudrais que cela se passe dans l'heure.

> – Si tu veux partir, alors tu vendras ton appartement et tu partiras vite, ne t'inquiète pas. Et Laura, comment elle se sent suite à cette décision.

– Heureuse de partir. En ce moment même, elle est en train de négocier son départ de la boutique. C'est que depuis que nous sommes revenus, nous avons un agenda chargé de choses à faire. Dans trois semaines on y retourne pour aller chez le notaire, mais aussi pour trouver un constructeur pour nous faire une maison.

– Si tu dois construire sur place, tu as raison, tu n'es pas encore parti. Tu sais, dans ces pays méditerranéens, il faut prendre les choses avec philosophie.

– Tu crois ?

– Un an minimum, si pas deux.

– Quoi ? Mais on ne veut pas attendre aussi longtemps.

– Renseignez-vous bien sur place, mais à mon avis, construire prend bien du temps. Laura parle espagnol, non ?

– Euh....C'est ce que l'on croyait.

En fait nous nous sommes rendus compte que la langue que Laura avait apprise par l'intermédiaire de sa nounou Maria-Pilar, ce n'était pas de l'espagnol, mais du catalan ! Alors, que s'est-il passé en Espagne ? A l'heure où j'écris ce livre et que je parle couramment cette langue internationale, je me moque souvent de la situation. Je vous l'explique. L'Espagne est divisée en régions et provinces, comme tout autre pays. Elle possède plusieurs dialectes ou langues (rien que cette notion entraîne déjà des polémiques vieilles de plusieurs siècles). Notre agent immobilier Veronica était Madrilène, là où l'on parle le *castellano* qui est la langue espagnole utilisée partout dans le monde. Le *catalán*, au même titre que le v*asco*, l'*andaluz*, l'*ibizenco*, le *mallorquí*, etc... sont des dialectes (ou langues !) parlés dans leurs provinces respectives, et nulle part ailleurs.

Là où nous avons acheté c'est le *valenciano*, qui est en fait un dérivé du catalan (mais chut, je vais me faire tuer si j'en parle comme cela !). Laura essayait de parler en *catalán* avec Veronica qui à part l'anglais ne maîtrisait que le *castellano,* et qui était totalement réfractaire aux dialectes de son pays. Tout cela pour dire que Maria-Pilar convaincue de l'internationalité de sa « langue » - comme le sont les Catalans – qui malheureusement ne se parle pas dans un rayon de plus de cent-cinquante kilomètres dans le monde, avait enseigné ce dialecte oh combien intéressant à notre petite Laura.

Pauvre de Laura aussi qui, toute sa vie, a cru qu'elle parlait espagnol alors qu'elle n'en connaissait qu'un dialecte (ou langue !) qui ne se pratique que dans une région. Quel gâchis, dans un monde où nous devrions tous essayer de nous simplifier la vie, il existe encore de ceux qui, au nom d'une culture ancestrale, imposent un dialecte qui tend plus à diviser qu'à unir.

Je mis mon appartement en vente au prix du marché moins 10%, et je ne dus attendre que seize jours pour recevoir une proposition d'achat. Sous nos latitudes, il faut plus de temps entre le dépôt d'un acompte et la vente définitive d'un bien, car une banque intervient toujours pour compliquer les choses, mais aussi les rendre possible à travers leurs hypothèques. Les 545,000 £ que j'allais recevoir, étaient de l'argent net.

Lors de notre seconde visite en Espagne, celle où Laura devint officiellement propriétaire d'un grand terrain qu'elle avait provisoirement payé, nous nous étions renseignés sur les temps de construction d'une maison. Larry avait vu juste, encore une fois. Cela devient même agaçant. Comment sait-il autant de choses ? Bref, durant la petite semaine sur place, nous eûmes la grande chance de coïncider avec la foire du caravaning d'Alicante. Nous fûmes directement attirés par une maison en bois. Tout ce que nous avions à prévoir était une dalle en béton en guise de plate-forme, équipée de quelques tuyaux et alimentation électrique.

Seulement voilà, sur ce terrain, ni électricité, ni eau ! Nous dûmes tout inventer. Je mis mes connaissances de la construction en œuvre afin de penser de manière judicieuse. Vivant en Angleterre, et ne voyageant que pour des périodes de quelques jours, le simple fait d'aller chez le notaire, nous renseigner sur les constructions traditionnelles, visiter la foire et commander cette petite maison ne nous laissait pas de temps pour plus. Nous prolongeâmes notre mini-trip de trois jours afin de rencontrer une personne qui allait pouvoir nous fabriquer cette plate-forme.

Durant notre voyage de retour, je demandai à Laura de ne rien prévoir de plus à distance car il m'était impossible de « diriger » des travaux sans aucun matériel, ni pour mesurer, ni pour tracer, et de plus sans aucune connaissance de la langue. Nous allions avoir une dalle de béton, avec des tuyaux, et devrions prier tous les soirs pour que notre petit entrepreneur n'oublie rien au moment de couler le fluide. Trois mois plus tard, nous assisterions à l'arrivée du grand camion qui amènerait tout ce bois. La construction de la maison était promise en trois semaines.

Déménager à l'étranger demande beaucoup d'efforts, réflexions, préparatifs. S'occuper de l'organisation de travaux qui ont lieu à 2,000 km est un exercice périlleux, et je suis maintenant content que nous n'ayons pas opté pour une maison traditionnelle. Croisons les doigts, espérons que tout aille bien. Le gros avantage de ce type de construction est qu'en Espagne, aucun permis n'est requis. C'est à dire qu'un jour nous commandions notre future maison, et le lendemain nous décidions avec un entrepreneur local de l'endroit où nous allions la placer. Ceci contraste étrangement avec mon boulot actuel qui consiste justement à délivrer ce genre d'autorisation.

Laura accepta le fait que nous n'allions rien prévoir de plus pour l'instant, quittes à devoir vivre dans des conditions « précaires » un temps, c'est à dire sans électricité et sans eau, donc sans douche et sans wc ! Heureusement que dans le village à proximité il y avait un petit hôtel pas trop cher.

C'est le 26 octobre 2007 que notre grand déménagement eut lieu. Nous décidâmes d'organiser une petite fête de départ, réunissant nos amis et collègues de travail. Quel endroit fut retenu pour cet au revoir ? Je vous le donne dans le mille :

le *Just Happy* où non seulement nous n'avions aucun doute sur la qualité de la nourriture, mais aussi sur l'accueil. Et puis comme Larry et Kathleen font partie de nos invités VIP, le choix était simple. Ils décidèrent de réserver le restaurant rien que pour cette fête afin que nous nous y sentions tous à l'aise. En fait, une fois à huis clos, le *Just Happy* ne ressemblait plus à un restaurant sinon qu'à un endroit spécialement aménagé pour l'occasion. La musique était agréable, et pour cette fois ni Larry ni Kathleen ne travaillaient, ils avaient engagé un peu de personnel. La cuisine était confiée entièrement à Eduard qui avait pour mission d'envoyer – via ses commis – sur un simple geste de Larry. Quel détail.

- C'est que je veux participer à ta fête, mon grand ! Me lança Larry. Tu ne crois tout de même pas que je vais me mettre à bosser pendant que mes amis s'amusent, n'est-ce pas ?

- Oui, tu as raison, comme toujours. Mais bon, ces commis ils ont bien un coût, non ?

- Tu ramènes toujours tout à l'argent, typiquement Peter ! Tu ne vois pas que ce restaurant n'a pas de but lucratif ? Je te l'ai déjà dit mille fois, ce que je veux c'est du bonheur, et aujourd'hui grâce à cette petite fête en votre honneur, je suis heureux,… et

Kathleen l'est aussi. Arrête de penser aux détails Peter, amuse-toi, c'est ta fête, et demain tu auras déjà la tête ailleurs.

Larry avait toujours la réponse à tout. Énervant, déroutant, frustrant, je vous le dis. Avoir un ami comme Larry nous empêche de penser trop, il nous force à vivre l'instant présent.

Charlotte était radieuse et souriante, toujours la même complicité avec son papa. Je la regardais pour la première fois en tant que femme, et non plus la fille de Laura et Larry. Elle était grande, mince, de longs cheveux blonds lissés lui descendaient jusqu'à mi-dos. Ses yeux d'un bleu océan étaient soulignés d'un subtil maquillage du même ton. Elle était toujours élégamment habillée, mais son plus grand atout était la lumière qu'elle transmettait dans chacun de ses sourires. Ce soir là, elle était accompagnée de Jason Dantes, le fils de Melson, l'avocat de Larry. Il est vrai que Charlotte travaillait dans ce cabinet depuis un temps, et comme Jason étudiait lui aussi le droit, ils avaient été appelés à se voir régulièrement.

Jason est un jeune homme que je qualifierais d'ambitieux, comme je pense qu'ils le sont tous à cet âge. Je voudrais retourner vingt-cinq ans en arrière pour me regarder dans le miroir.

Melson était fidèle à lui-même, devenu très bon ami de Larry. Le procès de la *Régent* était terminé, et j'eus droit aux explications de Larry à ce sujet, non pas pendant cette soirée d'adieu, je vous rassure, mais deux semaines auparavant.

Melson annonça à Larry que cette affaire était terminée, feu les 500,000 £ que la *Regent* demandait. A la grande surprise de Larry, son avocat lui tint à peu près ce langage :

J'ai eu un rendez-vous avec leurs avocats, un seul, et cela a suffi pour qu'ils se rendent compte de la connerie dans laquelle ils s'étaient embarqués. Ils voulaient racler le demi-million afin de réparer les dommages. Je fis part de ma vision du futur à propos de cette affaire de cette manière :

Larry Moore ne possède plus rien, il a tout vendu de par votre faute et a dû rembourser les banques. Il est divorcé de sa première femme et remarié avec votre ancienne employée Kathleen Spencer, mais vous savez tout cela. Il ont un petit restaurant qui est monté au nom de son épouse. Larry Moore ne possède plus rien d'autre, il vit au jour le jour, il n'a même plus de compte en banque. Moi-même je le défends gratuitement. Si au bout de quelques années de procès vous réussissiez à obtenir gain de cause, croyez-vous qu'il pourrait vous payer ? Qu'allez-vous lui saisir, sa vieille Smart ? Fin de citation.

Un procès au tribunal civil ne tient que sur la capacité à la partie adverse de payer, quand celle-ci s'effondre, le procès disparaît, aussi simple que cela.

Si Larry avait continué sa vie d'avant, exposant sa belle maison, *Jaguar*, maîtresses et *Rolex*, roulant entre deals et super deals, il aurait très probablement dû se batailler pendant de longues années avec la *Regent Estates*, et que très probablement il aurait dû s'acquitter d'un montant de réparation, car faute professionnelle il y avait eu. Affaire classée, allons-nous nous en plaindre ?

Henry, deuxième enfant de Laura (je le répète pour ceux qui ne suivraient pas !) était accompagné de son copain Charles que nous avions déjà rencontré auparavant. Ils travaillent tous deux dans le même restaurant, un étant sous-chef en cuisine, et l'autre maître de salle. Ils rêvaient de pourvoir reprendre un jour un établissement à leur compte mais l'investissement était beaucoup trop important, voire impossible pour des jeunes. En peu de temps. Henry s'était posé et affichait son homosexualité sans la rendre provocante.

– Si tu as des vues sur un restaurant, viens m'en parler, et je verrai si je peux t'aider, lui souffla à l'oreille ma compagne. Je pourrais devenir une sorte d'associée non active dans ton business, mais tu devras me payer des dividendes !

Laura m'impressionnait. C'est vrai que si l'on veut aider ses enfants, ce n'est certes pas en donnant de l'argent qu'on le fera. Mais participer financièrement, et de manière comme le suggérait Laura pouvait représenter une bonne aubaine pour le jeune couple. Elle agirait comme un sponsor qui serait intéressé dans le business, et attendrait des résultats en retour, une forme de pression qui ne peut qu'aller dans le sens de la réussite du nouvel établissement.

> – Merci maman, j'aimerais que papa puisse parler comme toi !
>
> – Papa n'a plus d'argent, tu le sais bien. Sinon je suis sûre qu'il le ferait aussi.
>
> – Pour Charlotte oui, mais pas pour moi.
>
> – Henry, retire ce que tu viens de dire, tu n'es pas juste avec lui. Il a toujours eu sa préférence et tu as raison, mais vous êtes grands maintenant, frère et sœur, et je ne veux plus entendre cette mesquinerie entre vous. Ton papa aide Charlotte s'il le peut, et moi je t'aide si je peux.

Il lui fit un petit sourire en coin, sorte d'acceptation par faute de choix, mélangé à de l'amour inconditionnel.

Laura était particulièrement souriante ce soir. Elle avait une parole gentille pour chacun de nous, inclue « l'hystérique » Kathleen avec qui elle avait enterré la hache de guerre depuis bien longtemps. Morgan fit une brève apparition avec sa nounou argentine dans le brouhaha de la salle, sans paraître perturbée dans son sommeil de gros bébé.

> – Que c'est beau ! Dis-je d'un ton sarcastique à l'oreille de ma compagne.

> – A qui le dis-tu ! Moi j'en ai eu deux, me répondit-elle tout aussi discrètement. Je n'aurais plus la patience ni le courage qu'ils ont. Mais bon, Kathleen est encore jeune et innocente, elle ne sait pas ce que c'est !

> – Les faire c'est agréable quand même !

> – Avec toi oui, mais avec le père de mes enfants, c'était un peu comme : *cinq minutes de plaisir, vingt ans de souffrances !!!*

Nous rimes de bon cœur, il n'y avait rien de méchant dans nos paroles. Nous respections les choix de Larry et Kathleen, car bien au-delà des complications que peuvent apporter un enfant dans une vie, ils en tiraient un maximum de bonheur.

Je voudrais porter un toast, tout d'abord à mon ami Peter qui nous fait l'honneur de sa présence, puisque c'est sa fête de départ. Je voudrais lui souhaiter plein de bonheur ensoleillé dans ce nouveau pays qu'il a choisi comme destination. Peter est le seul *ami que je garde de ma vie d'avant, puisque Kathleen est devenue ma femme, et que ma famille est et reste ma famille.*

Il est évident que mon verre se lève aussi à ma merveilleuse première femme Laura, mère de mes deux grands enfants ici présents. Toutes ces personnes représentent ma joie de vivre, au quotidien. Je passe la parole à Peter qui a quelques mots à vous dire.

Merci Larry pour cette introduction. Si je prends la parole c'est tout simplement parce que Laura n'aime pas parler en public. Merci Larry pour nous ouvrir les portes de ton restaurant pour cette fête, et en même temps la fermer à tout client qui aurait la mauvaise idée de vouloir venir ce soir !

Vous êtes tous présents ici pour célébrer notre départ. Quel départ ! Nous nous sommes lancés dans une aventure tellement incroyable, celle de laisser physiquement derrière nous une vie, une carrière, des habitudes. Au niveau émotionnel, nous ne laissons heureusement rien, vous nos amis, vous notre famille, nous accompagnerez tout au long de notre périple. Dans deux jours nous prendrons un avion avec deux valises pour seuls et uniques bagages. Nous arriverons sur place où, avec un peu de chance, les fondations de notre nouvelle demeure – et vie – seront terminées. Je compte sur cette chance car dans une semaine on devrait nous apporter sur un énorme camion le bois de notre future maison. Vous n'imaginez pas le stress que nous vivons en ce moment.

Mais ce soir nous avons décidé de faire une trêve, celle qui nous permettra de vivre un moment exceptionnellement agréable avec vous tous, réunis pour la même occasion, celle de se voir enfin débarrassés de nous. Je lève mon verre à Kathleen et Larry, Charlotte et Henry, vous mes amis,... et à mon adorable compagne sur qui je compte pour m'apprendre « l'indispensable » catalan, mais sans qui cette aventure n'aurait certainement pas eu lieu. A toi, Laura, à vous tous.

Deux jours plus tard nous étions assis dans un avion à destination de l'inconnu, à la fois tristes et heureux. La nostalgie des bons moments, des amis, des enfants (pour Laura) et de tout ce que nous laissions derrière prenait le dessus sur l'excitation d'une nouvelle vie. Nous n'allions certainement pas regretter la grisaille quotidienne de nos contrées nord-européennes, ou le stress qui s'y colle inévitablement, mais il est clair qu'un bouleversement comme celui que nous étions en train d'expérimenter marquerait un avant et un après.

L'annonce de ma décision de partir, que ce soit à mes amis ou à mes collègues de bureau fut reçue avec une certaine perplexité. J'ai réalisé à ce moment précis que si le nombre de rêveurs est en constante progression, les personnes qui réellement passent à l'acte représentent encore une infime minorité. J'en veux pour preuve mon ami Alex, et qui était le seul à s'être montré enthousiaste et envieux au début de mes « divagations » sur l'Espagne. Il m'avait même confié en secret que c'est quelque chose qu'il pensait et ressassait depuis des années. Au moment de l'annonce de mon départ définitif, je sentis un décrochage, je compris alors que Alex était un confident tout le temps que mes idées en restaient à ce stade. Alex continuera avec ses rêves, et je lui souhaite de croiser un de ses semblables avec qui il pourra continuer à nourrir ses désirs. Je suis un peu dur avec lui mais il me semblait tant convaincant dans ses paroles d'évasion que je pensais bien que mon annonce de départ allait le booster, mais à la place, je perdis son amitié.

Laura s'était défaite de la boutique qu'elle avait monté avec Lisbeth, cette dernière achetant la moitié des parts, comme convenu. Le commerce fonctionnait bien, et il n'y avait donc aucun problème avec ce nouvel endettement. Comme mon appartement s'était vendu, j'avais déjà ristourné l'argent à ma compagne, et nous étions en paix avec cette histoire. Je réussis, grâce à un tour de passe-passe, de faire l'entourloupe à mon inspecteur des impôts, et tout le reste de mon argent était déjà transféré en Espagne par Swift sur un compte que j'avais ouvert lors de ma dernière visite. Le banquier m'assura que ces montants étaient insaisissables par un organisme étranger, sauf en cas de terrorisme ! Comme je n'avais ni le physique, ni le nom, ni l'intention de me lancer dans des tentatives visant à déstabiliser les valeurs de la société, mon argent était en lieux sûrs.

L'avenir me montrera qu'il n'y a rien de sûr dans cette vie.

Notre installation en Espagne ne se fît pas sans problèmes. La dalle en béton promise n'était pas terminée, nous eurent à dormir à l'hôtel Pirineo de Confrides pendant quatre semaines.

Je partageais les premiers moments de vie commune avec Laura. En Angleterre nous avions tous les deux notre indépendance, et nous nous retrouvions quand il y avait *envie et désir*. C'est à ce moment précis que je compris que vivre avec une personne est complètement différent. Bien entendu ce fut plus ou moins rose au début puisque tout était nouveau, mais avec les mois qui passèrent, je réalisai que Laura était une personne introvertie qui avait *besoin* de moi pour tous ses mouvements. Nous sommes aujourd'hui bien loin de cette image de femme indépendante que je m'étais faite dans le pays où je l'ai connue.

Son bonheur passait à travers moi, et que quand parfois nous avions des journées où nous devions être séparés, elle ne commençait à vivre que quand elle me retrouvait. J'avais dégoté un boulot d'homme à tout faire dans une station balnéaire sur la côte, ce qui me convenait parfaitement. Elle avait décidé, pour meubler ses journées de se mettre à dessiner et peindre au lieu de son premier projet de créer des vêtements. Mes horaires, bien que très légers, m'éloignaient de la maison pour quelques heures par jour. Dans mon travail je rencontrais plein de monde, et nourrissais de nouvelles amitiés qui me correspondaient totalement. Laura, quant à elle, restait à la maison, elle s'occupait pour attendre sagement mon retour. Je l'encourageai à faire des choses, des hobbys, de rencontrer des gens. Il y avait plein d'Anglais qui vivaient à moins de dix minutes de la maison, des gens sympathiques selon ce que nous avions entendu. Mais Laura restait terrée. Son visage s'illuminait uniquement durant mes jours de congé. Elle me disait que je n'avais pas besoin de travailler, que l'on pouvait vivre sur son argent, à la maison.

En fait, moi j'avais besoin de voir du monde, de « socialiser », j'y trouvais un équilibre nécessaire à mon bien-être. Je ne voudrais pas m'enfermer dans une maison, aussi agréable soit-elle, 24h/24 sans voir du monde, converser, boire un pot, partager une vision, etc... Si elle pouvait le faire, pas moi.

Peter Stenot

16

Deux ans plus tard.

Laura et moi vivions des jours paisibles, mais qui hélas se ressemblaient terriblement les uns aux autres. D'un mon côté tout allait bien et j'avais réussi à construire mon équilibre autour de la nouvelle langue que je maîtrisais, des amis, des contacts professionnels, de la vie mi-boulot, mi-maison. De plus, la piste d'atterrissage était construite, je veux dire que le gazon était semé, et l'assemblage de mon avion était en cours. J'étais donc comblé à plusieurs niveaux.

Mes amis d'Angleterre, je les avais perdu, seuls deux de toute la masse étaient venus nous rendre visite, les autres ayant des choses plus importantes à faire, je suppose.

La seule ombre au tableau était Laura qui avait désespérément besoin de moi pour pouvoir s'épanouir. Si au début de notre installation, je lui avais consacré toute mon énergie afin de la conforter, de lui donner plus d'appui ou de soutien moral, de faire en sorte qu'elle attrape plus d'estime, rien n'y faisait. Durant ma première année en Espagne, j'avais dû me battre avec les entrepreneurs, les fournisseurs (électricité, téléphone, eau, etc...), l'adaptation de la maison en milieu rural, la piste, le hangar pour le futur avion,... et une fois mes longues journées terminées, m'occuper de son moral constamment bas.

Je la questionnai sur son adaptation à l'Espagne, puisque je voyais bien qu'elle ne faisait pas beaucoup d'efforts pour en apprendre la langue. D'après ce qu'elle me racontait, elle se sentait bien à l'endroit et il ne lui semblait pas avoir commis d'erreur. Par contre, elle avait développé cette propension à disparaître complètement dans mon ombre. En Angleterre, c'est elle qui m'avait donné cette force pour entreprendre les choses, pour mettre en actes ce dont secrètement je rêvais, elle était mon moteur, mon détonateur. Aujourd'hui les rôles se sont inversés.

Pendant un an, j'ai essayé beaucoup de choses, de lui transférer mon énergie, de lui faire rencontrer des personnes pour s'intégrer sur place, rien n'y fît.

Un jour j'ai décroché, et j'ai rencontré Eva. Elle m'a reconnecté avec le bonheur que j'avais connu en Angleterre avec Laura. Eva était grande, brune, élancée, avec un regard noisette, terriblement Espagnole, ce qui pour moi voulait dire exotique. Elle était coincée dans un mariage qui ne fonctionnait pas, et moi dans une relation boiteuse. Laura me semblait être une petite entreprise dans laquelle tous les jours il fallait injecter de l'énergie juste pour la maintenir en vie, et que si un jour on arrêtait de le faire, c'était la faillite assurée.

Comment une personne aussi entreprenante, aussi énergique, aussi passionnelle peut-elle se laisser aller à devenir l'ombre de quelqu'un en un laps de temps aussi court ?

Larry n'avait pas d'explications à ce sujet. Pour lui la cassure avec Laura s'était produite lors de la naissance de Henry. Il faut dire que dans leur couple, avant Henry, ils avaient de la distraction, 53cm grandissant à vue d'œil, la petite blonde à la mine de *Barbie*.

Lors de notre installation en Espagne, nos premiers pas furent essentiellement dépendants de mes connaissances techniques, et nous eurent très peu besoin de son dialecte. Je suppose que c'est au départ les raisons qui ont poussé Laura à se positionner juste derrière moi, là où le soleil ne brûle pas.

Eva entra dans ma vie comme un courant d'air frais, elle était souriante et spontanée, mais aussi sûre d'elle, toutes des qualités qui avaient disparu comme peau de chagrin chez ma compagne. Pour la première fois en un an, je pouvais profiter de moments pour moi, de pouvoir *me* consacrer *mon* énergie. Nous fîmes l'amour à chaque fois que l'on se voyait. C'est étrange de dire ceci, mais Eva me permit de retrouver cet équilibre qui commençait à me faire défaut. Sans m'en rende compte, cette énergie gaspillée petit à petit au sauvetage de Laura était en train de me ronger de l'intérieur. Je devais m'assurer de tous les problèmes relatifs à la maison, à son installation, son entretien, etc... mais en même temps m'assurer du bonheur de ma conjointe. C'en était trop, le vase débordait, et malgré toute l'énergie du monde (avec le recul je confirme), il était impossible de rendre heureuse une personne qui se refusait au bonheur.

Avant de rencontrer Eva, j'aurais pu en terminer de ma relation avec Laura, mais la force me manqua. Oui je sais mesdames, vous allez me condamner sur le champ et m'emmener à la guillotine car vous aussi vous avez vécu la même chose avec votre mari.

La force qui m'a manqué, c'est celle de faire face à ces choses qui avaient changé, de lui dire que comme ceci, elle n'était plus la personne qui m'avait conquis. En fait, je comprenais que partir vivre à l'étranger était plus mon rêve que le sien, elle n'avait jamais fait aucun projet de la sorte. Il me fallut des mois et des mois pour comprendre que Laura m'avait poussé à déménager vers l'Espagne, l'emmenant avec moi, afin que je puisse mettre des actes sur mes paroles ou mes rêves. Elle ne serait jamais venue seule, et encore moins avec un gars qui se contente de la vie qu'il a en Angleterre. Quand j'ai réalisé qu'elle avait fait tout ceci pour moi, et inconsciemment pour rendre notre couple plus fort et plus stable, il me fut impossible de la « remercier ». Elle avait bousculé sa vie pour m'appuyer dans mon épanouissement, se lançant dans une vie qui n'était pas plus la sienne que celle d'avant.

Laura était une personne dépendante en amour, et elle l'avait toujours été.

Larry la trompait mais elle n'en disait mot. Elle avait besoin de la stabilité que lui procurait son mari dans le couple, le mariage, la famille. Afin de conserver ces valeurs très importantes, elle fermait les yeux sur les différentes maîtresses de son conjoint, se retrouver seule étant beaucoup plus grave encore que d'être trompée.

Après m'avoir montré son côté fort afin d'obtenir de notre couple – déménagement à la clé - ce qu'elle cherchait, elle s'était laissée retomber pour redevenir celle qu'elle était, une femme terrorisée par la solitude.

Je m'apitoyai sur son sort, sur son malheur, et même si cette relation ne m'apportait plus ce dont j'avais besoin, je ne pouvais la laisser tomber. Elle avait tout quitté pour moi, m'avait suivi dans le rêve qu'elle avait impulsé. Laura voulait me voir épanoui, me voir heureux, me voir à ses côtés, ressentir les liens forts qui nous unissaient, et m'entendre lui dire cent fois par jour que je l'aimais, car seulement quatre-vingt dix-neuf n'auraient pas suffi.

C'est à l'arrivée d'Eva dans ma vie que je me suis mis à écrire et à construire mon avion.

Eva et moi sommes restés amants assez longtemps, et c'est ce qui me permettait de pouvoir maintenir ma relation avec Laura. J'imagine bien que ces paroles peuvent blesser certaines âmes tendres, ces personnes qui ont le besoin de se sentir aimées pour pouvoir respirer.

J'avais réduit mon temps de travail dans ce centre touristique afin de pouvoir consacrer plus de temps à la relation parallèle que j'entretenais. Eva travaillait dans la même entreprise que moi, et nous avions accommodé tous deux nos horaires, nous donnant la possibilité de nous voir presque tous les jours pendant deux heures. Eva me rappelait Laura, au début de notre relation. Elle était forte, énergique, spontanée (je me répète), et exotique. Elle était à la fougue ce que Laura était aujourd'hui à la tranquillité. Quand je rentrais à la maison, j'avais besoin d'une bonne dose de courage, car ce n'est pas parce que j'avais trouvé moi un certain équilibre que Laura, elle, allait mieux ! Elle avait toujours autant besoin de moi, de mon énergie, de mes bras, de mes paroles, de mon amour. Je n'avais pas fini d'aimer Laura, je l'appréciais beaucoup, elle était mon amie, celle à qui je cachais aussi un grand secret qui ne lui aurait certes pas fait plaisir à entendre. Quand je revenais de mes rendez-vous avec Eva, j'étais débordant d'énergie, alors je pouvais en donner à ma compagne. De plus, comme j'avais commencé ces deux hobbys (écriture et avion), je ne passais que peu de temps par jour en couple.

Je m'accommodai très rapidement à cette double vie très agréable. Il est souvent plus facile de fuir la vérité de lui faire face, alors je continuai à mentir tous les jours, à faire semblant. Je ne pensai à aucun moment laisser Laura – qui somme toute m'offrait une vie confortable et pleine d'amour –

pour aller vivre avec Eva. L'histoire était tentante, certes, mais Eva était mère de deux enfants, et je préférais penser égoïstement que son mari pouvait passer ces moments en famille avec elle, moi avec Laura, et que le couple adultère que nous formions ne se retrouve que pour les bons moments.

Eva était tout à fait satisfaite, elle aussi, de sa double vie.

Bref, je trompai Laura durant plus d'un an. Pendant ce temps, j'allais de mieux en mieux, combinant maîtresse et hobbys, délaissant quelque peu ma partenaire, ce qui commença à lui mettre la puce à l'oreille. Comment se fait-il que je la désire moins et que c'est toujours elle qui doit venir vers moi pour un câlin ?

Cette semaine, nous fêtons nos deux ans de vie au soleil. Laura est une femme qui mérite tout ce qu'il y a de mieux au monde, et pourtant elle est avec moi qui la trompe. Elle a fait dernièrement des efforts impensables afin de me plaire et me reconquérir, mais il me manque toujours ce qui m'avait séduit chez elle, cette grande assurance. Laura dépend énormément de moi pour être heureuse, et bien que ces efforts pour me plaire soient convaincants, ils sont hélas arrivés trop tard.

Je pourrais changer d'avis, certes, et essayer de vivre cette relation entièrement avec elle, mais le point de non-retour dépassé signifie que de nouveaux rêves se sont mis en place, et que Laura n'en fait malheureusement plus partie. Je n'ai toujours pas la force de lui avouer que nous deux c'est fini, ou que cette rupture arrivera tôt ou tard, car au plus elle fait des efforts et au plus je ressens de la pitié. Je sais bien qu'il serait plus sain de couper au plus vite et d'arrêter de faire des dégâts, mais quand une personne vous regarde avec des yeux de chien battu, il est difficile de donner le coup de grâce.

Quelques semaines plus tard, nous reçûmes une carte postale. *Charlotte Moore et Jason Dantes sont heureux de vous convier à leur célébration de mariage qui aura lieu......*

Ce n'était pas une surprise, nous le savions, même que Laura était repartie quelques jours en Angleterre pour aider sa fille à choisir la robe de mariée, ce qui m'avait donné des « vacances » avec Eva, pour notre plus grand bonheur ! Nous avions déjà les billets et avions prévu de remonter une semaine pour la circonstance, du lundi au lundi. Il faut dire qu'au passage, Larry nous invitait le mercredi pour les trois ans de Morgan. Cela me fera du bien de le revoir ce bougre. Le mariage se déroulait le samedi, mais la veille, nous devions sortir ce grand Jason pour fêter sa dernière nuit de célibataire, tout comme Laura accompagnait Charlotte. Tout ceci nous promettait une semaine chargée !

Pour combler le tout, *Ryanair* venait d'annuler notre vol aller pour cause de brouillard à Stansted. Ils sont sympa quand même, il nous rembourseront le prix du billet endéans six semaines, mais nous restâmes coincés sur le sol d'Alicante. Heureusement qu'il y a un comptoir de *Monarch* qui nous vend un vol qui décolle dans quatre heures, sinon nous pourrions remonter jusqu'en Angleterre en voiture ! Je suppose que c'est le prix à payer quand on veut voler pas cher. Je n'aime pas la politique de *Ryanair*, mais il faut dire qu'ils ont un paquet d'avions, et une liste interminable de destinations.

Soit, nous arrivâmes le soir au lieu du matin, mais comme nous n'avions rien de prévu, plus de stress que de mal ! Nous voici pour la première fois depuis deux ans tous les deux en Angleterre. Nous avons loué une chambre au Barn Cottage de Suzi à Sevenoaks, endroit très sympathique et calme, et pour nous déplacer, devinez quoi ? Une *Smart* ! Cette petite voiture me manquait. En Espagne nous avions un 4x4 à cause des routes défoncées, et la neige qui parfois nous surprenait en hiver.

Mercredi à midi, nous fêtions les trois ans de la grande Morgan, mignonne à craquer, cela ne m'étonne pas que Larry en est amoureux.

– Cela te fait quoi que Charlotte va se marier, Larry ?

– Oh, tu sais, ceci devait bien arriver un jour. On ne fait pas ses enfants pour soi, ou on serait fous de le croire ! Et puis, ce Jason, il est vraiment cool. Tu sais à qui il me fait penser ? A son père !

– Tu te rends compte que c'est finalement grâce à ton divorce que Charlotte est aujourd'hui avec Jason ?

– C'est vrai ! Avec le temps qui passe on oublie ce genre de truc, mais tu as raison. Et si on va plus loin encore, c'est grâce à ce fameux tordu du restaurant qui m'a pris pour un autre, qui a fait que l'on a passé la nuit au poste, que j'ai perdu le contrat, que Kathleen a appelé à la maison, qui a fait partir Laura, etc... Comme quoi, on ne sait jamais ce que la vie nous réserve.

– Tu as raison. Elle est quand même bien cette petite Kathleen. Je me souviens quand tu m'en as parlé pour la première fois, les réserves que j'avais émises.

– Comment çà va avec Laura, Peter ?

– Pas trop bien, c'est étrange que tu me poses cette question.

– Je vois les choses. Tu veux que l'on en parle ?

– Oui, mais pas aujourd'hui, c'est la fête de ta petite Morgan.

– Trois ans, comme tout cela passe vite !

– Et nous, deux ans en Espagne !

C'est étrange, mais cette petite fête ressemble étrangement à notre soirée d'adieu Les même gens, plus ou moins, et encore une fois dans notre point de rendez-vous préféré, le J*ust Happy*.

– Çà va Charlotte ? Nerveuse pour le grand jour ?

– Oui et non Peter- En fait, pour la cérémonie il reste encore plein de détails à mettre en place, mais je commence à en avoir assez de tout ce protocole, je pense laisser une part à l'improvisation.

– Tu as raison, *trop* est l'ennemi du bien. Parfois, *moins* c'est *plus* !

– Tu deviens philosophe ou c'est moi qui déraille ?

– J'ai commencé l'écriture d'un roman, alors je raffole de ces petites expressions.

– Toi, écrivain ? J'espère que j'existerai dans ton livre !

– Tu auras une place d'honneur, toute à ton image.

Morgan jouait à cache-cache avec ses petits copains et tournait autour des gens. C'est incroyable comme le temps passe vite. Hier elle était bébé dans son couffin, et la voici aujourd'hui en train de gambader parmi l'assemblée, répondant à nos questions.

Charlotte demanda à sa maman de l'accompagner le lendemain pour certaines courses et organisations de dernière minute. Je pense que l'accomplissement de tous parents – et dans ce cas tant pour Larry que pour Laura – est d'emmener ses enfants sur l'autel (ou devant le maire). Laura rayonnait à la vue de ses enfants.

Henry était aussi venu pour l'anniversaire de sa demi-sœur, mais son copain n'avait pu prendre congé. Comme ils travaillaient tous deux au même endroit, il leur était impossible de prendre des jours libres en même temps.

– Vous avez toujours envie de monter un petit resto ensemble ? Demandai-je.

– Plus que jamais. Je comprends bien que notre boss ne nous laisse pas de jours libres en même temps, mais d'un autre côté, comprends nous.

– Oui, Henry, je te comprends parfaitement. Mais en ayant un établissement à votre nom, vous ne pourriez probablement pas le faire non plus.

– Tout dépend quel type. Regarde mon père, il peut fermer quand il veut et organiser ses petites fêtes. Ne serait-il pas là le secret du job parfait ?

– Tu as probablement raison, mais vous les jeunes, rêvez de gagner beaucoup d'argent n'est-ce pas ?

– Si tu m'avais posé la question il y a quelques années, je t'aurais certainement répondu oui, mais aujourd'hui, à la vue de mon père, Charles et moi avons changé d'avis. Pour te dire un secret, on rêve de faire comme lui, monter un endroit où nos amis gays seraient les bienvenus, un peu comme un point de ralliement.

– Ce n'est pas une mauvaise idée. Normalement, les homosexuels, ils se rencontrent où ?

– Dans des bars réputés, tard le soir. Mais parfois on n'a pas vraiment envie de sortir dans de tels endroits tu sais. On est aussi des gens normaux qui aiment les choses normales.

Laura et moi ne vivions plus les choses de la même manière, en symbiose comme avant. Il suffisait de nous observer dans cette fête pour comprendre bien vite qu'il y avait une distance entre nous.

Le jeudi, puisque Laura avait disparu dans les boutique avec sa grande fille sur le point de passer l'alliance, j'en profitai pour aller rendre visite à mon grand pote Larry dans l'exercice de ses fonctions. Il était content de me revoir, comme s'il ne m'avait pas vu depuis deux ans, alors qu'hier encore nous étions réunis au même endroit.

> – Le jeudi c'est bien, il n'y a pas grand monde. Mais tu restes après le café, Peter, toi et moi avons des décennies à rattraper.

> – Ne t'inquiète pas, Larry, si je suis venu, c'est pour avoir un moment seul à seul.

Trois tables seulement, un total de dix personnes. Un jour calme comme je suppose qu'il doit y en avoir beaucoup. C'est ce genre de journées qui permettent au restaurant de payer les inévitables frais de fonctionnement. Je restai à attendre après mon café. Larry avait dès le début acheté cette fabuleuse machine *expresso* comme on en trouve partout en Italie, en Espagne, ou même en France. Les anglais, eux, ont l'habitude de boire du jus de chaussette, une espèce d'énorme café instantané au lait, servi dans une grande tasse appelée *mug* remplie jusqu'à ras bord. Larry avait fait l'effort de servir un bon café crêmeux à souhaits.

> – C'est avec des détails comme celui-ci que les clients reviennent. Certains pourraient venir manger ici seulement pour le bon café que je sers, et que j'offre de surcroît.

– C'est juste, Larry, les cafés et les desserts doivent être à la hauteur du reste, mais pourtant c'est souvent là que les restaurants ne font aucun effort. En Espagne le café est toujours bon, mais les desserts çà craint un peu.

– Bon, maintenant que je te tiens Peter, qu'est-ce qui se passe avec Laura ?

– Ce qui se passe, c'est que notre histoire va se terminer.

– Tout a un début et une fin, ce sont les cycles de la vie, rien n'est éternel, même pas les relations. Mais pourquoi si vite ?

– Je n'ai plus d'énergie.

– Plus d'énergie ? Moi je te vois en bonne santé, celui que tu as toujours été. C'est quoi ces histoires.

– Tu as raison Larry, la bonne réponse est : je n'ai plus d'énergie *pour elle* !

– Fatigué ? De quoi ?

De son besoin de moi pour s'épanouir, pour être heureuse. Elle ne peut rien faire par elle même, elle dépend toujours de moi. Tu sais qu'en deux ans je parle couramment espagnol, et elle n'en connaît pas plus que quand elle est partie d'ici. Elle ne veut rencontrer personne, refuse de sortir de la maison, et quand je ne suis pas là, on dirait qu'elle passe toute sa journée à m'attendre. Vu de l'extérieur on pourrait dire qu'elle est dépressive. Pourtant elle ne l'est pas, mais ses états d'humeur ne dépendent que de moi, de ma présence, de mes paroles rassurantes. Bon dieu Larry, on n'a plus vingt ans. Je dois m'occuper de tout ce qui a trait de la maison, de mon boulot, de subvenir à nos besoins, et quand je rentre je devrais encore dépenser des heures tous les jours pour essayer de la rendre heureuse. Et ce travail est à recommencer quotidiennement. J'en ai marre, Larry, De toutes manières, j'ai décroché, je ne m'occupe plus d'elle comme avant. Maintenant je m'occupe de moi, je fais mes trucs, je fonce dans mes passions. Elle le ressent, c'est sûr, car dernièrement j'ai bien vu qu'elle usait d'artifices pour me recoller à elle. Mais c'est trop tard, moi je n'en peux plus. Je me suis surpris dernièrement à faire des rêves où il n'y avait pas de place pour elle.

– Tu as une maîtresse ?

– …..

– As-tu une maîtresse, Peter ?

– Oui,... et je n'en suis pas fier.

– Oh, ce n'est pas moi qui vais te condamner, je l'ai fait bien avant toi. Je me suis moi aussi fatigué de Laura, mais pas pour les mêmes raisons. Par contre, si je peux citer un point de similitude, c'est que moi aussi je faisais des rêves où elle n'apparaissait plus. Tu vas lui dire quand ?

– Que j'ai une amie ? Jamais !

– Tu crois qu'elle ne s'en doute pas ?

– Où veux-tu en venir.

– Et bien qu'avec moi il me semble qu'elle l'a toujours su, mais qu'elle restait pour le statut que je lui offrais (femme mariée, famille, argent, etc...), tu comprends ?

– Tu me fais peur, tu crois qu'elle sait ?

– Je n'en sais rien Peter, mais ne sous-estime pas une femme dans ses intuitions, cela dépasse notre entendement.

Il me plaît ce Larry, mais il me fait peur. Laura saurait-elle de ma liaison avec Eva ? Laura saurait-elle tout depuis le début, de mes mensonges ? Alors, pourquoi n'en sommes-nous pas arrivés à avoir une discussion franche à ce sujet, je veux dire à propos des raisons qui m'ont poussé à ouvrir mes yeux à une autre femme ?

– On fait quoi dans ces cas-là, Larry ?

– Chacun sa vie, on fait de son mieux. Tu veux partir avec l'autre ? Elle a un nom au moins ?

– Eva, elle s'appelle Eva, et non, je ne veux pas partir avec elle. Elle a des enfants et tu sais ces choses là ne sont pas trop ma tasse de thé !

– C'est Eva qui te permet de tenir bon avec Laura, n'est-ce pas ?

– Comment tu sais cela ?

– Entre hommes, on se connaît, nous avons la même manière de fonctionner. Mais si Laura te bouffe autant d'énergie, ou que la vie avec elle ne te plaît plus, pourquoi n'en finis-tu pas ?

– Et elle ferait quoi ? Elle reviendrait en Angleterre ? Je lui dirais : Je n'ai plus envie ni besoin de toi, tu peux retourner dans ton pays ? Je n'ai pas le droit de lui faire cela, Larry.

– Mais la tromper, si !

– Oh, eh, tu es bien passé par là, non ?

– Oui, sauf que moi je ne me plaignais pas de la vie avec Laura. Je ne sais pas si tu te souviens, mais je te disais qu'elle était un long fleuve tranquille. Cela m'arrangeait bien qu'elle m'attende à la maison, nous avions des enfants à élever.

Il avait raison, comme toujours. Je suppose que l'on reste avec une personne tout le temps où notre balance dans cette relation est positive. Larry restait avec Laura pour cette raison, et il est clair que je la quitterais pour la même raison. La vie est un éternel apprentissage, et chaque cas est bien différent. De plus, nous n'avons qu'une seule occasion de faire une chose pour la première fois. Je trompais Laura car elle ne me satisfaisait plus.

– Alors, pourquoi ne la quittes-tu pas ?

– Je suppose que je ne veux pas lui faire du mal. Je sais que cela sonne étrange, mais que veux-tu, j'ai *besoin* de m'échapper, cela m'est vital. Je ne peux hélas pas commander mes sentiments, et ils ne sont plus avec Laura. Je l'aime bien et elle ne mérite aucunement cela, mais j'ai passé le cap de non-retour.

– Je te comprends parfaitement. Une fois que l'on a trompé une personne, on recommence. Si tu as eu besoin de cette Eva pour échapper à une situation que tu ne supportais plus, ce n'est en rien comparable à une passade d'un soir. Il y a quelque chose de cassé.

– Exactement !

Larry me promit de garder la bouche close à ce sujet, une tombe. Sauf Kathleen pouvait être au courant.

Tromper une personne représente un malaise dans le couple. Bien entendu il y a des hommes qui ne se trouveront bien avec personne et qui commettront l'adultère toute leur vie, peu importe leur partenaire, mais on en revient à la même chose.

Heureusement que Larry et moi ne parlâmes pas que de cette histoire toute la journée. Après le rangement des tables, Kathleen se joint à nous et nous eurent de bons moments ensemble.

Samedi, 10h30, église *St Martin in the fields*, nous étions tous réunis, la famille et amis de Charlotte d'un côté, ceux de Jason de l'autre. Jason était devant avec son témoin, tandis que Larry devait être quelque part dehors en train de souffler les dernières recommandations à sa fille. Que c'est beau un mariage, et elle n'a pas encore fait son apparition ! Les orgues jouent des airs classiques, les gens conversent allègrement. Le plus nerveux de tous dans cette cérémonie doit être Jason, ou encore le curé qui célèbrait aujourd'hui son premier mariage.

Les orgues entamèrent la classique marche nuptiale de Mendelsohn et la radieuse Charlotte fît son entrée aux bras de son cher et tendre papa. Elle était très jolie – qui ne l'est pas le jour de son mariage ? - et le public n'avait d'yeux que pour elle. Ce doit être impressionnant de se retrouver ainsi au centre de l'admiration de tous. Jason se retourna pour la voir arriver, il l'attendait nerveusement sur le devant de la scène, mon ami accompagna sa fille pour la remettre en main propre à son futur époux. Larry s'installa entre Kathleen et Laura. De l'autre côté il y avait monsieur et madame Dantes. De part et d'autres s'en suivaient les grand-parents, et puis les oncles, tantes, cousins, etc... Bref, un mariage classique, et j'aurais tendance à dire ennuyeux comme ils le sont tous si nous ne sommes pas des proches et ne ressentons pas le bonheur des mariés à l'intérieur de nous.

Pourquoi fait-il toujours aussi froid dans les églises ? Pourquoi les mariés, aussi modernes soient-ils, choisissent-ils de textes et des musiques démodés ? Pourquoi les convives d'un certain âge doivent-ils s'habiller de manière aussi exentrique ? Le mariage est une noble institution, mais incite encore aujourd'hui à l'adoration de certains préceptes complètement démodés. Pour aussi proches que soient Charlotte ou Jason par rapport à moi, je trouve cette cérémonie complètement ringarde. Heureusement que du côté de la famille, l'ambiance est plutôt bonne et que nous avons toujours un petit mot pour rire. Les mariés, eux, gardent un sérieux à la mesure de leur engagement, comme si une note de bonne humeur allait entacher leur serment !

En plus, cette église étant assez proche d'un restaurant,... ou mieux dit : un restaurant s'étant installé assez proche de l'église, les bonnes odeurs culinaires entrèrent nous envahir pour faire gargouiller nos estomacs vides. Si au moins le curé pouvait être aguerri, il terminerait cette cérémonie plus vite. Mais sans doute suis-je égoïste, l'adorable Charlotte n'est-elle pas en train de vivre le plus beau jour de sa vie ? Et moi pendant ce temps je ne pense qu'à me remplir la bedaine.

Sans doute ceci vient-il du fait qu'un mariage sur deux en arrive à divorcer endéans les dix ans, et que cette union, aussi solennelle soit-elle, pour moi ne représente que l'officialisation d'un amour,... comme si un sentiment aussi fort avait besoin d'être matérialisé pour qu'il prenne toute sa valeur. Vous l'avez compris, le mariage et moi ne sommes pas faits pour nous entendre !

Heureusement, toutes les choses ont une fin, et cette messe de célébration solennelle aussi. Ce qui nous uni tous à ce moment précis c'est un ventre vide qui crie famine, le tout activé par le resto d'à côté.

Heureusement que nous sortîmes dans les premiers juste derrière les mariés, car il y avait un photographe officiel – de ceux qui prennent tout leur temps – qui faisait une photo posée de chaque couple à la sortie de l'église, ce qui retarda l'évacuation des derniers de vingt bonnes minutes. Nous étions déjà arrivés dans cette magnifique salle de banquet à l'heure où les derniers terminaient la photo. S'il y a une chose que je bénis, c'est bien le traiteur qui nous a de suite arrosé au champagne et baigné de zakouskis. *Que les derniers se dépêchent car ils n'en n'auront plus*, on a tellement faim. Mais je suis sûr que Dieu les aidera dans leur malheur, car ne dit-on pas que les derniers seront les premiers !

Moi, en attendant l'intervention divine, je me remplis le ventre.

Une fois la panse rétablie de ses émotions – et de ses gargouillements – nous pûmes enfin tous nous relâcher, champagne aidant. Charlotte était radieuse, souriante, belle,... mais terriblement occupée. Tout le monde la voulait, tout le monde la félicitait pour sa robe, comme si c'était le plus important. En plus elle ne la remettra jamais ! Au moins, Jason, lui, recevait des félicitations pour le choix de sa femme, ce qui est déjà plus réaliste.

Tout le monde parlait avec tout le monde, les gens arrivaient au compte-goutte juste après avoir été relâchés par le photographe. Quelle idée celui-là. Mais qui donc va regarder un album complet de soixante couples dans la même position, avec le même fond, des photos qui se ressemblent à en mourir de sommeil, ne servant que comme témoignage des tenue excentriques exhibées pour telle occasion ? Mais à l'heure du digital, où *Facebook* est le tiroir-fouillis de milliers de photos que jamais personne ne regardera, notre photographe officiel du jour a toute sa place. Donc finalement, ne suis-je pas, moi, le démodé ?

Larry était rayonnant, à l'image de sa fille, sa perle rare des océans de l'Eden. Il avait un mot gentil pour tout le monde. Autant une cérémonie religieuse peut être rabat-joie, autant un apéritif est un moment délicieux. Des personnes qui ne se sont pas vues depuis longtemps se réunissent et l'humeur est à la décontraction, malgré les robes une ou deux tailles trop étroites que vêtissent la majorité des femmes. Heureusement que nous les hommes n'avons pas ce complexe et cette tendance à acheter des vêtement trop étriqués afin qu'ils nous aident – quoique – à dissimuler les quelques kilos en trop.

Depuis un temps, sur la chaîne de téléshopping, je vois ces gaines du type « grand-mère » modernisées, qui donnent en deux minutes l'impression d'un corps svelte. Je m'imagine si à la première rencontre charnelle avec Eva, elle avait enlevé ce genre d'artifice et soudainement laissé à l'air libre des bourrelets jusque là bien dissimulés. ! Heureusement, ma maîtresse méditerranéenne savait prendre soin de son corps tous les jours.

Je n'ai pas encore parlé des chapeaux, qui je suppose ne se vendent plus aujourd'hui que pour les mariages. Tout un commerce qui ne tient que sur l'apparat d'un jour ! Ce que je ne comprends pas, c'est ce besoin qu'ont les gens d'arborer tels artifices pour se sentir à l'aise dans ce type de cérémonie. Veulent-elles faire concurrence à la mariée, combat perdu d'avance ! ? Mais même si j'apprécie énormément Charlotte, et elle m'excusera en lisant ces lignes, elle n'a nul besoin de s'habiller en meringue pour être belle. De plus, ces vêtements uniques, inabordables, doivent être une plaie qui empêche toute spontanéité, alors qu'un jour comme celui de son mariage devrait être vécu d'une autre manière.

Le fait de passer à table fut accueilli comme une bonne nouvelle pour la simple raison que nous étions debout depuis déjà plus d'une heure. Si pour nous les hommes cet exercice est encore acceptable, je parlerai ici pour toutes ces dames sans exception qui tentent de surplomber l'assemblée du haut de leurs talons beaucoup trop hauts que pour être confortables. Que çà doit être compliqué d'être une femme ! Même Laura s'est prise à l'exercice de paraître plus mince, plus grande, plus arborée que ses concurrentes.

Je n'appartiens plus à ce monde !

Cette phrase commença à résonner dans ma tête, alors que je critiquais tout cet assemblage artificiel qui m'entourait, tout ce tralala. Ces maquillages pailletés, ces chapeaux pompeux, ces gaines vendues à la télé qu'un œil exercé arrive quand même à discerner, ces talons aiguilles, bref, tout un monde étriqué dans le seul et unique but de paraître ce qu'ils ne sont pas. Essayez, mesdames, de sortir dans la rue un jour de semaine, attifées de la sorte.

Je n'appartiens plus à ce monde !

Mes yeux critiques continuent leur analyse, et j'en attrape même des nausées. Ne vais-je pas écrire un livre à ce sujet,... qui dénoncerait le monde dans lequel nous vivons ? Un livre qui pointerait du doigt les grands manques de cohérence entre ce que nous pensons et ce que nous sommes capables de faire. Ce ne serait pas une simple critique, mais un cri, celui d'une personne qui ne se reconnaît plus dans ce monde matérialiste dans lequel nous vivons. La seule personne qui me semblait naturelle ce jour là était encore Kathleen. C'est à ce moment de vide cérébral, d'absence complète que j'entendis ces mots.

– Ça va Peter ? Tu as l'air un peu perdu.

– Je regarde ces femmes, Larry, les robes étriquées, les chapeaux, les maquillages, les talons qui doivent être impossible à porter, ces fausses poitrines exhibées au public. Tout cela pour quoi ?

– Pour le plaisir de nos yeux, je suppose. Tu devrais te réjouir et te rincer l'œil. Ce n'est pas tous les jours que tu verras un tel déferlement de beautés.

– Beautés ? Larry, il n'y a rien de vrai dans ces beautés, même Charlotte, regarde-là. Tu sais que je l'apprécie et que je l'aime, je sais qu'elle est tout pour toi, mais ne viens pas me dire qu'aujourd'hui elle est belle déguisée en meringue.

– Cela la rend heureuse, et c'est çà qu'il faut voir, rien d'autre.

– Alors tu veux me dire que cette femme là, avec ses kilos moyennement cachés derrière sa gaine, son chapeau avec le canari, son maquillage forcé, ses talons qu'elle ne supporte pas, cette robe qui craquera au moindre faux mouvement,... tu veux me dire que cela la rend heureuse.

– Ah ah ah, Peter, tu n'en rates pas une, toi. Viens, je vais te la présenter, c'est la maman de Kathleen, et je suis sûr qu'elle pourra te répondre mieux que moi.

En effet, je n'en manque pas une !

– Sue, je vous présente mon ami Peter qui vit en Espagne avec mon ex-femme Laura.

– Ah, c'est donc vous ce fameux Peter, je suis enchantée de faire enfin votre accointance !

Cette femme avait l'air charmante à souhait. Alors pourquoi avait-elle cette nécessité de s'attifer de la sorte ? Il y a des choses que je ne comprends pas.

Larry se débina vite fait de la conversation, et je me retrouvai collé avec la sympathique rombière pour un bon moment. *Merci Larry*, pensai-je en secret.

Mais comme le temps de passer à table était arrivé, je ne me sentis point obligé de poser des questions sur sa tenue vestimentaire. J'étais assis en bout de table d'honneur, juste à côté de ma compagne Laura. Donc la seule conversation fut avec elle. Comme Laura et moi vivons ensemble tous les jours de notre vie, j'en vins presque à regretter la rombière qui aurait pu me changer du quotidien.

Heureusement, notre assignation à table ne dure pas toute la journée, et la qualité des vins nous fait bien vite oublier tous les protocoles. Après tous les usages, discours, gâteau, première danse des mariés, et tout le tsoin-tsoin qui accompagne ces traditionnelles fêtes, la soirée put commencer. Si je vous épargne tous les détails de ce mariage, c'est parce que nous y avons tous un jour participé, et que ces cérémonies se ressemblent toutes. Celle-ci n'avait rien de spécial, ou rien d'ajouté hormis le fait que la mariée était la fille de Larry et ma compagne Laura.

Pendant la soirée, Larry vint s'asseoir un bon moment avec moi.

– Que les gens sont ennuyeux !

– Pourquoi dis-tu cela Larry ?

– Ils te racontent tous les même bobards. Tu peux les entendre trois fois, mais trois-cents, non ? Et la robe de la mariée ceci, et la musique de la messe cela, et un tas de conneries du genre. A croire que les gens ne sont ici que pour parler de ce qui se voit.

– C'est marrant que tu me dises cela !

– Ah oui, pourquoi ?

– Je veux dire qu'en début de journée je t'ai fait ce genre de commentaire, tu ne m'as pas vraiment écouté, et maintenant tu viens t'en plaindre.

– Je ne viens pas m'en plaindre, mais qu'est-ce que c'est que ce monde ? Le mariage, c'est bon, c'est bien, mais il n'y a pas de quoi en faire tout un plat. J'étais heureux et même fier d'amener Charlotte à l'église, mais il faut arrêter de déconner, il y a autant de chance pour elle de rater son mariage que de le réussir !

– Tu deviens défaitiste Larry, je ne te reconnais pas, le jour du mariage de ta fille !

– Pas défaitiste, réaliste. Je me suis marié avec Kathleen car cela la faisait rayonner de bonheur, mais je n'ai pas besoin de la marier pour lui prouver mon amour, tu comprends la nuance ?

– A qui le dis-tu !

– La vie est tellement courte, tellement belle, et les gens s'empêtrent dans des problèmes, dans des mariages avec la mauvaise personne, dans des couples impossibles dans l'unique raison de ne pas rester seul !

– Dis-donc Larry, tu es remonté ce soir !

– Je voudrais aider le monde, aider tous ces gens qui sont dans l'erreur, tous ces imbéciles qui continuent à faire du fric en pensant que c'est le seul moyen d'être heureux, mais je ne sais pas comment faire.

– Écris un livre !

– Moi, un livre ? Toi fais-le, Peter, tu es doué pour l'écriture. On est dans un monde qui vit à côté de ses pompes, dans une société dans laquelle on ne se reconnaît plus. Il doit bien y avoir plus de gens comme nous, ne crois-tu pas ?

– Plus de gens comment ?

– Plus de personnes qui ne se reconnaissent plus dans ce monde avide, qui y sont parce qu'ils n'ont pas le choix, mais qui regardent d'un air désespéré leurs semblables qui ont encore besoin d'acheter des grosses voitures pour prouver leur appartenance à une classe – ou devrais-je dire couche – sociale.

– C'est vraiment étrange que tu me parles comme cela Larry car tout à l'heure, quand je me moquais de ta belle-mère et de ses semblables, une phrase m'a sauté à l'esprit. *Je n'appartiens plus à ce monde !*

Larry et moi nous rapprochâmes pour parler à voix plus discrètes. Laura était avec des amis, Charlotte dansait, Jason avec ses copains de la Fac, les gens riaient, la musique couvrait le tout. Mais

Larry et moi étions entrés en quelques minutes dans une autre dimension.

> –C'est une bonne idée d'écrire un livre, et en utilisant un nom d'emprunt, tu peux raconter un tas de conneries sans t'exposer.
>
> –En fait, cela fait un temps que je pense écrire un livre, Larry, mais sur ton histoire, sur ce fameux mercredi noir et ses conséquences.
>
> –Il n'y a pas de quoi en faire un livre, et le mercredi n'était pas si noir que cela ! Et tu voudrais dire quoi dans ce livre ?
>
> –Toi Larry, dis-moi ce que je devrais dire aux gens dans ce livre, fais-moi une description de ce que tu as appris, et alors je verrai si je peux transcrire tout cela.
>
> –C'est un jeu ?
>
> –La vie n'est-elle pas un jeu !

Ce que j'ai appris de ce mercredi noir, ce que j'ai vécu depuis. En premier, je dirais que ce mercredi a été le plus beau jour de ma vie, il m'a fait perdre tout ce qui me faisait passer à côté du bonheur sans m'en rendre compte. Depuis tout jeune, je me battais pour faire de l'argent, car je devais prouver à mes parents ici présents que je valais au moins autant que mon frère. La vie est courte, Peter, et les gens ne s'en rendent pas compte. Pour moi, à partir de ce fameux mercredi, je la vis au jour-le-jour, car je ne sais pas ce qui peut se passer demain. Je pourrais même mourir, qui sait. La vie nous réserve un tas de surprises, et la plus grande de toutes c'est celle-là, car on ne s'y attend jamais. Moi je voudrais m'éteindre dans mon sommeil, quelle belle mort ! Tu sais, avant j'avais peur de la mort. Aujourd'hui j'ai l'impression que j'ai accompli tout ce que je voulais, alors si elle venait me caresser l'oreille pour m'emporter vers la lumière, je m'en irais volontiers. Je sais que ceci peut paraître étrange, mais je suis tellement heureux et j'ai vécu tellement de belles choses que je préférerais partir maintenant avec ce que je connais, que plus tard en redoutant l'inconnu qui compose mon futur.

Chaque jour que je passe au restaurant avec Kathleen et Morgan, c'est du pur bonheur, et je préfère en profiter maintenant que de faire comme tout le monde. Moi, le meilleur je le réserve pour le présent Peter. C'est pour cela que je ne désire pas générer de l'argent avec le resto, mais simplement générer du bonheur. Tu sais, le jour où l'on part là-haut, on n'emporte rien de matériel, absolument rien. Dans un cimetière il n'y a plus de différence entre les riches et les pauvres – à part la qualité du marbre peut être – et ceux qui sont morts pauvres ne sont ni plus ni moins mort que les riches. Quand on quitte ce monde, les seules choses que l'on emporte avec soi, ce sont des images, des belles images de notre vie,... et l'amour. Il y a celui que l'on ressent pour les autres, et puis celui que les autres ressentent pour nous. Alors si je devais partir demain – je ne le souhaite pas Peter, que ce soit clair – je partirais serein. J'ai une fille magnifique, un fils merveilleux, une femme adorable, la petite Morgan qui est mignonne comme tout. Que demander de plus ? J'ai un travail qui me plaît et dans lequel chacun des acteurs s'épanouit. J'aimerais vivre encore beaucoup d'années de ce bonheur, mais comme pour le moment je suis au sommet, je n'ai aucune idée de si cela va m'être possible de rester accroché si haut. Il y a bien un jour où tout ceci devrait redescendre, sans être défaitiste. Pas assez que pour en faire un livre, n'est-ce pas ?

> – Je ne sais pas Larry, laisse-moi penser et je te dirai mon verdict. Si maintenant tu venais à mourir demain, alors j'aurais certainement la matière qui me manque !

> – Tu vas en arriver à désirer ma mort pour écrire un livre ? Fumier, va ! Elle est bonne celle-là ! Je suppose que c'est comme les peintres qui vivent dans la misère toute leur vie, mais qui une fois morts commencent à vendre leurs tableaux. Mais bon, si je devais mourir demain, je te ferais signe. A mon avis, ton livre attendra encore quelques

années, car je n'ai pas l'intention de te faire plaisir de si tôt.

Laura vint nous rejoindre à ce moment, et nous reprîmes une conversation différente, sur les modalités de l'immigration légale dans les pays de la CEE.

Le dimanche fît place au repos, mais aussi nous permit de laisser se diluer lentement l'alcool ingurgité la veille. Il est vrai que dans un long mariage comme celui là, on a le temps de boire beaucoup. Cela commence avec le champagne de l'apéritif, vin blanc en entrée, vin rouge avec le plat, muscat avec le dessert, pousse avec le café, puis une bière pour commencer la soirée, puis deux, puis cinq. Parfois on va même pisser avec une bière en main. Je me suis toujours surpris dans cet exercice de voir que la bière que j'ingurgitais était jaune, et que quand elle ressortait sous forme d'urine, elle était totalement transparente. Mais où passait donc cette couleur ! Le liquide entre et sort, mais la couleur reste dans notre corps. Einstein disait : rien ne se crée, rien ne se perd. Alors où diable cette pigment passe-t-il ? Penser à cette théorie quand la bière fait son effet, c'est bien, on peut même polémiquer sur le sujet,... mais le lendemain de la veille, cela peut donner une migraine d'enfer ! Je vous laisserai donc méditer par vous-mêmes.

Le lundi matin à l'aurore nous reprenions l'avion vers alicante, qui cette fois, à notre grande surprise, n'avait pas été annulé pour cause de brouillard. Après l'atterrissage à l'heure, célébré au son des trompettes par la mégaphonie *Ryanair*, nous allumâmes nos téléphones respectif. Ceci est aussi un grand moment, nous recevons des messages de bienvenue de notre opérateur, mais pas autant que quand nous nous rendons dans un autre pays, comme ce fut le cas à l'aller. Cependant, cette fois, les SMS commencèrent à entrer, autant chez Laura que chez moi, alors que nous étions coincés comme des sardines dans le couloir de l'avion en attendant l'ouverture des portes.

Laura et moi nous lançâmes des regards interrogateurs, et il nous était impossible de pouvoir lire ce qui entrait vu que d'autres messages continuaient à arriver. Je lui dis que nous allions regarder cela une fois sortis de l'avion, au moment de récupérer nos bagages.

C'étaient tous des messages d'Angleterre, des appels en absence. Normal, nous étions dans l'avion ! Kathleen, Charlotte, Henry avaient essayé de nous joindre, tant sur le GSM de Laura que sur le mien. Aurions-nous oublié quelque chose ? Mais bon, il n'est encore que 8 heures du matin, c'est tellement étrange. Un message arriva et capta mon attention au delà des autres, c'était de Charlotte, et elle disait « Appelle-moi, MAINTENANT ». Charlotte partait en voyage de noces, elle prenait l'avion de Gatwic à peu près au même moment que nous partions de Stansted. Nous commençâmes à nous inquiéter et je demandai à Laura de s'occuper des valises pendant que j'appelais. Je m'éloignai quelques mètres pour me libérer du brouhaha.

– Charlotte, tu n'es pas à Cancún ? Qu'est-ce qui se passe ?

– Oh, Peter, c'est toi. Elle se mit à pleurer tellement fort que je compris que quelque chose de grave était arrivé durant notre voyage.

Laura qui m'observait à distance abandonna sa mission pour me rejoindre et me questionner.

– Qu'est-ce qui se passe Peter ?

– Je ne sais pas, c'est Charlotte, elle pleure. Laura saisit le téléphone de mes mains.

– Charlotte, c'est maman, qu'est-ce qui se passe ?

– Oh maman, c'est toi. Et elle se remit à pleurer de plus belle.

– Charlotte, parle ! Laura avait les larmes qui lui montaient, la gorge nouée. Nous savions tous deux que quelque chose de très grave était en train de se passer, mais n'avions aucune idée. Soudain une voix d'homme se fit entendre.

– Laura, c'est Jason.

– Jason, que se passe-t-il ? Dites-nous, ne nous laissez pas comme çà !

– C'est Larry.

– Quoi, Larry, parlez. Charlotte repris le téléphone

– Maman,.... c'est papa,... il est mort !

J'étais collé au téléphone et j'entendis tout en direct.

– Mais ce n'est pas possible, Charlotte, on l'a encore vu hier.

– Moi aussi maman, il est resté jusqu'à minuit à la maison et on a rit tous ensemble.

Elle pleurait, criait, exprimait toute sa peine, sa colère, son incompréhension. Laura et moi avions le souffle coupé, la voix sèche, tous deux atteints par les larmes. Laura se laissa glisser le long du mur qui nous soutenait encore, je la suivis.

– Dis-moi que ce n'est pas vrai, Charlotte

– Laura, c'est Jason,... Charlotte ne va pas bien, faut venir, MAINTENANT ! Elle a besoin de vous. Je me sens impuissant devant le désastre.

Je saisis le GSM de Laura et lui fis signe de rester là, tandis que je dirigeai vers la sortie. Les valises étaient en train de tourner sur le tapis, et les passager de notre vol commençaient peu à peu à déserter l'endroit. Une fois arrivé dans le hall de l'aéroport, je me dirigeai vers le guichet *Ryanair* qui était heureusement vide.

– Madame, nous venons d'arriver d'Angleterre et nous devons repartir sur le même avion.

– Mais il décolle dans 35 minutes monsieur.

– Justement, nous devons le prendre !

Elle a certainement vu que c'était très important que nous prenions ce vol, et s'est mise à pianoter sur son clavier.

– Avez-vous des bagages, monsieur ?

– Oui, deux personnes, deux valises. Répondis-je.

– Je suis désolée, monsieur, l'enregistrement est fermé pour le vol.

– Mais nous devons partir, faites quelque chose, je paye ce qu'il faut.

– Avec les valises c'est impossible monsieur, je suis désolée.

– Alors on les laissera ici, mais nous devons partir.

Elle pris mon passeport et celui de Laura que j'avais dans la poche de ma veste, passa ma carte de crédit pour me débiter d'un montant inavouable, mais rien ne comptait à ce moment précis. J'appelai Laura qui devait se trouver à quelques mètres de moi et qui heureusement avait raccroché avec l'Angleterre.

–C'est moi, Laura. Elle se mit à pleurer. Laura, écoute moi, ne pleure pas. Je viens d'obtenir des billets, on repart dans vingt minutes. Tu dois récupérer nos valises, les deux, et venir au plus vite. Moi, je ne peux pas retourner en zone transit. Fais tout cela

très vite, MAINTENANT. Je t'attends à la
sortie.

Trois minutes après Laura apparaissait avec le chariot et nos deux valises. Elle s'accrocha à mes bras. Nous n'avions pas le temps, et il fallait laisser les valises à la consigne.

– Pourquoi ?

– L'enregistrement est fermé, dans quinze minutes notre vol part.

Nous trouvâmes ces consignes en un temps record et nous lançâmes dans un course effrénée dans ce grand aéroport. Nous devions repasser en douane, la fouille et tout le tralala, courir vers la porte d'embarquement d'où nous pouvions entendre « Last call », ce que confirmaient tous les écrans en rouge clignotant. Nous arrivâmes essoufflés devant ces employées de la porte d'embarquement qu'elles étaient en train de fermer.

– Dépêchez-vous !

– Les portes de l'avions se refermèrent juste derrière nous et nous nous retrouvâmes dans les airs huit minutes plus tard.

Laura se mit à trembler, à pleurer, elle était en état de choc. Elle n'avait pas encore eu le temps de relâcher ses muscles et se laisser aller. Ce fut contagieux. Pour moi aussi, l'adrénaline avait réussi à me maintenir concentré sur ces choses pratiques qui nous remirent dans l'avion en destination du nord. Mêmes hôtesses, mêmes annonces, même conneries au mégaphone. Ne pouvaient-ils pas nous laisser en paix cinq minutes ? Doit-on absolument acheter leurs cigarettes électriques, leur loterie, leurs parfums, des sandwiches ou des cartes de téléphone ??? Toutes ces annonces résonnaient dans notre tête et nous semblaient insupportables. Laura n'en savait pas beaucoup plus. Kathleen avait retrouvé Larry mort vers cinq heures du matin, dans le lit. Un infarctus, à première vue.

Le temps de louer une voiture et nous voici déjà en route vers l'appartement de Larry et Kathleen, il est juste midi. C'est Jason qui nous ouvrit la porte, il serra Laura dans ses bras.

> – Merci d'être venus aussi vite. Elle ne va pas bien vous savez. On a du appeler un médecin qui lui a administré un calmant. Elle est dans la chambre.

> – Merci Jason, dis-je. Explique-moi un peu.

Laura se dirigeait déjà dans cette maison inconnue, cherchant la chambre de sa fille, non sans passer par le living où Kathleen, Henry et une autre personne avalaient le café. Elle prit tout ce petit monde dans ses bras, son fils tant aimé. Puis Kathleen la pris par la main et l'emmena voir sa fille.

– Charlotte, tu dors ? Ta maman est là !

– Maman !!! Charlotte tendit ses bras pour la serrer très fort. C'est affreux maman, pourquoi ? Pourquoi ???

– Calme-toi, je suis là, çà va aller. Calme toi.

– Oui maman, mais pourquoiiiii ???

Elles pleuraient toutes les deux, se serrant dans les bras, s'embrassant.

–Je ne sais pas quoi te dire, c'est une des règles de la vie, je suppose.

–Un des règles de la vie ? Tu trouves çà juste, toi ? Il ne méritait pas mourir ! Pas maintenant, pas main-te-naaaant !!! J'en ai encore besoin maman, tu peux pas comprendre. Je sais pas vivre sans papa, il est tout pour moi.

–Tu as Jason, Charlotte, hein, Jason il existe.

–C'est pas la même chose maman, tu comprends pas ! Tu comprends paaaaas !!!

–Serre-moi fort, pleure, vas-y, pleure dans mes bras ma chérie. Je t'aime !

Kathleen m'emmena vers un bureau reconverti en chambre mortuaire par l'entreprise de pompes funèbres qui était partie juste trente minutes avant notre arrivée. Larry était là, dans son cercueil en chêne, presque vivant, presque lui. On l'avait vêtu du costume du mariage qu'il portait encore il y a à peine deux jours. Après quelques minutes à laisser couler nos larmes en silence, Kathleen et moi, je lui demandai si elle pouvait me laisser quelques minutes seul avec mon ami. J'avais tellement de choses à lui dire.

Je vais l'écrire ce livre, pas pour moi, mais pour toi. Regarde, on en riait encore il y a quelques heures. Tu ne peux pas partir sans que le monde ne te connaisse, pas toi. Pas une personne comme toi. Je ferai passer le message aux autres, je leurs dirai que tu as existé, qui tu étais, qui tu es ! Bon dieu, que c'est dur Larry, te voir là, immobile, mon ami. C'est trop dur ! Tu m'as tellement aidé. Mais pourquoi tu es parti ? Tu me l'as encore dit au mariage, tu étais si bien ici, heureux de vivre. Tu crois vraiment que je serais reparti en Espagne si tu m'avais dit que c'était la dernière fois que l'on se voyait ? J'avais tellement de choses à te dire, tellement de mercis.

Tu m'emmerderas jusqu'au bout ! Tout ce que je veux te dire, je dois le faire maintenant devant cette boite vernie. Merde, Larry. Et Charlotte, pauvre Charlotte, si tu l'avais entendue au téléphone. Sa maman est avec elle, juste maintenant où je te parle. Pourquoi tu lui fais çà ? Je ne sais plus quoi te dire Larry, je viendrai te voir un peu plus tard.

Je me rendis dans la cuisine pour prendre un peu de café.

– Kathleen, comment tu vas, toi ?

– Tu sais que je n'ai pas encore réussi à pleurer, Peter ? Les larmes ne sortent pas. Je suis fatiguée, cela doit être les nerfs,... mais je n'ai pas envie de dormir.

– Et Morgan, elle est où ?

– C'est ma maman qui l'a emmenée.

– Tu lui as dit ?

– J'aurais pas pu faire autrement, on était ici tous les trois. J'ai appelé une ambulance, mais il m'ont dit qu'il était mort depuis un petit moment déjà quand je l'ai trouvé. Il était froid, tu sais.

– Oh mon dieu, cela doit être horrible, Kathleen, que me racontes-tu là !

– La vérité, telle qu'elle est. Alors la police est venue me questionner, ce sont les règles semble-t-il. Comment veux-tu que Morgan ne sache rien. Mais je n'ai pu appeler personne avant sept heures, j'étais dépassée par les événements. Je savais pas quoi faire.

– Je comprends.

– J'ai appelé ma maman en premier pour qu'elle vienne cherche Morgan, puis juste après j'ai appelé Charlotte.

– Cela a dû être dur, non ?

– Je devais l'appeler tout de suite car elle partait au Mexique. Et quand je vous ai appelé, vous étiez déjà partis. Je ne savais pas à quelle heure était votre vol, sinon j'aurais appelé plus tôt.

Je serrai Kathleen dans mes bras.

– Tu sais, tu étais son ami, il me parlait souvent de toi. Je ne sais pas de quoi vous avez parlé cette semaine, mais il semblait préoccupé pour toi. Il m'avait même dit hier

> qu'il aimerait aller te rendre visite bientôt, que tu en avais besoin !

Je fondis en larmes. Mon ami qui s'en fait pour moi alors qu'il est à quelques heures de sa mort. Ce n'est pas juste. Pourquoi les gens bons partent-ils en premier ?

> – Essaye de te reposer encore un peu, je reviendrai te voir plus tard.
>
> – Merci maman, je t'aime tu sais. Je ne te l'ai jamais dit, mais je t'aime.
>
> – Je sais que tu m'aimes Charlotte. Essaye de dormir un peu, cela te fera du bien.

Henry était entré dans ce local transformé pour rester un moment avec son père.

> – Ah, c'est toi, fît Henry à la vue de sa maman. C'est dur de le voir comme çà. Laura était devenue aphone à la vue de Larry, elle resta un moment à l'observer, serrant son fils dans ses bras.
>
> – Çà fait tellement bizarre de le voir comme cela, dans un cercueil. Laura se remit à sangloter.

Les gens arrivaient, restaient un moment, allaient rendre visite à Larry, buvaient une tasse de café ou thé, puis repartaient. C'est Jason qui s'était transformé en homme à tout faire. Il allait ouvrir la porte pour accueillir les visiteurs, préparait les boissons, servait, reprenait les tasses et faisait la vaisselle. Il s'était employé à plein temps pour nous libérer de cette corvée. Au moins une soixantaine de personnes passèrent ce jour là, des amis de Kathleen, de Charlotte ou de Henry, mais aussi et bien entendu de Larry. Nous avions décidé que la salle à manger servirait d'endroit de réception pour tous ces visiteurs attristés, alors que la cuisine était notre point de ralliement intime, rien que pour nous, les proches.

C'est incroyable comme notre corps peut endurer les émotions, la tristesse, mais aussi rester sans manger et carburer au café ou thé toute la journée.

Charlotte allait mieux, elle était revenue parmi nous. Son regard était livide, ses paroles incompréhensibles, ses gestes maladroits. Tout son corps tremblait. Elle passait du plus beau jour de sa vie au moment le plus noir, et tout cela en moins de 48 heures. Nous avions tous une attention particulière envers elle, Charlotte était devenue notre protégée à tous.

Un moment fort de la journée – et je passerai les détails sous silence – a été la visite des vieux parents de Larry. La maman qui ne se déplace plus qu'en chaise roulante, et le papa affaibli non seulement par la vie, mais aussi par la perte de son deuxième fils, de son vivant. Je n'ai pas d'enfants moi-même, mais j'imagine bien ce que doit représenter cette épreuve. Je ne souhaite à aucune maman, à aucun papa, de perdre ses enfants avant de partir dans l'au-delà. C'était hélas le prix que Harry et Marie avaient dû payer. Quelle épreuve.

L'enterrement était prévu pour le mercredi matin, *un autre mercredi noir*, pensai-je ! Une foule attendait silencieuse devant la petite maison, c'était un jour sans soleil, humide. Quelques parapluies sombres s'ouvraient, on pouvait entendre les ressorts se détendre, les toiles s'étirer, les gouttes s'écraser. La grosse voiture américaine attendait, coffre ouvert, tandis que les employés se débattaient avec la maudite boite pour la sortir de la maison, ce qui me fut rapporté pour justifier le retard. Je regardai Kathleen et nous nous échangeâmes un sourire qui masquait une envie de rire.

Dans ces situations de stress intense, notre corps a besoin de se relâcher, et il ne peut le faire qu'au travers du sommeil ou du rire. Seulement voilà, on n'arrive pas à dormir. Nous nous sommes surpris plusieurs fois dans la cuisine à blaguer ou rire de petits détails, ceci était fait dans un unique but, celui de survivre à ce qui nous arrivait. Sans le rire nous serions sans doute tous en train de sombrer.

Ils ont enfin réussi à passer le cercueil par cette maudite porte, les pauvres doivent en voir de toutes les couleurs. Et Larry n'était pas gros. Imaginez un instant que le gaillard pèse cent-vingt kilos ! Nous avions développé cette faculté involontaire de pouvoir passer du rire à la tristesse en l'espace d'une demi-seconde, et c'est ce dernier sentiment qui nous avait tous repris lors de l'arrivée du cercueil près de nous.

J'accompagnais Kathleen, alors que Laura était avec ses enfants. La petite Morgan tenait sa maman par la main sans la lâcher, et ce fut le cas tout au long de l'enterrement. Kathleen n'avait pas pleuré depuis la découverte de Larry inanimé deux jours plus tôt, tout au plus versé une petite larme. Je la voyais très affaiblie, mais nous l'étions tous. Charlotte n'avait rien avalé depuis lundi. Laura avait passé la plupart du temps avec ses enfants, elle était même allé dormir avec Charlotte les deux nuits. Pour la première fois, et ceci est l'exception qui confirme la règle, Henry et son copain avaient obtenu la journée libre.

Après quinze minutes de marche lente et silencieuse derrière le corbillard, nous arrivâmes à *St Martin in the fields* que nous connaissions tous pour avoir assisté à un mariage quelques jours plus tôt. Que la vie est mal faite ! Comme si tout ceci n'était pas encore assez pénible ! Vous n'imaginez pas ce que cela représente de passer aux mêmes endroits mais dans des circonstances différentes. Nos yeux scrutaient les alentours, les détails de cette magnifique église, celle qui nous avait apporté autant de joie quelques jours plus tôt. Après l'installation de toute l'assistance, et du cercueil juste à côté de nous, le curé commença.

Mes amis, nous sommes tous réunis ce jour devant Dieu pour lui demander d'accueillir son fils.

Il marqua une longue pause, puis enchaîna :

Il y a quelques jours, je célébrais ici-même avec vous tous ce beau mariage, celui de Charlotte et Jason. C'était mon tout premier mariage, et je me souviens de chacune des images. Larry entra par cette grande porte pour conduire sa fille – sa perle des océans de l'Eden – comme il disait. Il était fier de ce mariage, de ses enfants, de sa famille, il était heureux de les voir tous réunis pour cette occasion unique. Je l'avais rencontré quelques jours plus tôt, il m'avait invité à son restaurant pour me parler de vous tous. Il m'avait demandé expressément que le mariage soit unique, car sa fille était unique.

Ce que Larry ne savait pas, c'est qu'il vous réunirait tous encore une fois quelques jours plus tard. Je ne devrais pas vous parler comme ceci, mais cet enterrement est aussi mon premier. Quand j'étudiais la prêtrise, à aucun moment on ne m'a préparé à une chose aussi pénible. Comment pourrais-je deviner que cette personne aussi agréable et heureuse dans la vie serait ici, dans ce cercueil, et que ce serait moi en charge de lui célébrer une messe.

Sa voix était tremblante, le curé avait réussi à faire pleurer même Kathleen, au delà de lui-même. On entendait les mouchoirs partout, les pleurs discrets. Je me penchai pour regarder comment Charlotte réagissait, elle était effondrée dans les bras de sa maman d'un côté, et de son mari de l'autre.

Charlotte mon petit, Jason, Kathleen, Morgan, Harry, Marie, vous ne savez pas à quel point votre présence ici aujourd'hui m'attriste. J'ai connu peu votre papa, votre mari, votre enfant, mais je sais qu'il était un être d'amour, un homme bon.

Il regardait au ciel, s'adressant au tout puissant.

C'est ce fils que je te demande d'accueillir, d'en prendre soin, de l'adorer et le choyer.

...

Mes amis, nous sommes tous réunis ce jour devant Dieu pour...

17

Nous étions rentrés en Espagne. C'est à ce moment précis que l'on se rend compte que la mort de Larry avait marqué une parenthèse dans notre vie de couple. Nous nous étions ressoudés en temps de tempête, mais une fois le soleil revenu, nos problèmes subsistaient. C'est un peu comme l'alcoolique qui boit pour oublier ses problèmes, mais qui une fois dessoûlé les retrouve intacts, avec un mal de tête en plus.

Trois mois avaient passé depuis ce mémorable double retour dans le pays de Cervantes et nous étions retombé dans notre routine. J'allais travailler pendant que Laura m'attendait à la maison. Je la trompais, et tout allait pour le mieux dans le meilleur des mondes ! Oui, nous pourrions continuer comme cela une décennie ou même plus.

Hélas, cette routine qui était nôtre, bien qu'en en tirant moi-même le meilleur parti, ne me contentait plus. J'avais besoin d'autre chose. J'avais commencé l'écriture de l'histoire de Larry, ce qui occupait mes soirées et me donnait l'excuse pour m'enfermer avec mon ordinateur. Cette relation devait se terminer, je le savais, mais la culpabilité me taraudait.

Qu'allait faire Laura si je la laissais tomber ? Qu'allait-elle devenir ? Allait-elle repartir en Angleterre ? Moi je savais que de l'Espagne je ne bougerais pas de si tôt, mais elle ???

Laura avait pour habitude une fois par semaine de descendre sur la côte pour travailler bénévolement dans un magasin solidaire qui était la façade d'une ONG. C'est à cet endroit qu'elle entendit une rumeur sur moi. A partir de ces bruits, elle se mit à faire ses recherches, et de fil en aiguille remonta jusqu'à cette fameuse Eva, sans jamais la rencontrer.

C'est ainsi que je me retrouvai un jour questionné sur mon emploi du temps entre 14 et 16h, sur cette grande Espagnole aux longs cheveux bruns qui semble-t-il partageait le lit avec moi. Les réponses à ce questionnaire me furent compliquées, mais quelque part toute cette discussion allait m'aider à pouvoir mettre en pratique ce dont je rêvais depuis des mois déjà.

Au terme de cette discussion très prenante, elle aurait aimé m'offrir une seconde opportunité, mais son amour propre avait été blessé au plus haut degré. Comment avais-je pu lui mentir ? Laura ne me reprochait pas d'en avoir désiré une autre, elle était fortement blessée par mes mensonges, et là était la vraie tromperie. *J'avais confiance en toi, cette confiance je l'ai perdue à tout jamais.*

J'avais jeté l'éponge depuis longtemps, et le seul moyen que j'avais trouvé pour m'en sortir était de ne penser qu'à moi-même, en désirer une autre, et de tenir bon dans une vie commune réduite à sa plus simple expression !

Pauvre de moi pour ne pas avoir trouvé la force de lui dire la vérité quand l'issue pouvait encore être sauvée, mais sans doute étais-je attiré par la sensualité méditerranéenne ? Rien ne sert de me ressasser ces histoires, car je l'ai bien trompé, et dans tous les sens du terme. Je ne suis rien de plus qu'un homme comme il en existe tant, je forme partie de ceux que je jugeais et critiquais. Je suis un « rien » et même un « moins que rien », une personne qui n'a pas le courage d'affronter ses paroles et ses actes. Je suis un bâtard, un morpion, un cafard, une punaise qu'il faudrait écraser pour le bien de l'humanité.

Quelques mois auparavant, quand je pensais que grâce à mon double jeu notre couple allait durer des années, j'avais acquis un autre terrain, non loin de notre demeure, un petit bout de paradis à l'abri des regards. Comme j'avais gaspillé presque toutes mes cartouches dans l'acquisition du premier terrain, de la maison, des frais inhérents à la construction, dans le hangar, l'avion, etc... c'est Laura qui avait payé ce nouveau bout de terre que j'avais acheté à mon nom cette fois. Somme toute, c'était l'inverse de la première acquisition. Vous saurez plus tard pourquoi je fais cette petite parenthèse.

Ce fameux mercredi de la discussion, nous en avions conclus que notre relation était terminée. La rupture physique, elle, surviendrait quand nous aurions décidé de ce que nous allions faire avec la maison, qui allait l'occuper, etc... Il est clair que vivre seule et au milieu de nulle part n'est pas la panacée universelle pour une femme, et j'en étais conscient. Par contre, je me rendais bien compte que je n'allais jamais voler cet avion en cours d'assemblage et que la piste ne me servirait à rien.

Quelques jours plus tard, elle m'annonça qu'elle avait trouvé un logement en location dans un village voisin. De mon côté, j'étais tombé amoureux du nouveau lopin de terre, et je n'avais pas non plus envie de continuer à vivre au premier endroit qui me rappellerait trop la vie commune. Je lui proposai de vendre la maison, ce qui me donnerait l'argent pour construire autre chose,... mais aussi pour la rembourser du nouveau terrain qu'elle avait payé.

En même temps, en Angleterre, le *Just Happy* était fermé depuis la mort de Larry. Sur le blog que Laura entretenait, il y avait des messages de condoléances mêlés avec d'autres de type « dommage » pour le restaurant qui n'allait jamais rouvrir ses portes. Le chef de cuisine avait été remercié après l'enterrement, sachant déjà à ce moment que le restaurant ne redémarrerait pas.

– Charlotte, c'est Kathleen.

– Oh, salut Kathleen, comment vas-tu ?

– On fait aller ! Si je t'appelle, c'est parce que j'aimerais que tu viennes avec ton frère au restaurant ce mercredi.

– Ce mercredi ? Mais cela fera trois mois jour pour jour que papa est décédé ?

– Oui, c'est pour cela que j'aimerais vous voir, rien que toi et ton frère, vers vingt heures. Charlotte ?

– Oui

– C'est important !

– Ok, je vais appeler Henry et je vais essayer de le convaincre, compte sur moi.

Ce fameux mercredi, Charlotte et Henry avaient répondus présents. Kathleen prit la parole.

Je dois vous dire des choses importantes que vous ne savez pas à propos de votre papa. Nous avions évoqué le futur et ce qui se passerait après sa mort, et il est maintenant temps que je vous en fasse part.

Henry et Charlotte écoutaient attentivement. Comment Larry pouvait-il avoir parlé de « après sa mort » si elle est arrivée inopinément ?

Votre papa a eu un infarctus assez grave il y a quatre ans quand il y eut ce grand bouleversement. Il ne voulait que personne ne le sache, et il est resté au lit trois semaines, épargnant toute son énergie et ne se levant que pour vous voir. C'est son pote Charly Manson qui le soignait en secret. Il a voulu que cela reste entre nous pour ne pas que vous vous tracassiez pour lui, et que cela ne change rien à son égard.

Ce qui est arrivé il y a trois mois était en quelque sorte prévisible, un jour il a voulu me parler de vous et de votre futur, de Morgan et de moi, s'il venait à disparaître.

Charlotte pris la parole : *mais il ne nous a jamais rien dit !*

Laisse-moi poursuivre Charlotte. Il savait bien que je ne continuerais pas le restaurant car c'était notre business en commun. Si même j'en trouvais la force physique, moralement je ne pourrais pas le faire. C'est la première fois que je reviens ici depuis la semaine de l'enterrement, et cela me fait tout bizarre, et il y a ce grand vide qui m'envahit. Je ne pourrais plus travailler ici sans votre père, vous comprenez j'espère.

Le restaurant était vide, et les poussières avaient repris leurs droits. Tout était rangé, mais l'endroit était abandonné. Oh, rien de grave, une journée de nettoyage, remplir les frigos que Eduard avait vidé trois mois plus tôt, brancher le fût de bière et la machine à café, nettoyer les vitres et les tables,... et tout pouvait repartir. Même les clients – si on en croît le blog – attendaient devant la porte.

Votre papa avait contracté une assurance vie pour me protéger des besoins futurs. Ce n'est pas beaucoup, mais une rente sûre. Je n'ai donc pas besoin financièrement de remonter le restaurant. Cette assurance commence à me payer, et une partie de cet argent est placé et bloqué pour quand Morgan sera grande. Pour le restaurant, le crédit que j'avais fait se termine dans un an, mais je n'ai plus de problème pour le payer, vous me suivez ?

On entendit un « *oui* » en cœur.

> – Votre papa vous aimait très fort, vous le savez. Il voulait toujours le meilleur pour vous. Vous savez aussi qu'il est mort sans rien, et le notaire a vite clôturé la succession. Moi, ce que je touche c'est une rente mensuelle qui me permettra de vivre certes, mais pas de vous donner de l'argent.
>
> – Mais on ne te demande pas d'argent, Kathleen, on sait bien tout cela. Répondit Charlotte.
>
> – Mais moi j'aimerais vraiment faire quelque chose pour vous, car à travers vous, je me rapproche de lui, il me manque tellement.

Kathleen éclata en sanglots, elle fut aussitôt rejointe par Charlotte.

> – Vous n'allez pas vous mettre à pleurer toutes les deux, c'est déjà assez dur comme ça. Henry au bord des larmes prenait enfin la parole. Qu'est-ce que tu veux nous dire Kathleen ?

– Elle reprît son souffle, se moucha, et enchaîna. Ce que je veux le plus au monde, c'est que vous soyez heureux, aussi simple que cela. Alors j'ai pensé à une chose, dans mon coin.

– Quoi ?

– Toi, Henry, avec ton copain,... vous pourriez remonter le *Just Happy*, et tu le ferais en mémoire de ton papa, je sais qu'il serait fier de toi.

– Mais Kathleen, tu sais que cela coûte trop d'argent pour reprendre un restaurant, Charles et moi on l'a déjà pensé mais les frais sont trop lourds.

– Ils le sont si tu dois acheter ou louer, mais si le local existe ? Écoutez bien tous les deux à quoi j'ai pensé. Toi Charlotte tu ne veux pas travailler dans un resto, on est d'accord.

– Oui, on est d'accord.

– Ce restaurant est estimé dans l'état à trois-cent mille livres car il est presque payé. Henry, si je te le laissais pour cinquante mille, tu le prendrais ?

– C'est clair, à ce prix là je serais fou de ne pas le prendre.

– Et bien il est à toi. Et cet argent, tu le donnera à ta sœur, çà lui servira d'acompte pour la maison qu'elle veut acheter avec Jason.

– Et toi Kathleen ? Demanda Charlotte.

– Moi ? Du bonheur, comme avant, celui de vous voir heureux tous les deux. Elle éclata en sanglot, et plus personne ne put la calmer.

– Je veux dire toi, ton argent, c'est ton restaurant, non ? Charlotte qui la prenait dans ses bras pleurait avec elle. Cette fois Henry ne put lui non plus contenir ses larmes.

– Moi, Charlotte,... tu crois que l'argent va me rendre ton papa ? Tu crois que l'argent va me rendre heureuse ? Tu vois pas que je voudrais que vous m'aimiez comme le faisait votre père, que c'est cela qui me rapprochera de lui, et que c'est la seule chose dont j'ai besoin aujourd'hui ? Je ne veux pas d'argent, je veux seulement continuer à vivre comme je le faisais avec lui. La vie me l'a enlevé tout comme à vous, et Morgan qui se retrouve orpheline si petite.

– Mais on t'aime Kathleen, on t'aime comme t'aimait papa. Comment pourrais-tu penser que l'on arrête de le faire, tu étais son bonheur.

– Oh, Charlotte, il me parlait tellement de toi, tu sais qu'à certains moment j'étais même jalouse, et maintenait je n'ai plus que vous pour me rapprocher de lui. Excuse-moi Charlotte, je suis tellement désolée.

– Moi aussi j'étais jalouse de toi, même si mon papa m'adorait. Et maintenant c'est à travers toi que je peux le mieux me rapprocher de lui, tu te rends compte ? On devient inséparables toi et moi.

– Toi, Henry, tu vas le reprendre ce resto ? Pourquoi tu n'appelles pas ton copain pour lui demander ?

– Lui demander ? Lui annoncer ! Je le ferai quand je rentrerai à la maison.

– Appelle-le maintenant et dis-lui de venir. Et toi Charlotte, appelle Jason. On va boire un coup tous ensemble, comme avant. Et tu m'aideras Charlotte, on va faire un peu de rangement et refroidir quelques boissons.

Kathleen s'anima, saisit tout le courrier entassé sous la porte pour en sortir un petit dépliant d'un restaurant libanais qui proposait du « take away ». Elle appela et commanda tout ce qu'ils avaient de meilleur, pour cinq personnes, dans une heure, et leur donna l'adresse.

Ils s'activèrent tous les trois pour ranger. On voit tout de suite que pour Henry c'est son métier. En dix minutes seulement il avait dressé toutes les tables, car il voulait présenter un restaurant en état à son copain,... tandis que Kathleen avait branché la stéréo et la cafetière. Charlotte se concentrait sur le bar, les frigos et donner un rapide coup de serpillière au sol. La bonne humeur revenait.

– Ne crois pas Henry que je vais te nettoyer tout le restaurant comme si c'était pour moi !

– Je m'en doute, petite sœur, d'ailleurs je n'ai pas souvenance que tu aies un jour fait quelque chose pour moi !

– Oh, le fumier, tu ne te souviens pas quand j'ai repassé tous tes cours pour le BAC ?

– Eh, vous deux, on ne se chamaille pas ici, sinon j'en envoie un aux corvée toilettes !

Jason arriva avec quelques bières fraîches sorties d'un magasin pakistanais du voisinage, et Charles le suivait de quelques minutes. Tous s'installèrent à la table ronde, la préférée de Larry.

> – En quoi nous vient cet honneur ? Demanda Jason

> – Henry à une grande annonce à faire ! Répondit Charlotte.

Charles se cala dans sa chaise, pensant probablement que son copain allait le demander en mariage ! Henry se leva et à voix haute annonça : *le Just Happy rouvrira ses portes le premier du mois prochain avec aux fourneau Charles ici présent, et en salle, bibi ! Avant que tout le monde ne commence à poser des questions à tout le monde, et avec la permission de Kathleen, je voudrais rendre public, les accords « signés » à cette table.*

Kathleen lui fît un petit signe d'approbation.

Dans son immense bonté, le Just Happy nous est offert pour la modique somme de cinquante mille livres sterling que je remettrai en main propres à ma sœur dès qu'une banque nous les aura prêtés. Qu'elle en dispose de la meilleure manière qu'il soit.

Puis il coupa net son élan de joie, se tourna vers Kathleen, ses yeux se remplirent de larmes, il ajouta ceci.

Merci Kathleen pour rendre tout ceci possible, je suis à la fois heureux de te connaître, et triste de n'avoir pas voulu le faire plus tôt. Je comprends maintenant pourquoi mon papa t'aimait autant, tu es la bonté en personne. Saches que cette porte t'es indéfiniment ouverte, à toute heure, et que vouloir payer une note en cet endroit sera considéré comme une offense.

Il se mit à pleurer et prit Kathleen dans ses bras pour la première fois de sa vie. *Merci, merci,... merci !*

La petite scène émouvante fut interrompue par l'arrivée du libanais. Jason ouvrit les bières, Charlotte s'occupa de tous ces plastiques, boites et autres contenants. Ils trinquèrent en cœur et commencèrent à savourer ces délicieux mets.

> – C'est presque meilleur que ce que l'on servait ici jadis ! Lança Henry avec un sourire sarcastique.

> – Le petit salop ! Répondit Kathleen. On verra ce que tu vas proposer à tes clients, je serais curieuse de voir !

– C'est vrai que tout est bon, dit Charlotte, la bière est fraîche, la nourriture de qualité, la compagnie divine,.... il ne manque que...!

Ils se regardèrent tous, les larmes aux yeux, le souffle coupé, ils savaient tous ce qu'il manquait le plus pour une soirée parfaite, le trait d'union entre toutes les personnes, le bout-en-train, la parole sage, le trop plein d'amour.

Il n'était pas là, et il ne serait plus jamais là.

Au sud, quelles sont les nouvelles ? Laura a déménagé, et apparemment elle restera en Espagne, ce qui n'est pas sans m'étonner. Je décidai de dépenser mes dernières économies dans la construction d'un hangar-atelier pour bricoler sur le nouveau terrain, ce qui permettrait de déménager toutes mes affaires encombrantes et pouvoir mettre notre maison en vente, ce qui fut fait en trois mois. Je m'achetai une caravane pour y vivre provisoirement.

Quel contraste, je suis venu en Espagne avec une belle somme d'argent, et tout a fondu au soleil. Bien entendu il y a la première propriété, mienne, et qui a une valeur, mais cela ne changera rien au fait que je n'ai plus vraiment d'argent et que je doive vivre dans une caravane.

Henry avait remis son préavis au travail, et il fut libéré de ses obligations en trois jours. Pour son compagnon, on lui demanda de rester jusqu'à ce que un autre chef prenne la place, ce qui est logique. Un restaurant n'est rien sans son chef, et il faut absolument une relève. Ils décidèrent tôt le matin d'aller voir une banque pour emprunter soixante mille livres Sterling, et la réponse ne fut pas longue à attendre. Il faut dire que l'établissement était évalué par l'expert de la banque à plus de 330,000 £.

Henry travaillait de très longues journées pour mettre tout en place. Il faut dire que lors de son annonce à Charles, il avait fait mention du 1er du mois suivant, et il mettait un point d'honneur à respecter ce délai. Tout était passé en revue, les tables, la déco, l'agencement du bar, de la cuisine, l'élaboration du menu, imprimer les cartes, nettoyer l'enseigne et la devanture, remettre une couche de vernis sur la porte, remplacer un frigo qui ne démarrait plus, faire l'entretien de la cafetière, vérifier le bon fonctionnement de tous les appareils, faire des essais de musique, etc... Même si l'établissement était prêt à fonctionner puisqu'il avait été laissé dans l'état, Henry voulait y mettre une touche personnelle plus jeune, et il faut le dire aussi : plus gay !

Charlotte et Jason avaient décidé de partir faire leur voyage de noces. Cancún avait été définitivement banni des destinations possibles, et ce fut à Cuba que notre petit couple alla passer une semaine. Ils travaillaient tous deux au cabinet de papa Dantes, et ce coup de jeune donnait des envies de retraite à ce dernier. *Il faut bien laisser sa place un jour, je ne voudrais pas mourir du jour au lendemain comme mon pote Larry, sans avoir profité de toutes ces années de travail !* En effet, si dans le cas de Larry, ses dernières années avec le *Just Happy* ont été du pur bonheur, de la jouissance continue, il n'en va pas de même pour la majorité des personnes qui peuplent cette terre, Melson Dantes inclus. Son associé Escribano – dont on ne connaîtra jamais le prénom – en avait aussi assez de cette vie de forcené.

Bref, tout ce petit monde était présent pour le premier du mois suivant. Laura aussi était de la partie, mais moi je restai en Espagne, dans ma caravane. Je l'aurais volontiers fait pour Larry, et j'espère qu'il m'excusera, mais me retrouver si près de Laura, et de devoir expliquer à tout le monde pourquoi nous nous sommes séparés, et bien pour vous dire la vérité, je n'en n'ai pas trop envie. La fête me tentait, mais dans d'autres circonstances. Il était aussi temps de me séparer de cette famille qui n'étais mienne qu'au travers de mon ami et de mon ex compagne. Charlotte, Henry et Kathleen resteront à jamais dans mon cœur, et notre amitié est intemporelle, alors je suis sûr qu'ils comprendront que je ne pouvais être de la fête et qu'ils ne m'en tiendront pas rigueur. Je fis envoyer une belle plante avec un mot pour les nouveaux tenanciers, leur souhaitant autant de bonheur dans ce business que n'avaient trouvés Kathleen et Larry.

Je ne sus rien de cette soirée, car Laura avait coupé les ponts de l'amitié avec moi. Il y a des personnes qui doivent mettre une séparation physique franche pour pouvoir terminer la relation.

A son retour, elle trouva un petit travail bénévole dans le bar d'une amie, Laura n'avait pas besoin d'argent. Elle avait vécu tout ce temps sur mon compte, ce qui lui laissait un capital intacte. De plus, je lui avais laissé la voiture que j'avais acheté pour elle. Je suppose que toute cette générosité tient au fait que je me sentais toujours coupable de la laisser tomber.

Avec Eva, tout se passait bien. On arrivait même parfois à passer la nuit ensemble. Elle me plaisait beaucoup. Mais comme expliqué avant, elle avait deux enfants en bas âge, ce qui était totalement incompatible avec mon style de vie. Et puis, elle était toujours mariée, ce qui ne facilitait en rien l'organisation de nos moments d'intimité.

La maison était en vente mais hélas rien ne bougeait, je passai donc tout l'été dans ma caravane, faute de moyens !

Laura, la quarantaine bien avancée, était toujours une belle femme. Elle paraissait bien moins que son âge, et son nouveau travail bénévole au contact des célibataires qui tuent leur temps accrochés au pilier du comptoir ne mit pas longtemps à porter ses fruits. Elle obtint, en l'espace de quelques semaines, une foule d'admirateurs qui lui parlaient en espagnol. Elle qui avait rebouté cette langue pendant tout le temps où elle pouvait compter sur moi, mais se retrouvait maintenant face à des personnes éméchées, et en train d'essayer de comprendre ce qu'ils veulaient dire. Elle avait trouvé un truc cocasse et infaillible pour ces admirateurs, dès qu'il lui adressaient la parole, elle leurs resservait la même chose, ce qui à la fin faisait le bonheur de tous. Ils entendaient par là qu'elle n'avait rien compris, et comme à chaque fois qu'il l'ouvraient, une bière arrivait sur la table, ils se calmèrent assez vite.

Laura ne pouvait vivre seule, et un prétendant se démarqua. Il ne tarda pas à s'installer dans sa vie, dans son appartement, dans *ma* voiture. Moi, j'en étais ravi pour plusieurs raisons, mais blessé en même temps. Je souhaitais tout le meilleur du monde à mon ex compagne, et puis aussi comme ce nouveau gars ne parlais pas un mot d'anglais, il faudrait bien qu'elle se mette à parler la langue locale ! Antonio était né et avait vécu toute sa vie dans le petit village où il rencontra Laura. Le débarquement d'une femme jolie, libre, dans une localité désertée depuis au moins une génération de toute gente féminine ne passe pas inaperçu. Et tous tentèrent leur coup, mais Antonio avait gagné la course.

Comme je le disais, il ne tarda pas à s'immiscer dans sa vie, prenant en main ses affaires. Je suppose que c'est par faiblesse et besoin d'être épaulée, ou encore accompagnée qu'elle lui laissa tous les pouvoirs. Le plus grand challenge pour Antonio, c'était moi, l'ex, la punaise qu'il fallait absolument écraser car je pouvais resurgir à tout moment. Cette paranoïa fît que Laura m'annonça un jour qu'elle allait habiter la maison, notre maison, celle qui était en vente.

> – Mais elle est à moi cette maison. Il faudra que tu me l'achètes.

– Euh,.. Antonio n'est pas d'accord avec cette théorie.

– Mais ton mec n'a rien à voir là-dedans, c'est ma maison, c'est moi qui l'ai payée, tu le sais bien çà.   Laura était visiblement ennuyée.

– Antonio dit que tu as acheté un terrain à mon nom et que j'ai acheté un terrain à ton nom, alors que l'on est quittes toi et moi.

– Et la maison, çà ne compte pas ? Il y a une maison, un hangar, des installations, plein de choses.

– Antonio a pris les deux actes notariés, et ils sont de la même valeur, que la maison ne vaut rien car elle n'est pas légalisée, et qu'elle est à moi puisqu'elle se trouve sur *mon* terrain

– Mais je rêve, c'est quoi ce délire !

Et bien je peux vous dire qu'il est drôlement malin cet Antonio. Je n'étais pas fâché après lui – quoique – mais après Laura pour s'être laissé embobiner par ce méditerranéen. Ah si au moins Larry était encore de ce monde, il pourrait m'aider.

A partir de ce jour, Laura ne répondit plus à mes appels, ni à mes messages. J'avais besoin de reparler de ce désaccord avec elle, mais rien n'y faisait. Je respectais son intimité, sa vie, sa relation, et même l'endroit où elle avait décidé d'habiter à nouveau, mais en échange elle me devait bien des explications. Je me rendis au bar où elle avait l'habitude de travailler, mais Laura avait aussi déserté ce travail. Elle s'était enfermée complètement, plus personne ne la voyait. J'insistai pour la rencontrer, à travers des messages SMS, mais aucune réponse. Un jour je fis part de mon profond désaccord sur sa manière d'agir à un ami commun, et il me semble que trois mois d'évitement étaient suffisants pour que je montre mes dents. Je lui dis à peu près ceci : *Dis à Laura que je respecte sa vie, mais que j'ai besoin de parler avec elle. Si elle continue ce silence, j'irai la trouver là ou elle se cache. Dis-lui bien que ma patience à ses limites.*

Alors que je me rendais régulièrement au bar dans l'espoir de la rencontrer, la propriétaire me pris dans un coin pour parler avec moi.

– Tu sais Peter, l'argent n'est pas le tout dans la vie.

– Je suis d'accord avec toi Amanda, mais c'est quand même moi qui avais payé cette maison. Ce n'est pas normal que ce soit elle –

et lui – qui en profitent pendant que je jette l'éponge.

– Y a-t-il des moyens légaux que tu puisses utiliser pour récupérer ton bien ?

– Non. Tout est à son nom. J'ai quand même la preuve que j'ai tout payé, des extraits de compte en banque et tout ça. Je pourrais essayer une procédure, mais elle prendrait des années et gaspillerait de l'argent que je n'ai plus en avocats.

– S'il n'y a rien que tu puisses faire, alors il vaut mieux que tu oublies, car si en plus de ne pas recevoir d'argent, ça t'enlève le sommeil, ce n'est pas bon pour ta santé.

– Je comprends bien Amanda, mais ce n'est pas si simple de faire une croix sur le résultat d'années de travail. Et puis, voir cet Antonio utiliser une voiture que j'ai payée, ce n'est pas ce qu'il y a de plus facile.

– Je comprends, mais de l'argent tu en referas, si tu ne peux récupérer celui-ci, tu peux soit te morfondre et te créer un ulcère, soit continuer à vivre ta vie en essayant de la composer avec ce que tu as.

Paroles sages, très sages. Mettre la maison à son nom, c'est moi qui ai décidé de le faire, et peut-être qu'aujourd'hui je paye le prix de mes infidélités.

Je commençai à appliquer ces paroles de mon amie Amanda, et peu à peu je recouvrai le sommeil, mais savoir que des années de travail restaient englouties pour qu'un autre en profite faisait mal, très mal.

J'eus enfin réponse à mon insistance, et elle me donna rendez-vous, rien qu'elle et moi, dans le bar d'Amanda. La conversation fut tendue. Je compris plein de choses ce jour là, et je vais tenter de vous l'expliquer.

Laura était maintenant depuis cinq mois avec Antonio, et il représentait tout ce qu'elle attendait d'un homme, c'est à dire honnêteté, fidélité, franchise, protection, etc... En fait, tout ce que je lui donnais aussi au départ. Au début de leur relation, elle ne put taire le problème qui nous concernait pour la simple et bonne raison que le village est petit et que les nouvelles se propagent vite. La mentalité espagnole veut dans sa majorité que les membres d'une ex relation n'aient plus jamais de contact, et il imposa cette discipline à Laura, d'entrée de jeu.

Laura était une personne fort dépendante, et Antonio avait le sang méditerranéen, ce qui peut donner naissance une relation de type « maître - esclave » durable. Dans sa logique primate – sans vouloir être méchant – on était quitte, un bien contre un bien, et il n'y avait aucune raison pour que je me fâche. Il lui avait fait promettre de ne rien me payer, et que si elle faiblissait, cela remettrait directement en question leur relation. Laura avait besoin de cette union pour survivre, et comme je l'ai dit avant, elle avait été blessée par mes agissements.

– Çà va ? Me demanda-t-elle.

– Çà ira mieux quand je comprendrai pourquoi tu ne veux pas payer. Je ne te demande plus de le faire, garde cet argent, moi je suis en train de comprendre que le bonheur ne se trouve pas dans la possession. Ce que j'ai besoin de savoir, c'est *pourquoi.*

– Tu m'as menti pendant des mois. Le mensonge, c'est ce qu'il y a de plus humiliant pour une femme. Si au moins tu me l'avais dit, j'aurais pu choisir entre rester avec toi ou partir. Mais là tu m'as humiliée, trompée.

– Quel est le rapport avec la maison ?

– Une tromperie pour une autre !

– Quoi ? Je te trompe et tu m'arnaques de centaines de milliers de Livres ? D'où vient-elle cette logique ?

– Ce n'est pas si simple, Peter.

– Alors explique-moi.

– Antonio est un homme adorable avec moi, il est bon et attentionné. Je ne veux pas que tu sois fâché avec lui.

– Alors, ne crois-tu pas qu'il devrait s'occuper de ce qui le concerne ?

– Il le fait pour me protéger.

– Mais qu'est-ce que tu lui as raconté sur moi ?

– Il a vu dans quel état j'étais, et le mal que tu m'as fait lui fait du mal.

– Et je suppose que c'est pour vaincre ce mal qu'il se pavane dans une voiture et une maison que j'ai payées. Tu trouves cela logique, toi ?

– Il m'aime beaucoup, et il veut mon bien. Mais je lui dit tout, il sait que je suis ici avec toi et il passe un mauvais moment.

– Bien fait pour lui, s'il ne se mêlait pas de nos affaires, il n'aurait pas à se tracasser ni pour toi, ni pour moi.

– Il m'a fait promettre de ne rien te donner.

– Et les cinq mois avec ce nouveau gars comptent plus que le temps que nous avons passé ensemble, n'est-ce pas ?

– Lui me dit la vérité, et c'est cela que j'ai besoin. Tout ce que je veux c'est de laisser notre relation derrière, de pouvoir faire la coupure, de pouvoir arrêter de t'aimer, même si ceci doit passer par la haine. Tout ce qui m'intéresse c'est de refaire ma vie, de vivre confortablement et de passer l'hiver au chaud.

– .... moi je le passerai dans une caravane !

Il y eut un grand blanc, elle se mit à pleurer. Elle savait que ce n'était pas juste, elle savait que bien que je l'aie fait souffrir au-delà de ce que je pensais, me punir de la sorte n'était pas correct.

−Je lui ai promis, Peter, comprends-moi,... excuse-moi. Ne me haïs pas,... ne le haïs pas. Heureusement que je l'ai pour apprendre à t'oublier.

Je passai l'hiver dans ma caravane, et puis l'été ! Petit à petit, j'appris à vivre avec cette perte financière qui représentait des années de travail. Peu à peu je m'habituai à la croiser ou à *le* croiser dans *ma* voiture. Dans cet hangar que j'avais construit à la hâte pour déménager mes affaire, je me montai une petite maison. Ce n'est certes pas ce dont j'avais rêvé, mais finalement, cette petite demeure me parût vite suffisante.

Cette leçon fut une des meilleures, voire *la* meilleure de ma vie. J'appris à ne plus considérer l'argent comme un but, sinon qu'un moyen. Et dans le moyen, de seulement le prendre pour son côté indispensable, comme monnaie universelle d'échange de biens entre les personnes. Bien que Larry tentait encore et encore de me montrer les raccourcis pour trouver le bonheur sans passer par la « case » argent, je continuais coincé dans cette dépendance. Laura et Antonio m'ont enseigné – par la force, je l'avoue – une voie beaucoup plus directe.

En Angleterre, le *Just Happy* fonctionnait à nouveau comme avant. Les anciens clients étaient revenus, ils y retrouvaient non seulement la qualité de la nourriture, mais aussi la générosité et la joie de vivre. Ils se plaisaient à commenter parfois certaines histoires de Larry, et une photo de lui prônait au-dessus du bar avec la mention « Tu seras toujours dans nos cœurs ».

Henry et Charles avaient obtenus facilement leur crédit, et ils en avaient directement donné la partie correspondante à Charlotte. Le reste leur donnant une petite bouffée d'oxygène pour rembourser les avances d'amis et les premières fournitures. Kathleen avait annoncé la réouverture sur le blog, et en une semaine seulement, tout les clients d'avant avaient répondu présents. Comme quoi un commerce de ce type ne peut mourir. Quand vous traitez bien vos clients, que vous n'êtes pas étranglé par les dettes et les emprunts, qu'à chaque visite votre sourire traduise votre bonne humeur, un restaurant est une affaire qui roule !

Quant à Charlotte et Jason, ils viennent de découvrir un minuscule cottage plein de charme à Kemsing, près de Sevenoaks. Grâce à l'avance d'argent, ils n'eurent aucun problème pour trouver un financement, ils devraient passer chez le notaire dans les semaines qui viennent.

Peter Stenot

Épilogue

Au moment où j'écris ces lignes, trois ans ont passé. Je suis reparti plusieurs fois en Angleterre, et j'ai rencontré presque tous les acteurs de ce livre afin qu'ils me délivrent leurs secrets.

Charlotte et Henry n'ont jamais posé de questions sur le premier infarctus de leur père. De toutes manières, cela ne le ferait pas revenir. En vouloir à Kathleen pour n'avoir rien dit, c'est comme chercher un responsable, alors que seule la vie l'est. Certains essayeraient de se rabattre sur ce fameux Mr X qui a tout déclenché, ou encore sur ce Enrique (le garçon), sur les français qui auraient pu remettre le deal à plus tard, sur les policiers qui auraient pu être plus compréhensifs, sur Laura qui est partie, sur les banquiers pour avoir repris les cartes de crédit, la *Regent*, etc... Toutes et tous sont en partie responsable – on pourrait le supposer – de l'infarctus de Larry, le premier. Mais réellement, cela nous avancera-t-il de signaler du doigt l'un ou l'autre acteur ? Larry est parti et ne reviendra plus.

Je suis persuadé que son infarctus est le détonateur qui lui a permis de vivre ses dernières années aussi intensément. Avant, je pensais que c'étaient les événements qui l'avaient aidé à changer de philosophie, mais sans doute ils ont amené Larry à la maladie du cœur.

Ne serait-ce pas ce sentiment d'immortalité qui nous fait gaspiller notre vie dans des situations qui ne nous apportent pas de bonheur ? Quand il nous semble que nous avons encore toute la vie devant nous, nous n'évoquons que trop rarement l'urgence de changer une situation qui ne nous convient pas. Quand nous savons que la mort est proche, nous ne nous encombrons plus dans la volonté ou le désir de fabriquer de l'argent, de posséder plus, ou de paraître plus beau que ce que l'on est. Toutes ces notions disparaissent. Alors, cet infarctus ne serait-il pas la meilleure chose qui soit arrivée à notre ami ?

Pendant sa nouvelle vie après le mercredi noir, j'ai cru que la sagesse qui l'habitait ne trouvait son origine que dans l'amère expérience de son histoire, alors que sournoisement la mort était venue lui caresser l'oreille pour lui dire *dépêche-toi de vivre, car j'arrive !* Mon cher et tendre Larry s'était rendu compte que la vie pouvait s'arrêter à tout moment, et c'est cela qui avait activé en lui l'intensité que l'on connaît.

Nous avons peur de nous marier – nous les hommes – car ne savons rien du futur. Si nous pensions que dans quelques années ou quelques mois tout ce que nous connaissons sur terre pouvait s'arrêter, alors peut-être franchirions-nous cette étape avec plus de spontanéité. Larry est mort à l'âge de 54 ans, ce qui est jeune. J'en viens à la question suivante :

Pourquoi faisons-nous toujours référence à l'âge d'une personne pour tirer des conclusions sur l'accomplissement de sa vie ?

Il est mort trop jeune ! Si l'on pouvait aujourd'hui parler avec Larry et lui laisser éclairer nos lanternes, je suis sûr que nous aurions quelque chose comme ceci ;

Mes dernières années ont été les meilleures de ma vie, j'ai l'impression qu'elles comptent au décuple. Si j'avais pu comprendre plus tôt le caractère éphémère de notre passage sur terre, j'aurais changé bien avant. Nous sommes tous assez stupides pour croire que nous avons tout le temps devant nous. Hors, nous ne réalisons pas qu'une journée sans bonheur aujourd'hui – que nous ayons vingt ans ou soixante – est une journée gaspillée. Je ne regrette pas ma rencontre et mon mariage avec Laura, mais j'aurais dû partir en courant à la naissance de Henry. Je ne veux pas dire fuir, mais bien d'assumer ma responsabilité de père avec distance.

Si au moins j'avais pu avoir mon premier infarctus à l'âge de trente ans, il m'aurait permis de comprendre toutes ces choses et de vivre ma vie sans croire en « l'immortalité ». Ces cinq dernières années de ma vie ont été les plus belles, et je ne regrette en rien de les avoir vécu à ma manière, même si la mort m'attendait au tournant. Le médecin en blouse blanche voulait me faire des contrôles tous les trois mois et me bourrer de pilules au goût infecte, j'ai tout envoyé promener. Je n'ai laissé personne s'occuper de ma vie. J'aurais pu suivre les conseils de mon ami et m'en remettre à sa médecine qui m'aurait empêché de vivre *pour pouvoir* survivre *plus longtemps.*

Pourquoi avons-nous tous cette tendance à compter la vie en durée et non en intensité. 49 ans multipliés par un facteur 1, auxquels j'additionne 5 années au facteur 10, je suis mort à l'âge de 99 ans, çà c'est pour le calcul ramené dans la langue de primates. Je ne veux pas être rude en parlant comme ceci, mais bon sang, réveillez-vous ! Vivez ! Arrêtez d'investir aujourd'hui pour un futur meilleur, car parfois on ne réalise même pas que plus tard c'est trop tard ! *Beaucoup d'entre vous travaillent dur pour s'offrir une pension envieuse, et pourtant la moitié n'y arriveront pas. L'espérance de vie est passé de 45 à 80 ans en un siècle, alors les gens se sont mis à penser qu'ils avaient le temps. Au plus on a de choses et au moins on les apprécie, et ceci compte aussi pour les années de vie que l'on pense qu'il nous reste.*

Pour autant que l'espérance de vie soit aussi haute de nos jours, j'ai l'impression que le nombre de personnes qui meurent d'un cancer entre 40 et 55 ans n'a jamais été aussi élevé. Allez comprendre quelque chose dans ces statistiques.

J'ai rencontré Kathleen en 2012, afin de peaufiner l'écriture de ce livre, et elle m'a avoué certaines choses, certains aspects cachés de notre ami. Tout d'abord, suite à son premier infarctus, Larry n'étais plus le même au lit. Il était toujours aussi amoureux ou attentionné, voire même plus, mais dès qu'il put reprendre une activité sexuelle dite « normale », il se limitait, pour des raisons évidentes, à des épisodes très courts qui contrastaient assez fort avec le Larry d'avant. Quand Kathleen fît sa connaissance il était un homme marié, et elle, sa maîtresse. Larry était ni attentionné ni doux, mais charmeur et sexuellement un « bon coup ». Malgré ces nouvelles limitations, Kath était une femme comblée.

Entre la mort de mon ami et l'écriture de ce livre, elle a bien essayé de refaire sa vie avec un homme, étant toujours une femme jeune et attirante. Alors quelques-uns ont connu le grand privilège de passer par ses bras, mais aucun n'a pu rester plus que quelques heures.

Les hommes qui sont intéressés par moi, Peter, recherchent un bon coup, une femme attirante, mais mis à part le sexe, n'ont malheureusement rien d'autre à m'offrir. Moi je suis désolée, le sexe c'est bien, mais il ne compensera jamais ni l'amour, ni l'attention. Quand Larry à eu son premier infarctus, il a échangé une particularité pour d'autres bien plus intéressantes aux yeux d'une femme. Pourquoi les hommes croient-ils toujours qu'ils doivent être performants au lit pour séduire une femme ? Il est presque sûr que je n'aurai plus de relation suivie avec un homme, je prendrai simplement ce qu'ils ont tous de meilleur à offrir. Pour le reste, je garderai à jamais en mémoire l'attention et l'amour que j'ai reçu pendant ces quelques années de bonheur.

Au niveau de l'assurance que Larry avait contracté, pensant à sa mort à moyen terme, elle avait fonctionné à merveille, car il avait pensé à tous les détails, le bougre. En premier, son infarctus n'avait été déclaré nulle part, et c'est aussi une des raisons pour lesquelles il se refusait à tout examen, tout médicament, bref,... à toute chose pouvant faire office de preuve menant à un rejet de la part de la compagnie. Au moment de l'écriture de ce livre, je me suis assuré aussi auprès de Melson Dantes que ce que j'allais écrire ne pouvait en aucun cas être utilisé par l'assureur. Melson m'affirma que l'utilisation de « roman » pour qualifier cet ouvrage implique spécifiquement que cette histoire, bien qu'elle soit très fortement inspirée de faits réels, ne pouvait constituer une preuve.

Kathleen m'avoua que Larry et elle n'avaient jamais eu de conversation au sujet de la remise du restaurant à Henry. Il savait que ses enfants étaient grands, et qu'ils pourraient bien se débrouiller dans la vie. Le restaurant était à Kathleen et devait le rester. Si elle a utilisé ce mensonge, c'est qu'elle voulait que le rêve de Larry continue à travers son fils, une espèce de continuité dans l'absence. L'avenir financier de Kathleen était assuré par les revenus de cette assurance, alors pourquoi vouloir encore plus. Elle désirait être aimée par Charlotte et Henry, et la meilleure idée qui lui était venue, c'était de leur donner un coup de pouce, à tous les deux. Du même coup elle faisait revivre le restaurant qui lui avait donné tant de bonheur.

Harry et Marie – les parents de Larry – sont décédés en 2011. Ce fut d'abord Marie, qui était déjà bien affaiblie depuis des années, et la disparition de ses deux enfants. Harry, lui, ne put vivre sans sa femme bien longtemps, devant affronter seul la grisaille du fond de son cœur sans plus personne pour comprendre sa détresse de père.

Marie avait 83 ans et Harry 87. Suivant notre manière « primate » de penser sur l'âge normal auquel une personne devrait mourir, alors nous pouvons hâtivement déduire que Harry et Marie ont eu une belle vie, n'est-ce pas ?

Charlotte m'informa que sa tante Lydie, la veuve de Will, vivait à Ibiza dans une communauté de hippies « à la retraite ». Aux dernières nouvelles, elle devrait toujours être en vie, car aucune information n'était à ce jour venue l'infirmer. Elle vendrait semble-t-il des colliers en perles de bois à San Antonio.

Pour parler de Charlotte et de Jason,... ils ont repris l'étude de papa Dantes et associé Escribano depuis deux ans. Ils ont du travail, mais se refusent à prendre une aide sous forme de secrétaire.

En fait, on préfère prendre moins d'affaires mais s'occuper de tout nous-mêmes, même les courriers. La secrétaire nous ajouterait des frais fixes qu'il nous faudrait compenser par plus de cas, plus de travail. Ce que nous désirerions, c'est au mieux engager un autre avocat juste sorti de la fac, pour garder l'étude pendant que nous prenons du temps libre. Regarde Peter, je suis enceinte, et je ne voudrais certainement pas que notre enfant soit élevé par une nounou simplement parce que nous avons trop de travail, ou qu'il nous soit impossible d'avoir du temps libre tous les deux en même temps. Si nous agissions de la sorte, à quoi bon serviraient les conseils avisés de papa ou de Melson ? Une secrétaire nous soulagerait du boulot administratif, mais ne pourrait jamais mener la barque seule, tu comprends ?

Morgan va sur ses sept ans déjà, et dire que je l'avais connue bébé. Elle est en première année primaire. Plus tard, elle veut être hôtesse de l'air chez *British Airways*. Mais elle voudrait aussi devenir *Miss Kent*, et écrivain pour écrire des histoires pour les enfants, mais les petits, pas les grands comme elle ! Comme c'est mignon ! Et dire que nous sommes tous et toutes passés par là. Qu'en est-il de nos rêves d'enfants ?

Lisbeth continue dans le petit commerce d'accessoires qu'elle avait monté jadis avec Laura. Elle vient d'engager une petite vendeuse car son chiffre d'affaire grimpe encore. Elle n'a plus de contact avec Laura depuis que Antonio est entré dans sa vie. Les appels de son amie lui manquent.

Pourquoi certaines personnes – et je parle ici de Laura – se laissent-elles imposer la fermeture de toutes les portes lors d'un début de relation. Je ne peux comprendre comment une femme aussi intelligente puisse se laisser entraîner dans une telle relation tellement exclusive. C'est à elle que j'adresse aujourd'hui ces critiques, bien qu'avec le temps, nous avons renoué (un peu) l'amitié. Mais quand est-il pour Lisbeth ou d'autres personnes qui ont été laissées sur le carreau ? Pour qu'un couple puisse fonctionner, il faut que chaque personne puisse s'épanouir en son sein.

Pour qu'il y ait un nous, *il faut d'abord un* toi *et un* moi.

Notre différent au sujet de la propriété n'a jamais été résolu de manière logique et mathématique, moi de mon côté j'en ai fait le deuil, j'ai tourné la page, et ce grâce à mon amie Amanda, la propriétaire du bar où travaillait un temps Laura.

En Parlant de Amanda, elle est en instance de divorce, et est en pleine guerre à couteaux tirés avec son mari pour la séparation de leurs biens en communauté. Ils sont en train de payer des fortunes en avocats, en expertises, et s'obligent à vivre sous le même toit car aucun ne veut déserter la maison qu'ils avaient en commun. Je la vois dépérir à vue d'œil, affectée grandement par la situation,... *vivre avec mon ennemi* me dit-elle un jour. Je ne tardai point à utiliser ses paroles afin de tempérer ses sautes d'humeur qui lui nuisaient à la santé, mais il semblerait que la sagesse qui fonctionnait si bien quand il s'agissait de me donner des conseils ne vaudrait pas pour son cas.

L'histoire de la vie ne se termine jamais, ni celle de ses acteurs, ni la mienne, ni la vôtre. La mort peut être considérée comme la fin physique d'une histoire, mais pour tous les autres – moi compris – il reste encore un espoir, celui de vivre une vie meilleure, détachée de l'argent et la possession, et plus en contact avec des sentiments d'amour.

Je suis né en Belgique, et j'ai émigré assez tôt en Angleterre. Je vis à présent en Espagne, séparé de Laura depuis quelques années, mais ma vie ne va pas s'arrêter là. J'envisage aujourd'hui de partir vivre sur une île pour la suite de l'histoire, de mon histoire.

Et la vôtre, où en est-elle ?

Merci Larry, merci Laura, Charlotte, Henry et Kathleen, je ne vous oublierai jamais.

A bientôt.

Peter

Just Happy

Peter Stenot

Il est probable que vous trouviez quelques erreurs d'orthographe ou de grammaire en lisant ce livre, et je vous présente toute mes excuses. Je m'occupe de la correction moi-même, et ce dans l'unique but que vous parvienne l'ouvrage tel que je l'ai pensé, et avec ma manière de raconter les choses. J'espère que vous ne me tiendrez pas trop rigueur de placer mes priorités sur le contenu et non sur la forme.

Si par hasard vous passez par Amazon après la lecture de ce livre et qu'il vous a plu, n'hésitez pas à ajouter un commentaire. Ceci me remplira de bonheur, au plus il y aura « d'étoiles » et au plus vous attirerez mon attention, car j'ai l'habitude de lire les critiques, surtout si elles sont constructives.

Pour ceux ou celles qui aimeraient traduire ce livre, s'il vous plaît contactez directement mon éditeur à ce mail :
formatbook@gmail.com